本书得到西南交通大学中央高校基本科研业务

我国与"一带一路"沿线国家 能源产能合作研究

王波 邹洋 周江 ◎ 著

中国财经出版传媒集团

经济科学出版社
Economic Science Press

·北 京·

图书在版编目（CIP）数据

我国与"一带一路"沿线国家能源产能合作研究／王波，邹洋，周江著． -- 北京：经济科学出版社，2024. 8.

ISBN 978 - 7 - 5218 - 6246 - 1

Ⅰ．F416. 2

中国国家版本馆 CIP 数据核字第 2024YW2442 号

责任编辑：纪小小
责任校对：易　超
责任印制：范　艳

我国与"一带一路"沿线国家能源产能合作研究

王波　邹洋　周江　著

经济科学出版社出版、发行　新华书店经销

社址：北京市海淀区阜成路甲 28 号　邮编：100142

总编部电话：010 - 88191217　发行部电话：010 - 88191522

网址：www. esp. com. cn

电子邮箱：esp@ esp. com. cn

天猫网店：经济科学出版社旗舰店

网址：http://jjkxcbs. tmall. com

北京季蜂印刷有限公司印装

710 × 1000　16 开　14. 5 印张　230000 字

2024 年 8 月第 1 版　2024 年 8 月第 1 次印刷

ISBN 978 - 7 - 5218 - 6246 - 1　定价：58. 00 元

（图书出现印装问题，本社负责调换。电话：010 - 88191545）

（版权所有　侵权必究　打击盗版　举报热线：010 - 88191661

QQ：2242791300　营销中心电话：010 - 88191537

电子邮箱：dbts@ esp. com. cn）

前　言

　　开展国际产能合作是由我国所处的发展阶段及与之相关的经济、产业、技术、资本等内在条件共同决定的，具有客观规律性和历史必然性。"一带一路"倡议为促进我国国际产能合作提供了新的机遇。沿线国家区域广阔、资源丰富，可合作领域宽泛，内容丰富。从国家间的需求互补性、项目的可操作性和未来的可持续性等方面来看，能源产能合作将是"一带一路"实施的重要领域和抓手，必将有力推进我国与沿线国家的能源合作，保障我国能源安全，稳定和丰富我国优质能源来源地，完善我国的能源运输通道，提升国际能源治理体系中的话语权，推进我国能源革命，对实现能源绿色转型具有重大的战略意义。

　　对于我国而言，石油、煤炭和天然气是主要的能源资源，以"一带一路"沿线国家为研究能源产能合作的地域空间范畴，在国际能源产能合作过程中，跨国公司是主体，而其主要通过对外直接投资的方式将能源产能合作贯穿于能源生产和流通等全产业链之中的各个环节，把握了能源产能合作中的对外直接投资也就把握了我国能源产能合作的趋势和方向。

　　本书研究充分论证了"一带一路"国际能源产能合作的必要性、迫切性以及重大意义。在此基础上梳理了当前国际产能合作和能源产能合作的国内外研究进展。对研究内容中的相关概念进行了明确界定，梳理了相关理论基础，基于供给需求、合作博弈、合作效应三个视角，阐释了国际能源产能合作的机理。从我国能源的生产和消费现状分析了我国能源的供给、缺口以及煤炭、石油、天然气等外部能源进口格局，从能源储备和能源市场两个角度研判世界能源发展格局和趋势。以"一带一路"沿线国家能源资源分析为基础，从合作的现状、主要领域、合作模式等论述了同沿线国家的能源产能合作历程，分析了当前制约与沿线国家能源产能合作的复杂地缘政治、政治经济风险、地区战略竞争、能源政治博弈、治理规则挑战五大制约因素。基于国际能源产能合作各项影响因素构建了国际能源产能合作重点国家的评价指标体系，对"一带一路"能源产能合作国家进行筛选，确定9个重点合作国家和16个比较重要的合作国家，并构建随机前沿引力模型对此加以实证分析，结果与指标评价结果相吻合。运用格兰杰检验、协整分析和投入产出模型，从贸易、经济增长两个层面对我国与沿线重点国家的产能合作效应进行实证分析，阐释了同"一带一路"沿线国家进行能源产能合作的价值。从国际能源产能合作历程、合作的主要模式，客观分析了国际能源产能合作的现状，同时对欧洲、美国、日本能源产能合作的经验进行了总结和分析。有针对性地提出促进我国与"一带一路"沿线国家能源产能合作的五大政策建议：实施能源进口多元化战略，提升能源贸易合作水平；拓宽能源投资目的地，提升前端产业合作水平；培育炼化及运输产业，提升末端产业合作水平；依托"一带一路"倡议，促进国际能源产能合作机制创新；提高安全力量投送能力，保障国家海外能源利益。

研究的创新点主要体现在以下几个方面：通过构建能源产能合作评价指标体系对合作国家进行筛选，结合政治、经济、资源和技术等因素的影响筛选出9个重点合作国家和16个比较重要的合作国家，从而使我国能源产能合作在推进的过程中目标更加明确，并可以根据目标对象制定具有差异性和针对性的战略对策。本书以格兰杰检验和协整检验方法分别检验和分析了能源产能合作对合作双方贸易的影响，以投入产出法分析能源产能合作对我国经济增长的影响，从而更加全面地评价我国与"一带一路"沿线国家进行能源产能合作的积极作用，从研究方法的视角上是一种创新，进而在研究的基础上提出了有针对性的对策建议。

目　录

第 1 章 导 论

1.1 研究背景和研究意义

1.1.1 研究背景

人类社会的发展依赖于能源这一重要物质基础，其与诸多国计民生领域息息相关。当前，世界经济形势及地缘政治日趋复杂，而全球能源形势也随之风云变幻。现今，全球能源供求关系较为平稳，剧烈市场波动受到抑制，而世界能源市场发展也加入了应对气候变化的新考量，能源合作进入崭新阶段。从技术层面及机制构建上看，新一轮能源科技革命正加速推进，全球能源治理机制正进入调整重构期，但惠及全人类的可持续能源目标还任重道远，各国能源发展依然面临诸多严峻问题，受多方面因素掣肘。

当前国际政治经济环境的复杂多变使国际能源市场面临更多的不确定性。以石油、天然气和煤炭为代表的传统能源依然是世界各国的最主要能源利用形式，全球能源市场的波动对各国经济都具有较强的传导性。随着美国等国家致密油和天然气凝液技术的突破和发展，世界能源格局产生了巨大的变化，美国成功实现了从能源进口大国到能源出口国的转换。而作为传统能源供应地的中东和拉丁美洲等地区则陷入不断的地区冲突和政治动荡之中，能源生产和出口面临更多的不确定性。此外，随着美国在全球范围内掀起贸易保护主义的斗争，全球经济增长的不确定性大增，我国作为世界最大的能源消费国和进口国，受到国际能源市场波动的影响某种程度上来说最为突出，并且我国外部能源的主要来源地——中东、拉丁美洲和非洲等地区受到的国际政治经济波动影响尤为突出。为了在复杂多变的世界政治经济环境下更好地掌控外部能源供给和运输，我国只有更多地参与到世界能源市场之中，更深入地加强与能源供应地的合作，通过能源产能合作的形式来保障能源供应国与我国的一致利益，才能在复杂多变的国际环境下保障本国的能源安全。

我国能源对外依存度不断提高对外部能源安全保障提出更高的要求。2021 年我国油气能源对外依存度双双突破历史高位，创下新高，石油对外依存达到 72%，而天然气对外依存度则提高到了 46% 水平。[①] 根据中国社会科学院发布的预测报告《中国能源前景 2018—2050》，我国石油对外依存度将维持在 70% 左右，天然气对外依存度 2050 年将达到 78.5%。不断提高的外部能源依赖程度对保障我国的能源安全提出了更加严峻的挑战。外部能源利用的安全包括充足的能源供给、能源价格的稳定和能源运输的畅通等环节。传统的能源贸易中，我国更多的是作为市场的被动接受者，较少地参与到能源的生产、定价和运输之中，在国际能源市场中的话语权与我国能源消费大国和进口大国的地位不相称。为了积极参与世界能源市场建设，提升参与度，以实现不断为本国谋求能源利益，为长期可持续积极发展提供能源保障，加强同能源供应地特别是我国的能源主要来源地的能源产能合作刻不容缓。该举措应当成为我国保障外部能源供给、提高能源安全的重要途径。

我国经济转型升级对国际能源产能合作提出新要求。当前我国正处于经济转型升级阶段，通过供给侧结构性改革不断淘汰落后产能。在能源领域我国拥有大量能源生产加工的富余优势产能，在能源相关设备制造与技术领域拥有先进的技术储备，配合充裕的资本支持，我国能源产业具有进行国际能源产能合作的迫切需求和基础条件。此外，在经济转型升级过程中，我国能源跨国企业的国际竞争力不断增强，在全球范围内配置资源的

---

① 中国石油集团经济技术研究院.2021 年国内外油气行业发展报告［R］.2022.

诉求也不断提高。能源产能合作的进一步发展为我国能源产业培育优质高效的跨国企业，并提升我国能源产业国际市场参与度提供了难得的机遇。

"一带一路"倡议为促进我国国际能源产能合作提供了新的机遇。为维护国家能源安全，保证经济社会的平稳、可持续发展，我国需要大幅度优化能源消费结构，夯实优质能源进口渠道，引进国际先进技术，提升国际能源治理体系中的话语权，大力推进能源革命，实现能源绿色转型。这一切都需要进一步深化国际能源产能合作。从过去几十年的实践来看，我国的国际能源产能合作还停留在一般性的能源外交和常规性的能源贸易阶段，主要是通过资源类产品进出口和勘探开发实现供给增长。依托"一带一路"将会把我国国际能源产能合作推向一个新的台阶。

加强与"一带一路"沿线国家能源产能合作可作为提升区域合作的重要方式，以之带动更大范围、更深层次、更高水平的产业经济互联互通，保障世界经济的稳定复苏前景，实现普惠各国人民的人类发展共同愿景。首先，"一带一路"倡议带有全局性，强调整体协调。作为其重要组成部分的国际能源产能合作的目标将更加明晰，合作的重点区域也将更加明确。其次，"一带一路"倡议将形成更为紧密的合作机制和更为有效的对话平台，为国际能源产能合作提供良好的国际合作环境。最后，"一带一路"框架下形成的新型金融机构，将有效缓解国际能源产能合作中融资难的问题。"一带一路"倡议对国际能源产能合作提出了新的要求。"一带一路"覆盖区域广阔，涉及领域宽泛，合作的内容丰富。从国家间需求互补性、项目可操作性和未来可持续性等几个方面分析，能源产能合作是"一带一路"实施的重要抓手。因此，需要研究在复杂形势下，如何开展国际能源产能合作，发挥能源产能合作在"一带一路"倡议落实中的基础和先导作用。但同时，依托"一带一路"深化国际能源产能合作也面临较大的挑战。"一带一路"沿线国家发展阶段和发展模式各不相同，参与合作的态度和诉求千差万别，且区域内历史遗留的文化、宗教、社会等问题导致区域矛盾错综复杂，特别是有些地区又是大国利益博弈交会点，受外部因素影响较大，同时，能源产能合作上下游产业链长，涉及影响因素多，国际能源产能合作的推进将面临较大挑战。必须充分分析当前面临的挑战，立足现实、有所突破，才能围绕"一带一路"总目标，开创国际能源产能合作新局面。

1.1.2 研究意义

尽管目前已有学者对能源国际产能合作进行了部分研究，而且阐述了推进国际能源产能合作的重要性和必要性，但从目前的研究成果来看，对于我国与"一带一路"沿线国家进行能源产能合作的研究目前还较多地停留在分析合作的重要意义、合作面临的风险以及合作的主要区域等方面，缺乏从我国和"一带一路"沿线国家基本情况入手进行深层次的分析，因此有必要从我国和"一带一路"沿线国家推进能源产能合作的需求和能力、能源产能合作的具体国家选择、潜力分析和绩效评价等方面开展进一步的研究。

目前对于我国与"一带一路"沿线国家进行能源产能合作的重要意义等问题已经得到了较多阐述。但对于能源产能合作的基础，如我国能源的生产、消费和外部能源利用情况，我国的能源产能利用率和优势富余产能情况，"一带一路"沿线国家的能源资源储量，能源生产能力和生产能力的缺乏情况等仍缺乏深入分析。能源产能合作的对象筛选。"一带一路"沿线国家众多，能源资源禀赋差异极大，进行能源产能合作的条件和需求不同，如何在众多国家中合理地选取主要合作对象成为能源产能合作成功的重要前提。推动与"一带一路"沿线国家的能源产能合作是为了实现互利共赢，但在具体的合作过程中能够为我国和"一带一路"合作国家带来何种程度的利益，效用的评价成为重要的研究内容。作为能源产能合作的先行者，西方发达国家和地区在推动能源产能合作的过程中积累了大量的成功经验，梳理总结发达国家能源产能合作的经验为我国与"一带一路"沿线国家的能源产能合作提供指导也应成为重要的研究内容。因此，本书充分吸收目前研究成果中对我国与"一带一路"沿线国家进行能源产能合作的论证和阐述，并结合研究的需要，加以研究创新。本书的研究意义主要体现在以下两个方面。

（1）理论意义：有助于完善我国与"一带一路"沿线国家国际能源产能合作的理论体系。从目前的研究成果来看，虽然国内外学者对国际能源产能合作特别是我国与"一带一路"沿线国家的能源产能合作进行了多方位的研究和探讨，但目前仍较少有文献对其进行系统性的梳理和分析。本书首先在系统整理和分析现有研究成果的基础上，对国际能源产能合作产生的渊源、理论基础、演进历程，以及我国与"一带一路"倡议沿线国家进行能源产能合作的初衷、合作模式与合作重点等领域进行了深入且全面的研究。然后重点论述了我国与"一带一路"沿线国家进行能源产能合作过程中的合作对象筛选与合作效用评价，在对欧美等发达国家能源产能合作的实践经验作充分借鉴和吸纳的基础上，结合我国目前能源产业发展实际，提出了促进我国与"一带一路"沿线国家进行能源产能合作的对策建议。本书从理论上构建了能源产能合作国家筛选指标体系和合作潜力测算模型，为目前阶段选择产能合作对象提供了可供借鉴的路径。理论上对能源产能合作效用的测算也从某些方面表明了推进我国与"一带一路"沿线国家进行能源产能合作的重大意义。

（2）实践意义：目前我国与"一带一路"沿线国家的能源产能合作仍处于探索推进阶段，能源产能合作作为我国与"一带一路"沿线国家产能合作总体框架下的一部分，尚未形成和建立能源产能合作的独特实现路径和方针政策。而作为推进"一带一路"倡议的重要抓手，能源产能合作肩负着推动"一带一路"倡议的示范和引领作用。因此，建立起我国与"一带一路"沿线国家能源产能合作的分析框架和路径成为指导能源产能合作成功推进的必要工作。本书在对比我国和"一带一路"沿线国家能源资源基础、能源资源供需和能源产能的基础上，指出了我国的能源优势及富余产能所在，这成为我国推动能源产能合作的基础。而对于合作国家的筛选、潜力分析和具体的效用评价则对于产能合作具体开展过程具有实践指导。此外对于国外能源产能合作国家成功经验的梳理和分析也对我国推进能源产能合作过程具有实践借鉴意义。

1.2 文献综述

1.2.1 产能合作的研究进展

国际产能合作的概念最早可以追溯到 2014 年，李克强总理与哈萨克斯坦总统纳扎尔巴耶夫会谈时达成的"中哈产能合作"计划。李克强总理在《经济学人》杂志发表的署名文章《中国经济的蓝图》[1] 中解释了国际产能合作的理念:"中国正在推动'一带一路'建设,通过国际产能合作,将中国制造业的性价比优势与发达经济体的高端技术结合起来,向广大发展中国家提供优质优价的装备,帮助它们加速工业化和城镇化进程,以创新供给推动强劲增长。"陈竺[2]指出:"开展国际产能合作,将我国的优质产能和优势装备与发达国家的关键技术结合起来,并与新兴市场国家和发展中国家的城市化、工业化需求对接,是实现中国与世界各国优势互补、合作共赢的重要举措。"向东和刘武通(2015)认为,国际产能合作即产业与投资合作,即一国根据需要引入他国具有竞争力的装备、技术、生产线和管理经验等,推动基础设施共建与产业结构升级,提升工业化和现代化水平。国家发展和改革委员会对国际产能合作的定义是"国与国之间生产能力的合作",这种合作体现了国际互利共赢,有助于促进我国经济的提质增效和升级。[3] 吴涧生等指出,国际产能合作的内涵应由学术界根据《国务院关于推进国际产能和装备制造合作的指导意见》来制定,其核心在于"国际""产能""合作"三个关键词,基于该意见中的各个领域,可以将国际产能合作定义为我国与其他经济体在境外直接或间接有助于形成新生产能力的合作模式的总称。[4] 李晓玉(2016)认为,国际产能合作具有中国—发展中国家产能合作模式、中国—发达国家产能合作模式两种合作模式与内涵。慕怀琴和王俊(2016)认为国际产能合作的具体内容可以从企业、产业和国家三个层面来解读。袁丽梅和朱谷生(2016),廖小红等(2017)认为,国际产能合作是指我国为适应经济全球化趋势,结合国内经济新常态,通过整合国内外的产业和资本优势与需求,鼓励中国企业在海外独立进行工程承包或投资设厂,或与外国企业合作开展经营活动。黄晓燕和

---

① China's Economic Blueprint [EB/OL]. https://gbr. economist, com/articles/view/564d4ca830 a9cfec11b41e98.

② 中企"走出去"更重国际产能合作 [EB/OL]. https://world. huangiu, com/article/9CaKrnJZiiW.

③ 徐绍史,何立峰,宁吉喆,王晓涛."一带一路"与国际产能合作:行业布局研究 [M]. 北京:机械工业出版社,2017.

④ 吴涧生. 国际产能合作的思路、重点及对策研究 [M]. 北京:经济科学出版社,2017:47.

秦放鸣（2017）认为，国际产能合作包括对外直接投资和工程承包等多种形式，基于要素禀赋差异和产业比较优势，促进国家间产业结构优化，提高双方产业发展水平。刘勇、袁琴（2018）从国际产业转移和国际合作的角度分析了四次产业转移浪潮的异同，指出国际产能合作的内涵超越了传统的国际贸易、国际投资和国际技术流动等单一的国际分工模式。孙海泳（2024）提出，中外产能合作体现了合作共赢、"正确义利观"和开放包容等核心理念。

　　国际产能合作最初源于国际产业的分工，而国际分工研究最初为基于比较优势的产业间国际分工的研究，其中亚当·斯密（1776）、大卫·李嘉图（1817）、赫克切尔和俄林（1919；1933）等学者分别通过提出绝对优势理论、比较优势理论、要素禀赋理论从各自的观点阐释了国际分工的形成。20 世纪 70 年代以后，随着以比较优势为基础的传统国际分工理论对现实的解释乏力，学术界掀起国际分工理论新的研究热潮。其中迈克尔·V.波斯纳（1961）、阿罗（1962）、加里·贝克尔（1964）、弗农（1966）、保罗·克鲁格曼和埃尔哈南（1985）、波特（1990）分别提出技术差距理论、"干中学"效应、人力资本理论、产品生命周期理论、规模经济贸易理论和竞争优势理论，对产业内国际分工进行了新的解读。在国内，部分学者则基于中国在融入国际分工体系的位置地位，为国际产能合作进行定义。夏先良[1]将国际产能定义为一种结合国家间产业转移和对外投资的新模式，各国可以根据自身的资源要素禀赋、产业优势及工业化发展水平，将富余产能转移到具有潜在产业优势的国家，后者则以较低的成本吸收这些过剩产能。通过沿线国家之间的互补合作，推动各国的产业结构调整，寻求经济发展的新突破点。然而，学术界对于国际产能合作的定义尚未形成系统化结论。魏敏[2]从不同层面对国际产能合作进行了界定，认为狭义上，国际产能合作是指一个国家在某一产业的某个细分环节进行运营，根据合作国家的具体产业需求配置不同的生产要素。广义上，则是将产业发展国家化，并上升到国家战略合作层面，使国家间的产能供求有效结合，

---

　　[1]　夏先良. 构筑"一带一路"国际产能合作体制机制与政策体系 ［J］. 国际贸易，2015（11）：26.

　　[2]　魏敏. 中国与中东国际产能合作的理论与政策分析 ［J］. 阿拉伯世界研究，2016（06）：3 - 20 + 116.

最大化国际产能合作的效率,即从领域、主体和经济效应三个方面解释国际产能合作。张洪、梁松[①]认为,国际产能合作不仅仅是简单地将我国的产品出口到国外,而是以发挥各国的比较优势为核心,将我国的产业整体和生产能力向外输出,帮助其他国家完善工业体系、提高生产能力。这种合作方式具有中国特色,并与我国的合作共赢传统价值观相一致。范思立[②]认为国际产能合作是企业"走出去"的战略升级;李雪洁和胡高福[③]认为国际产能合作是以互利共赢为核心的新型国际合作关系;郭朝先等[④]认为两个产能合作国(地区)存在跨越国境进行产能供求和配置的联合行动的意愿或需要,可以称为国际产能合作,具体包括产品输出、产业转移两种渠道;安晓明和王海龙[⑤]指出当前仍然有一些媒体、学者对国际产能合作的认识失之偏颇,应及时纠正,从国际产能合作的产能并非过剩产能等五个方面纠正了国际产能合作的认识误区;郭宏宇[⑥]认为,从外交视角看,国际产能合作体现着经济领域的"平等互利",不仅涉及双向甚至多向产能输出和产业链延伸,更有体系化、多环节、高端化的特点,国际产能合作与各国发展规划对接,需要建设新型的"网状"全球复合产业链。郭建民和郑憩[⑦]运用中国31个省份的国际产能合作面板数据,创建了产能合作的评价指标,比较并识别了各省份的产能合作特征和各维度的主导因子,并提出了相关的国际产能合作政策建议。聂飞[⑧]基于全球价值链增加

① 张洪,梁松.共生理论视角下国际产能合作的模式探析与机制构建——以中哈产能合作为例 [J].宏观经济研究,2015 (12):121 – 128.

② 范思立."一带一路"战略促进临港经济与城市发展良性互动 [N].中国经济时报,2015 – 01 – 30 (005).

③ 李雪洁,胡高福.基于"一带一路"战略的中外国际产能合作研究 [J].农村经济与科技,2016,27 (17):118 – 120.

④ 郭朝先,刘芳,皮思明."一带一路"倡议与中国国际产能合作 [J].国际展望,2016,8 (03):17 – 36 +143.

⑤ 安晓明,王海龙.当前我国国际产能合作的几个认识误区 [J].工业经济论坛,2016 (03):319 – 326.

⑥ 郭宏宇.国际产能合作背景、特征与发展思路 [J].海外投资与出口信贷,2017 (01):16 – 18.

⑦ 郭建民,郑憩.开展国际产能合作评价指标体系及实证研究 [J].宏观经济研究,2019 (09):80 – 87 +101.

⑧ 聂飞.中国对外直接投资推动了制造业服务化吗?——基于国际产能合作视角的实证研究 [J].世界经济研究,2020 (08):86 – 100 +137.

值方法，制定了制造业服务化水平的相关指标，并构建了国际产能合作指标，使用 2003～2014 年中国与 152 个国家的双向投资面板数据，验证了对外直接投资（OFDI）对制造业服务化水平影响的产能合作机制。

国际产能合作的形式以国际的产业转移为发端，赤松（1932）的雁型发展理论、弗农（Raymond）[1] 的产品生命周期理论、刘易斯（1977）的劳动密集型产业转移理论、基遥史（1978）的产业边际扩张理论、小泽（1992）的新综合国际投资阶段发展论、普雷比施（1981）的中心外围理论、邓宁（1981）的国际生产折中理论、威尔斯（1983）的小规模技术理论、拉尔（Lall，1983）[2] 的技术地方化理论、坎特威尔和托伦蒂诺（1990）的技术创新升级理论[3]、利柯鲁（1993）的产品生命周期理论等，均以产业领域发达国家转移和发展中国家承接两个视角进行了梳理，提出产业转移是国际产能合作的最初形式。此外，赵东麒、桑百川[4]指出，与国际产能转移相比，国际产能合作的内涵更强调"合作"，即在各国平等的基础上，以互利互惠为目标，这与"一带一路"倡议的理念一致。江时学[5]认为，国际产能合作结合了国际产业转移和对外直接投资两种方式，以优势互补为出发点。根据合作对象的不同，可以分为中国—发达国家合作模式和中国—发展中国家合作模式，两者的内涵和重点各有不同。

国际产能合作贯穿世界经济发展的全部历程，世界范围内不同的国家和地区资源禀赋存在差异，既存在着以资源供求来衡量的产能丰裕和缺乏区，也存在着以资源价格衡量的产能高成本和低成本区，还存在着以技术水平衡量的高技术区和低技术区。[6] 对于产能合作的研究也主要从不同空间范围内的资源、成本、技术等禀赋的差异所导致的产业竞争力的差异角

① Raymond. International Investment and International Trade in the Product Cycle [J]. *The Quarterly Journal of Economics*，1966，80（02）.

② Lall，S. The Technological Structure and Performance of Developing Country Manufactured Exports [J]. *Oxford Development Study*，2000，28（03）：337 - 369.

③ 李沁筑. 中国双向直接投资发展路径与机制 [D]. 上海：上海大学，2017.

④ 赵东麒，桑百川. "一带一路"倡议下的国际产能合作——基于产业国际竞争力的实证分析 [J]. 国际贸易问题，2016（10）：3 - 14.

⑤ 江时学. 中欧在非洲事务中的合作 [J]. 国际观察，2016（03）：53 - 64.

⑥ 周民良. "一带一路"跨国产能合作既要注重又要慎重 [J]. 中国发展观察，2015（12）.

度展开。E. L. 乌尔曼(Goodchildm)① 从互补性、中介机会和可运输性三个方面总结了空间相互作用产生的条件,阐述了空间相互作用理论,为不同空间区域内的产能合作奠定了基础。P. K. 肖特、C. 福斯特、K. 奥洛克(P. K. Schott, C. Fuest and K. O'Rourke)② 通过跨国公司数据研究指出,发达国家之间进行产业合作的过程中,产业合作的方向选择很大程度上基于发达国家之间产业国际竞争力的比较。E. 西格尔(Siggel)③,李钢、董敏杰④等分别比较研究了我国与印度在相关产业上的国际竞争力,认为一国的产业国际竞争力在一定程度上影响一国的贸易政策和产业政策,这也成为国际产能合作的基础。王志民⑤认为任何国家,要想实现经济的快速发展,不仅要主动学习先进的技术和管理经验,而且需要依托国际国内两种资源、两个市场。吴福象、段巍⑥基于新经济地理学和福利经济学双重视角,构建了两国三区域资本流动模型,从理论层面诠释了国际产能合作发展战略,认为通过产能与资本创造部门的对外输出不仅能提升部门效率,缓解本国产能过剩的负外部性,而且依托经济增长的分散力,反过来有助于本国经济地理演化,优化本国产能布局。从产能合作促进国际合作来看,夏先良⑦认为,国家间互通有无、优势互补是进行国际产能合作的初衷,并最终将合作形式引向国际产业转移和对外直接投资相结合的模式。贺俊、卓丽洪、黄阳华⑧认为,国际产能合作其根本目的在于产能的输出,通过海外合作经营推进制造业的产业链延长,是基于比较优势理论的海外

① Goodchildm. Spatial Autocorrelation M [M]. Norwich:Geo - Books, 1986:54 - 88.

② P. K. Schott, C. Fuest, K. O'Rourke. The Relative Sophistication of Chinese Exports [J]. *Economic Policy*, 2008, 53 (23):5 - 49.

③ E. Siggel. International Competitiveness and Comparative Advantage:A Survey and a Proposal For Measurement [J]. *Journal of Industry Competition & Trade*, 2006 (06):137 - 159.

④ 李钢,董敏杰. 中国与印度国际竞争力的比较与解释 [J]. 当代亚太, 2009 (05):123 - 148.

⑤ 王志民. "一带一路"背景下中哈产能合作及其溢出效应 [J]. 东北亚论坛, 2017, 26 (01):41 - 52 + 127.

⑥ 吴福象,段巍. 国际产能合作与重塑中国经济地理 [J]. 中国社会科学, 2017 (02):44 - 64 + 206.

⑦ 夏先良. 构筑"一带一路"国际产能合作体制机制与政策体系 [J]. 国际贸易, 2015 (11):26.

⑧ 卓丽洪,贺俊,黄阳华. "一带一路"倡议下中外产能合作新格局研究 [J]. 东岳论丛, 2015 (10):175 - 179.

市场战略调整，对边际比较优势产业进行输出，将对实现本国与"合作方"之间的垂直分工体系十分有利，并带动本国相关产业技术以及机器设备的出口。世界各国经济发展水平参差不齐，资源禀赋各有不同，科技实力悬殊，但各国均有自己的比较优势，相互之间完全可以通过国际产能合作来实现互利共赢。[①]

产能合作的兴起源于发达国家的跨国企业从在全球范围内配置资源的角度出发推进产业转移，从而实现利润的最大化。产能合作虽然作为一种国际产业合作形式由来已久，但对于产能合作的具体定义尚没有一种严格的界定。郭朝先、刘芳、皮思明[②]认为，所谓国际产能合作应当强调联合行动的属性，即指两个存在意愿和需求的经济体之间，由于产能方面存在匹配性，因而进行产能供求跨国或跨地区配置。产能合作的主要途径包括产品输出和产业转移两种。郑炜[③]指出产能合作，是指两个或两个以上的国家或地区之间，根据自己的需求和供给状况而开展的跨国家或地区生产能力配置的合作行为。它既能够利用输出产品的方式开展产能转移，也能够利用转移产业的方法达到产能位移的效果。乔晓楠、张晓宁[④]认为国际产能合作并不是一个严格的学术概念，其活动涉及对外直接投资、进出口贸易、金融合作、产能转移以及跨国的技术转让、劳务合作、资源开发等多种形式的国际经济合作，具有较高程度的复合性和复杂性。《"一带一路"与国际产能合作行业布局研究》[⑤] 一书对国际产能合作的概念进行了厘清和界定：国际产能合作，是国与国之间某一领域生产能力的合作。从内涵上看，国际产能合作应以参与国之间互利共赢为根本目的，以促进我国产业经济提质增效为核心，以企业为市场主体，以基础设施建设完善、

---

① 王志民."一带一路"背景下中哈产能合作及其溢出效应 [J]. 东北亚论坛，2017，26 (01)：41 - 52 + 127.

② 郭朝先，刘芳，皮思明."一带一路"倡议与中国国际产能合作 [J]. 国际展望，2016 (03).

③ 郑炜. 我国与"一带一盟"国家传统产能比较与合作研究 [J]. 经济体制改革，2017 (03)：53 - 58.

④ 乔晓楠，张晓宁. 国际产能合作、金融支持与共赢的经济逻辑 [J]. 产业经济评论，2017 (02).

⑤ 徐绍史主编."一带一路"与国际产能合作行业布局研究 [M]. 北京：机械工业出版社，2017.

生产线设立、设备工具出口为主要手段，通过直接投资、技术合作、装备出口、工程承包等多种形式，实现我国企业生产能力的布局优化，推动各项产业转型升级。陈伟和王妙妙[①]在"一带一路"倡议背景下，采用超效率 DEA 模型测算了中国国际产能合作的效率值，并利用 TOBIT 模型实证分析了影响我国国际产能合作效率的主要因素，提出了相应的对策与建议。杜龙政和林伟芬[②]使用 Hansen 非线性面板门槛模型，分析了影响国际产能合作的主要因素。研究发现，位于全球价值链顶端的国家，通过跨国公司向其他国家或地区传递技术和管理的正向溢出效应，最终提升了接受正向溢出的国家或地区的国际产能效率；位于全球价值链中低端的国家或地区，则通过寻求战略技术和逆向溢出效应来提高产能合作效率。张国梅和冯香入[③]依据国际产能合作的主要实现方式，如对外投资合作和对外贸易合作，使用 DEA 方法测算了河北省的国际产能合作效率，并从投资环境、政府政策以及企业内部管理等角度分析了影响产能合作效率的因素。

1.2.2 我国与"一带一路"沿线国家间的产能合作

推进我国与"一带一路"沿线国家之间的产能合作，目前已经成为推进"一带一路"倡议的重要抓手，成为决策层和学者的普遍共识。邱斌等[④]认为，推进"一带一路"倡议的相关产业培育具备国际产能合作的基本性质。这既是中国全面深化对外开放的迫切需要，也是加强世界各国产能互利合作的最根本途径。慕怀琴、王俊[⑤]也指出国际产能合作是贯彻"一带一路"倡议的重要抓手，推动我国从单纯的产品出口转型升级到产

---

① 陈伟，王妙妙."一带一路"背景下中国国际产能合作效率及其影响因素研究 [J]. 经济论坛，2018（03）：87－92.

② 杜龙政，林伟芬. 中国对"一带一路"沿线直接投资的产能合作效率研究——基于 24 个新兴国家、发展中国家的数据 [J]. 数量经济技术经济研究，2018，35（12）：3－21.

③ 张国梅，冯香入."一带一路"背景下河北省国际产能合作效率及其影响因素研究 [J]. 中国外资，2021（03）：98－100.

④ 邱斌，周勤，刘修岩，陈健."'一带一路'背景下的国际产能合作：理论创新与政策研究"学术研讨会综述 [J]. 经济研究，2016，51（05）：188－192.

⑤ 慕怀琴，王俊."一带一路"倡议框架下国际产能合作路径探析 [J]. 人民论坛，2016（08）.

业输出，帮助中国产业提升在全球价值链的地位。王志民①指出，中国前两次产能合作是主动承接世界产业结构转移的"引进来"的合作，而"一带一路"背景下的产能合作则是以中国企业"走出去"为主的产能合作，需要与相关国家达成共识并以相应的合作机制来保证。中国提出的"一带一路"倡议，既顺应了本土相关企业走出去、扩大海外投资的时代需求，同时又符合以国际产能合作为主的全球治理新趋势，是新时期我国对外开放的重大战略选择。

在具体的合作领域和合作潜力的分析方面，白永秀②通过对丝绸之路经济带工业产能合作的研究认为我国与丝绸之路沿线国家工业发展的互补性是开展产能合作的基础，产能合作的领域也需要基于此来确定。并对中亚五国和中国在工业领域的产能合作情况进行了分析。张其仔③从产业国际竞争力视角来研究国际产能合作，分别计算了我国与"一带一路"沿线12个国家相关产业的市场占有率、相对出口优势指数等指标，从而得出相关产业开展产能合作的潜力。桑百川、赵东麒通过分析和计算我国与"一带一路"相关区域国家不同行业对外贸易的变化情况和我国与相关区域产业国际竞争力的变化趋势，以期能够找出我国与"一带一路"沿线国家产能合作的方向。④ 王晓芳等⑤采用行业合作潜力指标来对"一带一路"国际产能合作中的行业潜力进行了分析，结果表明我国与"一带一路"沿线国家在电力、热力、燃气及水的生产和供应业等能源相关行业合作潜力较大。除此之外，夏先良⑥，桑百川、杨立卓⑦，卓丽洪、贺俊、

① 王志民．"一带一路"倡议推进中的多重互动关系分析［J］．中国高校社会科学，2015（06）．

② 白永秀，王泽润，王颂吉．丝绸之路经济带工业产能合作研究［J］．经济纵横，2015（11）：28 – 34．

③ 张其仔主编．中国产业竞争力报告2015 No.5 "一带一路"倡议与国际产能合作［M］．北京：社会科学文献出版社，2015．

④ 赵东麒，桑百川．"一带一路"倡议下的国际产能合作——基于产业国际竞争力的实证分析［J］．国际贸易问题，2016（10）：3 – 14．

⑤ 王晓芳，谢贤君，赵秋运．"一带一路"倡议下基础设施建设推动国际产能合作的思考——基于新结构经济学视角［J］．国际贸易，2018（08）：22 – 27．

⑥ 夏先良．构筑"一带一路"国际产能合作体制机制与政策体系［J］．国际贸易，2015（11）：26 – 33．

⑦ 桑百川，杨立卓．拓展我国与"一带一路"国家的贸易关系——基于竞争性与互补性研究［J］．经济问题，2015（08）：1 – 5．

黄日华①，谭秀杰、周茂荣②，李雪东③，慕怀琴、王俊④，杨挺、李志中、张媛⑤，梅建平⑥等学者从机制、政策，竞争性、互补性，国际产能转移，贸易潜力，实施路径，价值链和金融支持等不同角度对"一带一路"倡议下国际产能合作问题进行了研究。

此外，关于"一带一路"国际产能合作的国际经验比较也有一定的研究成果。焦多田⑦和王刚⑧通过比较美国、日本等国家和地区的国际产业转移经验，从经济制度、法律规则、跨国公司培育等多个方面为我国的国际产能合作提供了启示。张哲人⑨以德国作为制造业强国的代表，研究其产业转移与升级经验，为提升我国制造业竞争力以推动国际产能合作提供了借鉴。许豫东等⑩则通过对比日本和德国在对外援助和社会资金结合方面的经验，为国际产能合作项目的资金支持举措提供了重要参考。这些研究多基于全球典型发达国家的国际产业转移经验，旨在为国际产能合作提供指导，但未能直接基于不同国家和地区的产能合作实践进行比较研究，某种程度上削弱了国际经验比较研究对实际国际产能合作的指导意义和适用性。

此外，由于"一带一路"沿线国家数量较多，学者们对我国与沿线国

---

① 卓丽洪，贺俊，黄阳华."一带一路"战略下中外产能合作新格局研究［J］.东岳论丛，2015，36（10）：175－179.

② 谭秀杰，周茂荣.21世纪"海上丝绸之路"贸易潜力及其影响因素——基于随机前沿引力模型的实证研究［J］.国际贸易问题，2015（02）：3－12.

③ 李雪东.结合"一带一路"倡议，开展国际产能合作［J］.中国经贸导刊，2015（30）：21.

④ 慕怀琴，王俊."一带一路"倡议框架下国际产能合作路径探析［J］.人民论坛，2016（08）：87－89.

⑤ 杨挺，李志中，张媛.中国经济新常态下对外投资的特征与前景［J］.国际经济合作，2016（01）：28－37.

⑥ 梅建平."一带一路"建设中国际产能合作的国别风险与金融选择［J］.江西社会科学，2018，38（06）：68－73.

⑦ 焦多田.产能合作：对工业革命与国际产业转移的镜鉴研究［J］.开发性金融研究，2018，17（01）：59－65.

⑧ 王刚.中间品贸易视角下中国—东盟自由贸易区贸易效应研究［D］.上海：上海社会科学院，2017.

⑨ 张哲人，李大伟，李慰.从国际和历史视角看"一带一路"建设的基本原则［J］.宏观经济管理，2017（05）：38－41.

⑩ 许豫东，吴迪，甄选.日德对外援助资金与社会资金相结合的经验及启示［J］.国际经济合作，2016（08）：45－48.

家的产能合作进行了基于区域异质性的国别分析研究。吴崇伯①对我国与东盟的产能合作进行了研究，得出结论认为区域合作潜力巨大。王泺②研究了我国与非洲的产能合作，发现合作领域广泛且前景向好。金陈飞等③对我国与欧洲的产能合作进行了分析，指出合作多集中在高科技和制造业领域。闫实强等④研究了我国与菲律宾的产能合作，结论是合作多集中在基础设施建设领域。魏敏⑤对我国与土耳其的产能合作进行了研究，发现合作重点在能源和交通领域。杨水利等⑥分析了制造业的产能合作，认为这是最主要的合作产业。闫实强等⑦对钢铁产业的合作进行了研究，指出其在"一带一路"合作中的重要性。师成⑧研究了煤炭产业的合作，认为这是一个具有巨大潜力的合作领域。刘瑞和高峰⑨提出，推进国际产能合作可以从三个方面展开：推进对东南亚和南亚国家劳动密集型产业的转移，推进对中亚、西亚和北非地区资本密集型产业的转移，推进与独联体（含蒙古国）之间的国际产能合作。当前，国内学者主要从"雁阵模式"、一体化建设和国别（区域）差异合作模式等角度对"一带一路"产能合作进行分析。雁阵模式中主要涉及国家雁阵模式和产业雁阵模式。卫玲和梁炜⑩提出，"一带一路"产能合作的根本目标是构建新型雁阵模式。袁富华

① 吴崇伯．"一带一路"框架下中国与东盟产能合作研究［J］．南洋问题研究，2016（03）：71-81．

② 王泺．对非援助促进中非产能合作的目标、原则及政策建议［J］．国际贸易，2016（12）：23-25+58．

③ 金陈飞，池仁勇，陈衍泰，等．"一带一路"倡议下的中欧非国际产能合作研究——比较优势和合作潜力［J］．亚太经济，2018（02）：11-18+149．

④ 闫实强，李志鹏，王立．中非钢铁产能合作：形势分析与路径思考［J］．国际经济合作，2016（02）：4-9．

⑤ 魏敏．"一带一路"框架下中国与中东基础设施互联互通问题研究［J］．国际经济合作，2017（12）：58-63．

⑥ 杨水利，叶妍，吕祥．我国与南亚制造业产能合作共生关系研究［J］．未来与发展，2018，42（05）：35-39．

⑦ 闫实强，李志鹏．推进中菲钢铁产能合作的形势与建议［J］．国际经济合作，2017（12）：77-82．

⑧ 师成．新形势下的中俄煤炭能源合作：现状、问题与建议［J］．商业经济，2018（05）：80-82．

⑨ 刘瑞，高峰．"一带一路"战略的区位路径选择与化解传统产业产能过剩［J］．社会科学研究，2016（01）：45-56．

⑩ 卫玲，梁炜．以创新驱动推进"一带一路"产业升级［J］．江苏社会科学，2017（05）：32-40．

和张平①认为，随着"一带一路"倡议的推进，我国应加快雁阵式产业升级，通过实现国内产业转型升级来提升国际竞争力。孙慧和李建军②也提出，构建丝绸之路经济带产业合作"雁型模式"具有可行性。这表明在"一带一路"产能合作中，需要有重点、有主次地推进，不论是合作主体还是产业都需要有所引领。

1.2.3 我国与"一带一路"沿线国家能源产能合作

能源产能合作由来已久，学者们从不同的角度研究了能源合作对不同国家和地区能源安全和经济社会的影响。梅森·威尔里奇（Mason Willrich）③指出能源问题将成为国际政治关系中的主要问题，需要通过合作建立起一种和谐的世界能源关系。罗伯特·曼宁（Robert O. Keohane）④通过对亚洲能源问题的分析指出，能源合作能够建立起更加广泛和深入的利益协同和合作关系，在一定程度上促进区域一体化的发展。普拉莫德·库尔卡尼（Pramod Kulkarni）⑤分析了美国等国家的页岩气开发利用对传统天然气的开发的影响，认为页岩气等新型能源的开发将极大地降低美国等国家对海湾国家天然气资源的依赖，对传统的能源合作格局将产生重大的影响。丹尼尔·耶金（Daniel Yergin）⑥指出各国之间的能源博弈将使能源成为重塑世界格局中的重要决定因素，东西半球对能源的需求和生产的变化以及不同区域的能源合作将对世界格局产生重大影响。

在中国对外投资的一系列研究中，巴克利等（2009）、科尔斯塔德和

---

① 袁富华，张平. 雁阵理论的再评价与拓展：转型时期中国经济结构问题的诠释 [J]. 经济学动态，2017（02）：4 – 13.

② 孙慧，李建军. "一带一路"国际物流绩效对中国中间产品出口影响分析 [J]. 社会科学研究，2016（02）：16 – 24.

③ Mason Willrich. *Energy and World Politics* [M]. Free Press，1978.

④ Robert O. Keohane. *After Hegemony：Cooperation and Discord in the World Political Economy* [M]. Princeton University Press，2005.

⑤ Pramod Kulkarni. Shale Search Goes Global [J]. *World Oil*，2010（12）：73 – 78.

⑥ Daniel Yergin. *The Quest：Energy Security and The Remaking of The Modem World* [M]. New York：The Penguin Press，2011.

维格 (Kolstad and Wiig)①、蒋冠宏和蒋殿春②的研究都表明，中国的对外投资更偏向于优先考虑资源类投资，资源丰裕类和文化背景更加接近的国家对中国的对外投资更具有吸引力，能源投资在一系列投资中具有更加举足轻重的地位。企业层面和产业层面的研究表明，能源资源类投资由于受到目标国资源丰裕度、政治制度稳定性、社会稳定性等一系列因素的综合影响，投资企业主体往往为国有企业 (Ramasamy et al.)③，两国之间稳定的经贸关系成为能源资源类投资中的关键影响因素。除此之外，方慧、赵甜④的研究认为，直接投资和贸易会受到不同维度距离的影响，而距离的内涵得到了扩展，包括文化距离、经济距离、技术距离、地理距离和制度距离。我国对外出口倾向与文化距离、经济距离和技术距离提升呈负相关，而地理距离和制度距离的提高则抑制了投资倾向。"一带一路"内涵丰富，沿线国家在经济、政治、环境保护、资源开发等方方面面都面临合作的机遇，能源作为重要的资源和贸易商品成为沿线国家合作的突破口。能源合作将带动"一带一路"的全方位合作，成为"一带一路"发展的龙头和引擎。汤姆森、埃尔斯佩斯和堀井伸浩 (Thomson，Elspeth and Nobuhiro Hofii)⑤ 认为随着中国社会经济的发展，自身的能源产量远远不能满足发展的需要，需要加强同"一带一路"沿线国家特别是中亚国家之间的能源合作。伊琳娜·约内拉·波普 (Irina Ionela Pop)⑥、伊藤庄一 (Shoichi Itoh)⑦ 通过分析中国的能源战略以及中国和中亚、俄罗斯、印度等国家能源合作的相关影响因素，剖析了中国与上述国家之间能源合作的潜

① Kolstad I, Wiig A. What determines Chinese outward FDI? [J]. *Journal of World Business*, 2012, 47 (01): 26 –34.

② 蒋冠宏, 蒋殿春. 中国对外投资的区位选择: 基于投资引力模型的面板数据检验 [J]. 世界经济, 2012, 35 (09): 21 –40.

③ Ramasamy B, Yeung M, Laforet S. China's outward foreign direct investment: Location choice and firmownership [J]. *Journal of World Business*, 2012, 47 (01): 17 –25.

④ 方慧, 赵甜. 中国企业对"一带一路"国家国际化经营方式研究——基于国家距离视角的考察 [J]. 管理世界, 2017 (07): 17 –23.

⑤ Thomson, Elspeth and Nobuhiro Hofii. China's Energy Security: Challenges and Priorities [J]. *Eurasian Geography and Economics*, 2009, 50 (06): 643 –664.

⑥ Irina Ionela Pop. China's Energy Strategy in Central Asia: interaetions with Russia, India and Japan [R]. UNISCI Discussion Papers, 2010, 24: 197 –220.

⑦ Shoichi Itoh. Sino – Russian Energy Relations: True Friendship or Phony Partnership? [J]. *Russian Analytical Digest*, 2010 (73): 10.

力。姜和乔纳森·辛顿（Julie Jiang and Jonathan Sinton）[①]、马拉维卡·贾恩·班巴瓦勒和本杰明·K. 索瓦科尔（Malavika Jain Bambawale and Benjamin K. Sovacool）[②] 认为美国对中东等外部石油资源的依赖下降将有益于中国从中东和西亚地区获得石油资源，这也成为中国加强同中东地区和西亚地区能源合作的机遇，但同时过分依赖这一地区也会在能源运输、能源政策政治风险上带来更大的挑战，需要在能源安全与能源合作政策之间进行权衡。张磊[③]通过分析"绸之路经济带"经济空间和现有的能源合作区域空间分布，发现目前的能源通道与"丝绸之路经济带"中线、北线走向基本一致，能源通道、能源基地完全分布在"丝绸之路经济带"沿线辐射空间中，反映出能源合作是"丝绸之路经济带"建设的重要内容。余晓钟、焦健、高庆欣[④]对现行国际能源产能合作模式中的横向合作模式、纵向合作模式和复合合作模式进行了分析，并结合我国与"一带一路"沿线国家能源合作的现状和需求提出了包括现行国际能源产能合作模式的延伸、扩大和强化；构建诸如"一带一路"国际能源产能合作园区，实现一体化国际能源产能合作在内的政策建议，以上思路均属于基于"一带一路"倡议框架下的国际能源产能合作模式上的创新。根据对 2015 年《中国海关统计年鉴》和英国石油公司《世界能源统计年鉴》数据的统计，截至 2014 年我国从海外进口的石油和天然气分别有 87.5% 和 88.2% 来自"一带一路"沿线主要地区和国家。"一带一路"沿线国家，特别是中亚国家在油气勘探开发、油气深加工、石油化工、油气管道铺设和改造、油气工程服务及技术创新、石油装备制造等方面的市场需求潜力巨大，为中国与其的能源产能合作提供了广阔的市场空间。能源产能合作已经成为我国与"一带一路"沿线国家进行产能合作的重要领域，能源产能合作不仅为我国的能源安全提供了进一步的保障，同时也在化解国内能源产能方面的困难发

---

① Julie Jiang and Jonathan Sinton. Overseas Investments by Chinese National Oil Companies：Assessing the Drivers and Implications [M]. IEA, 2011.

② Malavika Jain Bambawale and Benjamin K. Sovacool. China's Energy Security：The Perspective of Energy [M]. USERS, 2011 (88)：1949 – 1956.

③ 张磊. "丝绸之路经济带"框架下的能源合作 [J]. 经济问题, 2015 (05)：6 – 11.

④ 余晓钟，焦健，高庆欣. "一带一路"倡议下国际能源合作模式创新研究 [J]. 科学管理研究, 2018, 36 (04)：112 – 115.

挥了巨大的作用。朱雄关[①]总结道：常规油气资源可采储量不足、能源供需结构不合理、油气对外依存度与日俱增、进口国家过于单一、运输线路对海洋过度依赖、来源区域过于集中在稳定系数不高的地区等是我国当前能源安全存在的主要问题和风险，与"一带一路"沿线国家的能源产能合作将成为我国保障能源安全的重要出路。

　　在对"一带一路"能源产能合作重点国家和地区的研究中，高志刚、江丽[②]通过中国与哈萨克斯坦在油气资源领域的合作分析了中国与中亚地区国家深化能源合作的基础、意义和重点工作，并从国家层面、企业层面和产业层面提出了从完善平台建设、模式选择和合作机制等方面来深化油气资源领域的合作。郭菊娥等[③]在研究丝绸之路经济带能源合作现状的相关成果中指出，中亚地区作为地缘政治的"世界岛"，是"丝绸之路经济带"的重要战略区，能源领域的合作是我国与中亚国家开展经济合作的基础和关键领域，也是我国与中亚国家实现全方位、多层次合作的突破口。能源合作对于解决双方能源安全问题、完善油气进出口和运输通道具有重大意义。袁培[④]、庞昌伟[⑤]等也分别对中国与中亚国家的能源产能合作进行了分析，认为"一带一路"的建设为我国与中亚地区的能源合作提供了机遇和便利。除了与中亚国家的能源合作外，王海运[⑥]、刘旭[⑦]等从中俄两国各自的能源战略、制约中俄两国能源合作的条件以及两国之间合作的机会等方面对中俄两国能源合作的前景和潜力进行了分析。李涛和刘稚[⑧]、黄

　　① 朱雄关．"一带一路"背景下中国与沿线国家能源合作问题研究［D］．昆明：云南大学，2016．

　　② 高志刚，江丽．"丝绸之路经济带"背景下中哈油气资源合作深化研究［J］．经济问题，2015（04）：10－14．

　　③ 郭菊娥，王树斌，夏兵．"丝绸之路经济带"能源合作现状及路径研究［J］．经济纵横，2015（03）：88－92．

　　④ 袁培．"丝绸之路经济带"框架下中亚国家能源合作深化发展问题研究［J］．开发研究，2014（01）：51－54．

　　⑤ 庞昌伟．能源合作："丝绸之路经济带"战略的突破口［J］．新疆师范大学学报，2014（02）：11－18．

　　⑥ 王海运．中俄能源合作的有利因素与制约因素［J］．俄罗斯学刊，2011（03）：5－9．

　　⑦ 刘旭．普京时代的油气政策走向与中俄能源合作前景［J］．国际石油经济，2012（07）：47－54．

　　⑧ 李涛，刘稚．浅析中国与东盟的能源合作［J］．东南亚研究，2006（03）：24－30．

莉娜[1]、闻武刚[2]分析了中国与东盟国家能源合作的现状、合作途径、影响因素以及合作对我国能源安全的保障,认为有必要建立合作机制以促进我国与东盟国家的能源合作。

1.2.4 文献评述

综合现有的研究文献来看,产能合作在国际产业分工的基础上不断发展,至今已经形成完整的合作模式和充分的理论基础,产能合作各个时期的研究文献从不同空间范围内资源、成本、技术等禀赋的差异所导致的产业竞争力的差异从而产生产能合作的逻辑对产能合作的发展历程和概念均有系统的阐述。在我国与"一带一路"沿线国家之间的产能合作问题方面,现有的文献针对合作的重要性和战略性做了大量的论述,从与"一带一路"沿线国家进行产能合作的具体的产业领域,机制、政策,竞争性、互补性,国际产能转移,贸易潜力,实施路径,价值链和金融支持等不同的角度现有文献也进行了一定的研究。从目前国内外涉及能源产能合作,特别是我国与"一带一路"沿线国家的能源产能合作相关学术研究成果来看,能源产能合作在国际范围内的重要性和必要性已经达成共识,我国与"一带一路"沿线国家进行能源产能合作在目前研究文献中也都被认为将成为"一带一路"倡议推进的重要抓手,其在未来对我国能源安全的重要意义不言而喻。部分学者还对"一带一路"倡议下沿线的中亚、西亚、东亚国家等各个区域进行能源产能合作的重要性和可行性进行了一定程度的分析。

从关于我国与"一带一路"沿线国家进行产能合作的现有研究来看,目前的研究多基于宏观的分析,而缺乏对各个方面更加细致的研究。当前的研究多停留在重要性和必要性的研究层面,对我国与"一带一路"沿线国家进行能源产能合作的机遇、风险和挑战虽然进行了较多的分析和论述,但仍缺乏各个区域的针对性。对能源产能合作的重点区域

---

① 黄莉娜. 中国与东盟能源安全合作的障碍与前景 [J]. 北方法学, 2011 (04): 98-103.
② 闻武刚. 中国—印度尼西亚油气资源合作研巧 [J]. 东南亚纵横, 2011 (07): 26-31.

的研究多停留在大区域的范围，学者们主要关注于我国与中亚地区、俄罗斯和西亚地区的合作分析，但在重点地区的确定上往往只是基于各地区的能源资源禀赋和与我国的区位关系，缺乏对于目标地区的政治稳定性和社会稳定性、对我国的投资依赖程度、我国能源资源对其的依赖程度、能源技术替代性等因素的分析，因此，合作目标区域的选择具有一定的盲目性和主观性，在重点合作区域范围内对重点合作国家的选取也基本缺乏研究。并且，目前的众多研究对于合作收益多采用定性观点，我国与"一带一路"沿线国家进行能源产能合作到底可以实现何等效用未能得到充分分析，并缺乏客观的数据支撑，多停留在主观的判断层面。

　　针对目前研究文献中出现的不足之处，本研究在学习借鉴各方研究成果的基础上，针对目前研究的不足设定研究框架、组织研究内容，进行一定程度的创新性研究。首先对于我国与"一带一路"沿线国家进行能源产能合作的出发点的分析，本研究从国内的能源供需情况和"一带一路"沿线国家能源供需情况着手，资源的需求、过剩的产能和贸易需求成为真正促使我国与"一带一路"沿线国家进行能源产能合作的基础条件。在此基础上，确定能源产能合作的国家以及对确定国家进行潜力分析成为突破现有成果的一项创新，本研究利用评价指标体系方法和随机前沿引力模型方法确定重点合作国家与测算合作潜力，突破了目前研究成果中只进行定性判断的研究现状。在此基础上，采用数理模型对所确定的重点合作国家与我国进行能源产能合作给我国带来的经济社会效用进行评价，也突破了目前研究只进行重要性和必要性的定性判断。本研究除了针对我国与"一带一路"沿线国家的研究外，还将梳理在世界范围内进行能源产能合作的成功经验，为我国在合作过程中提供可借鉴和可复制的经验指导，最后，本书在理论分析、实证检验和经验总结的基础上提出我国与"一带一路"沿线国家进行能源产能合作的对策建议。总而言之，目前的研究成果为本研究奠定了基础，本研究在现有研究基础上实现一定的突破，力求为我国与"一带一路"沿线国家进行能源产能合作提供针对性的对策建议。

1.3 研究思路和方法

1.3.1 研究思路

"一带一路"倡议框架下的能源合作，应以共同打造开放包容、合作共赢、普惠共享的能源利益共同体为目的，最终构建责任共同体和命运共同体，以提升区域能源安全水平，保障各国能源产业利益，提高能源资源区域优化配置水平，实现能源产业及市场要素的深度融合，以提供各国稳定的能源保障，从而实现当地经济社会的全面发展。本书对"一带一路"能源产能合作的研究有一定前瞻性，在充分借鉴前人已有研究成果的基础上，根据目前产能合作开展的实际和产能合作过程中需要关注的重点问题，对能源产能合作的基础、能力、风险、对象选择、潜力、效应和经验等进行了深入的分析，以便对我国与"一带一路"沿线国家的能源产能合作有更加系统、全面、深刻的认识。本书主要包含8个章节的内容。

第1章 导论。主要介绍本研究选题的背景和选题意义、相关文献综述、研究思路和研究方法以及研究的创新点和不足之处。

第2章 概念界定和理论分析。对能源、产能合作、能源产能合作、"一带一路"沿线国家等概念进行了界定。系统梳理了能源产能合作的相关理论，为能源产能合作的产生、发展和方向等内容提供相应的理论支撑。基于供给需求因素、合作博弈因素和合作效应因素对我国与"一带一路"沿线国家进行能源产能合作的机理进行分析。

第3章 我国能源产能的供给和需求分析。我国与"一带一路"沿线国家的能源产能合作是推动"一带一路"深化合作发展的重要方面。沿线国家协力进行能源产能合作的出发点很大程度上在于满足本国能源需求，发展能源产业和保障能源安全。本章从我国能源的供给、需求、能源进出口、外部能源利用和世界能源新格局等方面来阐释我国加强与"一带一路"沿线国家能源产能合作的现实要求。

第 4 章 我国与"一带一路"沿线国家能源产能合作现状与制约因素。长期以来，我国与"一带一路"沿线国家在能源等领域进行了丰富的合作。现有的合作为我国与沿线国家的能源产能合作打下了基础，但同时合作过程中暴露出的问题也成为制约能源产能合作的重要因素。本章首先对"一带一路"沿线国家的能源储藏情况、能源生产能力以及能源供给和需求能力进行分析，然后回顾了我国与"一带一路"沿线国家能源产能合作的历程，总结了我国与沿线国家进行能源产能合作的制约因素。

第 5 章 我国与"一带一路"沿线国家能源产能合作国别选择与合作潜力实证分析。"一带一路"沿线国家众多，各国能源资源条件以及能源产业发展状况差异较大，在推动我国与"一带一路"沿线国家进行能源产能合作的过程中不能一概而论。本章通过选择设立评价指标体系来对"一带一路"沿线国家从政治和地缘稳定性、外交和地缘重要性、对我国投资依赖程度、能源资源充裕度、我国对该国能源资源依赖度和技术标准类准入门槛等方面的指标进行筛选，从而确定出能源产能合作国家的优先级。在此基础上通过构建随机前沿引力模型来对筛选出的 25 个重点合作国家的合作潜力进行测算，从而进一步确定能源产能合作的重点国家和地区。

第 6 章 我国与"一带一路"沿线重点国家能源产能合作效应实证分析。本章将在之前章节阐述的我国与"一带一路"沿线国家进行能源产能合作意义和重点国家选择的基础上，通过格兰杰检验、协整分析和投入产出模型等方法进行实证分析来进一步研究我国与"一带一路"沿线国家进行能源产能合作对于双方贸易和经济增长的作用。

第 7 章 能源产能合作国际经验分析。本章回顾国际能源产能合作的发展历程和合作的主要模式，并对欧洲、美国和日本等国家能源产能合作的经验进行比较分析。通过纵向发展历程和模式的梳理以及横向不同国家合作经验的总结来为我国推动与"一带一路"沿线国家的能源产能合作提供经验支持。

第 8 章 我国与"一带一路"沿线国家能源产能合作的政策建议。本章根据前述章节的研究结论以及发达国家和地区能源产能合作的成功经验，有针对性地提出促进我国与"一带一路"沿线国家能源产能合作的政策建议。

本书的分析框架见图 1 – 1。

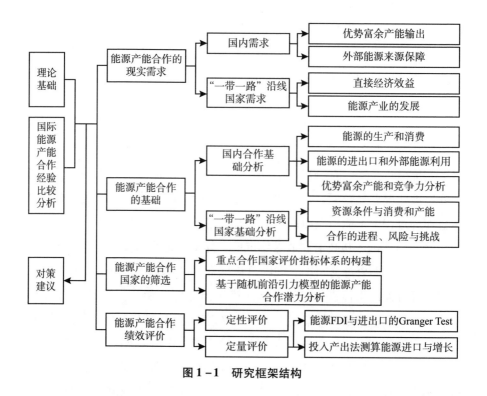

图 1 – 1 研究框架结构

1.3.2 研究方法

为了保证研究的合理性和准确性，本书综合运用了经济学、统计学、计量经济学等多学科相关知识，将规范研究与实证分析思路进行结合，兼顾定性与定量两种研究方法，并对不同研究内容采取有针对性的科学选取，力求实现研究成果的突破性与实用性。

（1）兼顾规范分析与实证计量。本书运用规范研究的方法总结了我国与"一带一路"沿线国家进行能源产能合作的重要性和必要性，阐述了能源产能合作的科学内涵，构建了能源产能合作的理论框架。通过实证分析的方法对我国和"一带一路"沿线国家各自的能源生产、需求和进出口情况以及生产能力进行分析，从而为能源产能合作的开展奠定基础。通过评价指标体系的构建筛选出合作对象，通过随机前沿引力模型对合作潜力进一步测算和分析，通过格兰杰检验和投入产出模型进一步对合作绩效进行定量测算，进而对我国与"一带一路"沿线国家的具体合作效用进行了分析。

（2）定性与定量相结合。在选取合作对象的过程中通过构建能源产能合作国家评价指标体系，对政治和地缘稳定性、外交和地缘重要性、对我国投资依赖程度、能源资源充裕度、我国对该国能源资源依赖度和技术标准类准入门槛等因素进行指标量化处理，从而评价筛选出重点合作国家。确定合作目标国家后本书采用随机前沿引力模型来定量测算能源产能合作的效率指数，从而定量地表达出我国与"一带一路"沿线国家的能源产能合作潜力。

本书通过定性的方式从树立多边共赢的国际能源产能合作新理念、能源来源地提供进一步保障、能源运输通道提供进一步安全保障、推动我国能源贸易的自由化、提升我国能源对外投资和能源国际产能合作水平以及促进人民币的国际化和能源产能合作中的金融合作等方面对能源产能合作的效用进行了定性描述。通过格兰杰检验、协整分析和投入产出法对能源产能合作对进出口和经济增长的作用进行了检验和测算。结果表明：能源对外直接投资是出口和进口的格兰杰原因。也就是说我国对"一带一路"沿线国家进行的能源直接投资在一定程度上促进"一带一路"沿线国家对我国的进口和出口，从而也表明我国与"一带一路"沿线国家进行能源产能合作，从而促进能源领域的投资等合作对于国家和地区之间的进出口以及经济发展具有积极的促进作用。投入产出法测算的产能合作中我国进口"一带一路"沿线国家的能源资源在保障我国能源安全的同时有力地促进了我国经济的增长。

（3）比较研究方法。本书纵向比较分析了我国与"一带一路"沿线国家各自的能源产业发展现状、能源产能情况和产能合作的历程，横向比较分析了欧洲、美国、日本等发达国家能源产能合作的发展经验，总结了现阶段我国与"一带一路"沿线国家共同致力于推动双方能源产能合作的重大战略意义以及发达国家能源产能合作的成功经验，得出了我国在与"一带一路"沿线国家进行能源产能合作过程中的对象选择、合作重点、绩效评估和风险水平等具体实现路径。

1.4 创新点和不足

1.4.1 主要创新点

本书的主要创新点体现在以下三个方面。

（1）本研究对于我国与"一带一路"沿线国家进行能源产能合作的分析对象不再停留在中亚、中东、东南亚和非洲等大区域的分析范畴，而是通过构建能源产能合作评价指标体系来对合作国家进行筛选，对政治、经济、资源禀赋及技术储备等因素进行综合考量，进而筛选出 9 个可进行重点合作的国家及 16 个比较重要的合作国家。从而使能源产能合作在推广的过程中目标更加明确，并可以根据目标对象采取更加具有差异性和针对性的战略对策。

（2）本研究将随机前沿引力模型用于能源产能合作潜力的分析之中，通过随机前沿引力模型测算出能源对外直接投资的效率，将效率值与前沿面值进行对比，通过目前的效率水平与前沿面的距离来判断未来的合作潜力。从模型测算数据来看，无论从与筛选的 25 个"一带一路"沿线国家之间的能源投资效率值还是与筛选国家所处的地区的能源投资效率平均值的比较分析来看，我国对"一带一路"沿线国家能源投资的效率较低，从国家或者整体的角度来看，我国对"一带一路"沿线国家的能源直接投资效率都具有较大的潜力，我国与"一带一路"沿线国家进行能源产能合作具有广阔的空间。这也以更加直观和具体的方式反映出我国推进与"一带一路"沿线国家能源产能合作的重大意义。

（3）本研究对于我国与"一带一路"沿线国家进行能源产能合作的效应分析从定性和定量两个方面来阐述。特别是在定量分析方面，本书从产能合作对"一带一路"沿线国家的效用和对我国的效用两个方面展开研究。首先，采用格兰杰因果检验和协整分析，分析了我国对"一带一路"沿线国家的能源对外直接投资对双方的进出口影响，检验表明我国与"一带一路"沿线国家进行能源产能合作，从而促进能源领域的投资对于双方的进出口和经济发展具有积极的促进作用。本书以投入产出法测算产能合作中我国进口"一带一路"沿线国家的能源资源的贡献程度。在能源进口贡献的同时，能源产能合作所带动的能源装备、服务和技术的出口也促进了我国经济的增长。从而更加全面地衡量和评价了我国与"一带一路"沿线国家进行能源产能合作的积极作用。

1.4.2 不足之处

我国与"一带一路"沿线国家的能源产能合作研究涉及众多的国家和地区，各个国家和地区的经济发展水平、社会发展水平以及文化差异较大。因此，本书在研究过程中收集数据，概括和分析能源产能合作相关问题都存在较大的困难，主要存在以下三点不足。

（1）由于在对外直接投资的数据统计中只存在国别划分和行业划分，因此难以确定本研究中各个"一带一路"沿线国家各自的能源投资金额。为了解决本部分数据的缺失问题，本书采用 2008～2022 年我国对外投资中采矿业、电力/热力/燃气及水的生产和供应业两大产业在总行业的投资金额中的占比进行估算，将各个年份能源投资占对外直接投资的比重与我国对"一带一路"沿线国家的对外直接投资额相乘，从而估算出我国对"一带一路"沿线国家的能源对外直接投资金额。数据的缺乏可能导致模型计算精度有所降低。

（2）研究在对我国与"一带一路"沿线国家能源产能合作定量绩效分析中，由于采用的数据为面板数据，而目前对于面板数据的协整检验尚不成熟，因此，在能源对外直接投资对进出口的影响分析中在进行了格兰杰因果检验后进行了尝试性的协整检验分析，但由于本研究中面板数据的局限和面板数据协整分析方法的局限，本部分协整分析只具有探讨意义。

（3）我国与"一带一路"沿线国家进行能源产能合作对于双方而言都具有重大的战略意义。对于我国而言，在保障我国能源安全、推动"一带一路"倡议等方面均意义重大；对于"一带一路"沿线国家而言，合作除了带来直接的经济利益外，对于各国产业体系的构建和国民就业均有积极的意义。考虑到数据的可获得性和评价模型的局限，本书只对能源产能合作对进出口和经济增长的积极作用进行了测算和评价，在一定程度上不能够全面反映我国与"一带一路"沿线国家进行能源产能合作的重大意义，需要在未来具备更完善数据条件的基础上进一步加以改进。

第 2 章
概念界定和理论分析

2.1 相关概念界定

2.1.1 能源

能源是指可以产生各种能量或可以做功的物质的统称，能源可以直接或者通过加工转换而取得有用能。根据《中华人民共和国节约能源法》中对能源的定义，能源是指煤炭、石油、天然气、生物质能和电力、热力以及其他直接或者通过加工、转换而取得有用能的各种资源。能源在形式上包括煤炭、石油、天然气、水能、风能、太阳能、核能、地热能、生物质能等一次能源形式，电力、热力等二次能源形式，以及其他各种类型的新能源和可再生能源。能源是人类活动的物质基础，是国民经济发展的重要保障，正如著名经济学家 E. P. 舒尔茨（1964）指出的："能源是无可替代的。现代生活完全是架构于能源之上的。"能源安全在一定程度上影响一个国家经济社会的稳定和发展。

从我国的能源消费结构来看，2022 年我国能源消费结构中煤炭、石油和天然气的消费总量占到了能源消费总量的 79.6%。[①] 传统能源，特别是煤炭、石油和天然气三种能源形式依然是我国最重要的能源利用形式，煤

---

① 国家统计局. 中国统计年鉴 2023［M］. 北京：中国统计出版社，2023.

炭、石油和天然气三种能源依然是影响我国能源安全和保障我国经济社会稳定发展的最重要决定因素。石油及天然气的贸易进口额有较为明显的提升，2021 年石油净进口量达 4.6 亿吨，对外依存度提高至 72%；天然气净进口量增长至 1 200 亿立方米，对外依存度上升至 46%。① 从我国外部能源利用总量和结构来看，我国外部能源利用的主要还是煤炭、石油和天然气三种能源形式，特别是石油和天然气的对外依存度呈现不断上升的趋势。

当前我国能源发展战略的目标是要实现能源、经济与环境协调的可持续发展，这就要求能源供应应该是长期稳定和充足的，需要通过市场机制来解决能源问题，充分利用国内外能源市场来推动能源产业的发展，保障能源安全目标的实现。因此，从当前我国经济社会发展中对能源的现实需求和我国当前能源生产、消费以及外部能源利用结构来进行综合考虑，本书将能源的概念界定为传统能源中的煤炭、石油和天然气三种能源形式。

2.1.2 产能合作

产能合作作为一种国际产业合作形式由来已久，其兴起源于发达国家的跨国企业从全球范围内配置资源的角度出发推进产业转移，从而实现利润的最大化。产能合作可以总结为两个或两个以上存在意愿和需要的国家或地区之间，根据自己的需求和供给状况而开展的跨越国家或地区生产能力配置来进行的合作行为，表现为两个国家之间产业和生产能力的输出和输入，是资本、产业输出和输入的有机结合。产能合作既能够利用输出产品的方式开展产能转移，也能够利用转移产业的方法达到产能位移的效果。国际产能合作突破了传统的输出产品的局限，避开国际贸易壁垒，将资本输出与产能输出相结合。

国际产能合作涉及对外直接投资、进出口贸易、金融合作、产能转移以及跨国的技术转让、劳务合作、资源开发等多种形式的国际经济合作，具有较高程度的复合性和复杂性。《"一带一路"与国际产能合作行业布局

---

① 中国石油集团经济技术研究院. 2021 年国内外油气行业发展报告［R］. 2022.

研究》① 一书对国际产能合作的概念进行了界定——国际产能合作即国与国之间各项生产能力的合作。从内涵上看，国际产能合作应当以国际互利共赢为基本目标，进而在合作过程中以促进我国经济提质增效升级为必要核心。作为市场活动主体，企业的作用应当明确，并将其投入基础设施建设、生产线建立、设备工具提供等各项经济领域，通过直接投资、装备出口、技术合作、工程承包等多种途径，实现我国企业生产力结构的优化布局，从而推动国内产业的转型升级。

国际产能合作的特点是政府推动，企业主导。国际产能合作作为跨国经济活动，牵涉地区广，距离远，政策制度差异性大，经济活动的复杂程度远高于一国之内的产业合作。因此需要不同国家的政府之间开展经济交流，达成合作协议，同时出台鼓励和支持企业开展国际合作的政策，为企业走出去降低成本和风险。国际产能合作的微观本质是企业追求利润的市场经济活动，所以各种所有制、规模的企业，特别是经济实力和规模相对更大的跨国企业是国际产能合作的主体。

因此，无论从国际产能合作出现的最初原因还是从目前国际产能合作的各种方式和途径来分析，企业特别是实力强大的跨国公司在国际产能合作中起到了最重要的主导作用。跨国企业在世界范围内配置资源，为了达到利润最大化的目的推动了不同国家之间的投资、贸易、产能转移、技术合作以及人才合作等产能合作的实现。因此，本书对于国际产能合作的研究很大程度上就是对跨国公司经济活动的研究。

2.1.3　能源产能合作

能源产能合作作为国际产能合作的形式之一，具有国际产能合作的所有特征，能源产能合作包括能源资源的协作勘探开发、能源运输通道的共同建设、能源资源加工合作、能源装备的制造出口、能源基础设施的建设和维护、能源技术的研发合作、能源价格的协调制定、能源资源人才的共

---

① 徐绍史主编．"一带一路"与国际产能合作行业布局研究［M］．北京：机械工业出版社，2017.

同培养，以及能源资源销售的协作等能源资源开发的各个环节。能源产能合作突破了原有能源合作局限于勘探开发和销售等某一环节的合作形式，而将合作深入能源产业的全产业链之中，所有涉及能源生产能力的环节都有能源产能合作的机会。

当前我国能源产业领域存在富余产能，具有能源产能合作的基础和条件，但应注意的是我国输出的产能不是落后产能，从能源技术角度来讲，输出的能源产能是能源先进技术产能，中国具备完整的能源产业体系、能源生产技术成熟，能源生产能力规模巨大，居世界前列。通过能源产能合作特别是与"一带一路"沿线国家的能源产能合作一方面可以释放我国国内富余的能源产能，同时也可以为沿线国家，特别是能源资源丰富和能源生产能力匮乏的国家的能源产业发展提供支持和发展的机遇。

我国与"一带一路"沿线国家之间能源产能合作的具体模式将随着合作双方的资源禀赋和在合作中双方的诉求不同而有所区别，合作模式将呈现出多样化。在具体的合作过程中，若我国企业的利益诉求在于获取能源资源本身，合作国的利益诉求在于扩大能源资源的出口，从而获取大量的外汇，则资源开发和能源资源加工基地建设的模式可以成为合作的主要模式。若合作国的利益诉求除了简单地实现能源资源的出口和换取外汇外，还更加注重推动本国的就业和提升本国相关产业的发展水平，则建设能源资源的深加工基地有可能成为我国与合作国之间进行能源产能合作的主要模式。

资源寻求型投资合作可作为我国与"一带一路"沿线国家进行能源产能合作的重要形式。在这一类产能合作中，合作的东道国主要发挥自身在能源资源要素方面的优势，我国则在合作中主要发挥资本和技术上的比较优势。从需求角度来讲，东道国希望通过能源资源的开发获取财政收入和直接的经济收入，并希望在合作中形成能源资源开发的一整套产业体系，成为支撑本国经济实现长期可持续增长和拉动就业增长的支撑。我国则希望通过能源资源领域的国际产能合作获得稳定的能源资源供给，同时实现本国资本和技术的输出，实现我国能源资源领域富余产能的充分利用。从具体的能源资源产能合作模式来看，通过并购、绿地投资等模式，建立资源开发、初步加工和深加工基地是最常见的合作模式，我国和俄罗斯、印度尼西亚、哈萨克斯坦等周边国家的能源产能合作中均采取这些模式。除此之外，我国通过工程总承包（EPC）、建设—经营—转让（BOT）等形式参与海外油田、矿山资源的开发等资源深加工的项目也属于能源国际产能合作的范畴（见表2－1）。

表 2－1   能源国际产能合作具体模式

产能合作领域	具体模式
石油、天然气	绿地投资建设海外矿山、油田等资源生产设施
	以 EPC 等形式参与海外相关资源型中间产品生产基地建设，不获取所有权
	并购海外矿山、油田等能源资源生产设施
	绿地建设海外能源资源深加工基地
	并购或股权投资海外能源资源深加工企业
	以出口、租赁等方式向境外提供相关生产设备

无论是从能源产能合作中涉及能源产业全产业链之中的任何环节，还是从涉及能源生产能力的任何环节来分析，能源对外投资特别是对外直接投资在当前我国能源国际产能合作领域均居于主导的地位。我国能源产业对外直接投资的分析很大程度上能够反映出我国能源产能合作的状况。能源产业全产业链中的能源资源的协作勘探开发、能源运输通道的共同建设、能源资源加工合作、能源基础设施的建设和维护、能源资源人才的共同培养等能源资源开发的各个环节都在很大程度上通过能源对外投资的形式来实现。能源国际产能合作的具体模式中无论是绿地投资、并购、股权投资还是采取 EPC、BOT 等形式本质上仍然是通过能源对外投资的形式来实现。因此，本书在后续章节特别是实证分析章节中，在分析我国与"一带一路"沿线国家能源产能合作的效应过程中将能源对外直接投资设定为最主要的被解释变量是出于对当前我国能源国际产能合作现状的综合考量，符合我国能源国际产能合作的实际情况，具有理论和现实意义。

2.1.4 "一带一路"沿线国家

"一带一路"包含两部分——"丝绸之路经济带"和"21 世纪海上丝

绸之路"。2013 年 9 月 7 日,国家主席习近平在出访哈萨克斯坦期间,于纳扎尔巴耶夫大学作题为《弘扬人民友谊 共创美好未来》的主旨演讲。在该演讲中,习近平主席提出:联合各国,共同建设"丝绸之路经济带"。2013 年 10 月 3 日,习近平主席在印度尼西亚国会发表题为《携手建设中国—东盟命运共同体》的演讲,提出共同建设"21 世纪海上丝绸之路"的宏大构想。"一带一路"倡议自提出以来,在国际社会间反响热烈,受到了越来越多国家及经济体的积极响应,共建"一带一路"业已成为我国深度参与建设全球经济开放合作、改善全球经济治理体系、推动构建人类命运共同体的中国方案。[①] 2017 年,第一届"一带一路"国际合作高峰论坛在北京举办,29 位国家元首、政府首脑与会,130 多个国家和 70 多个国际组织派员参加,共计 1 500 多名代表与会,范围覆盖了五大洲各大区域,所涉及的行业领域更是不胜枚举。2023 年,第三届"一带一路"国际合作高峰论坛召开时,来自 150 个国家、92 个国际组织的 6 000 余名嘉宾与会。可见,国家间响应"一带一路"倡议的呼声高涨,其已经成为举世瞩目的、以包容开放为原则的合作平台,任何愿意参与"一带一路"建设的经济体都可以共襄盛举,深度参与到"一带一路"倡议框架下的各项合作中。

本书在探讨我国与"一带一路"沿线国家能源产能合作的过程中,既坚持"一带一路"包容开放的合作理念,以求实现产业利益共享。同时又从与我国能源合作的国家的实际情况入手,将与我国进行能源产能合作的"一带一路"沿线国家限定为"一带一路"沿线国家,即东亚的蒙古国,东盟 10 国,西亚 18 国,南亚 8 国,中亚 5 国,独联体 7 国和中东欧 16 国,共 65 个国家(见表 2 – 2)。

表 2 – 2   "一带一路"沿线国家

	地区	国家
1	东亚	蒙古国
2	东盟 10 国	新加坡、缅甸、柬埔寨、马来西亚、印度尼西亚、菲律宾、泰国、文莱、老挝、越南

---

① 习近平出席推进"一带一路"建设工作 5 周年座谈会并发表重要讲话 [EB/OL]. 中国政府网, https://www.gov.cn/xinwen/2018 – 08/27/content_5316913. htm, 2018 – 08 – 27.

	地区	国家
3	西亚 18 国	土耳其、伊朗、伊拉克、沙特阿拉伯、以色列、叙利亚、约旦、科威特、黎巴嫩、巴勒斯坦、埃及、也门、希腊、阿曼、阿联酋、卡塔尔、巴林、塞浦路斯
4	南亚 8 国	巴基斯坦、孟加拉国、印度、斯里兰卡、马尔代夫、阿富汗、尼泊尔、不丹
5	中亚 5 国	哈萨克斯坦、土库曼斯坦、乌兹别克斯坦、吉尔吉斯斯坦、塔吉克斯坦
6	独联体 7 国	俄罗斯、白俄罗斯、阿塞拜疆、亚美尼亚、乌克兰、格鲁吉亚、摩尔多瓦
7	中东欧 16 国	阿尔巴尼亚、克罗地亚、拉脱维亚、塞尔维亚、波兰、捷克、立陶宛、爱沙尼亚、匈牙利、斯洛文尼亚、波黑、马其顿、黑山、罗马尼亚、斯洛伐克、保加利亚
总计	65 国	

资料来源：笔者根据相关资料整理。

2.2　理论基础

　　本书对于我国与"一带一路"沿线国家能源产能合作研究的出发点在于通过我国与"一带一路"沿线国家的能源产能合作来保障我国的能源安全，实现我国能源产业的良性发展，并以能源产能合作推进"一带一路"倡议的实施，为我国经济社会的稳定发展创造条件。在具体的能源产能合作过程中，本书基于经典的跨国公司对外直接投资理论、国际分工理论、产业转移理论和合作博弈理论等理论来阐释产能合作理论。以能源安全理论、能源合作依存理论和供给需求理论来对能源产能合作中除了产能合作的经典理论外，针对于能源产能合作特点的理论基础进行论述。

2.2.1　产能合作理论

1. 跨国公司对外直接投资理论

跨国公司对外直接投资是指一个国家或地区的跨国企业在其他国家或

地区进行投资的活动。对外直接投资起源于发达国家，跨国公司国际直接投资的动机可以概括为战略性动机和经济性动机两大类。其中战略性动机主要包括为了获取原材料、降低成本、实现规模经济等，经济性动机主要出于发挥其特定优势而进行对外投资。跨国公司对外直接投资的形式主要包括四大类别：第一类为只进行投资，不参与具体的经营活动。第二类为开办合资企业，由双方共同经营。第三类为收买目标国现有企业。第四类为在目标国开办子公司。跨国公司对外直接投资对被投资国而言有利于其解决资金和技术困难，能够扩大本国就业和增加出口贸易，从而被广泛接受，目前世界各国为了吸引国外直接投资进而促进本国经济的发展都出台了相应的开放政策。

关于对外投资的相关理论研究开始于 20 世纪 60 年代对发达国家跨国公司的对外直接投资的行为研究。理论研究集中于对跨国公司进行对外直接投资的动机、方式、影响因素等方面，目前已经形成了较为完善的理论体系。代表性的理论主要分为以发达国家的跨国公司和发展中国家的企业为研究对象而被分别提出。其中包括，部分着眼于发达国家的跨国公司对外直接投资，并将其作为研究对象进而形成的理论：海默（1960）的垄断优势理论，巴克利和卡森（1976）、鲁格曼（1981）的内部化理论，小岛清的边际产业转移理论，邓宁的国际生产折中理论。20 世纪 70 年代中期开始以发展中国家企业为研究对象提出的理论，包括拉尔（1983）阐述的技术地方化理论、威尔斯（1983）提出的小规模技术理论、托伦蒂诺（1993）以及坎特威尔和托伦蒂诺总结的技术创新产业升级理论等。不论是基于发达国家跨国公司对外直接投资而提出的理论，还是基于对发展中国家企业对外投资现象研究而提出的理论，都具有国际投资的顺梯度性特征。顺梯度性特征主要表现在跨国公司在对外投资过程中都是对资金、技术等竞争条件低于自身国家的目标国进行投资，也即表现为顺国际分工梯度进行投资。中国的企业对外投资在投资规模不断扩大的过程中表现出双向投资的趋势，即一方面进行顺国际分工梯度的投资，另一方面不具备竞争优势的中国企业不断地向发达国家和地区进行投资。研究表明中国对发达国家进行直接投资的目的在于技术寻求和市场寻求，包括占领市场、提升管理能力、获得品牌和技术；对相对落后地区的直接投资主要为了市场寻求和资源寻求，包括占领市场、规避贸易壁垒和获取资源。

作为跨国企业国际产业转移的主要形式，我国对于"一带一路"沿线国家的对外直接投资是进行能源产能合作的最主要、最普遍形式，主要合作形式包括绿地投资建设海外矿山、油田等资源生产设施；以 EPC 等形式参与海外相关资源型中间产品生产基地建设，不获取所有权；并购海外矿山、油田等能源资源生产设施；绿地建设海外能源资源深加工基地；并购或股权投资海外能源资源深加工企业；以出口、租赁等方式向境外提供相关生产设备。我国与"一带一路"沿线国家进行能源产能合作主要通过我国的能源跨国公司以能源对外直接投资的形式来参与海外能源的生产过程，深度参与能源生产的全产业链，为我国的外部能源来源提供进一步保障，并将我国能源产业的优势富余产能进行输出，从而实现我国与"一带一路"沿线国家能源产业的深度合作，保障我国能源安全，实现我国能源产业的良性发展。

2. 国际分工理论

国际产能合作起源于国际分工的出现，国际分工理论历经古典国际分工理论、现代国际分工理论和当代国际分工理论，在各阶段经过学者的不断补充完善，形成了系统的理论体系。古典国际分工理论的代表主要有亚当·斯密（1776）的绝对优势理论、大卫·李嘉图（1817）的相对优势理论、约翰·斯图尔特·密尔（1848）的相互需求理论与赫克舍和奥林（1919；1933）的要素禀赋理论，代表性理论均以优势条件和要素禀赋作为分析角度，实现对国际分工的分析阐述，从而形成古典国际分工理论。因而，古典国际分工理论有诸多先决假设条件。随着对国际分工研究的不断深入，迈克尔·V. 波斯纳（1961）、阿罗（1962）、加里·贝克尔（1964）、弗农（1966）、保罗·克鲁格曼和埃尔哈南（1985）、波特（1990）分别提出技术差距理论、"干中学"效应、人力资本理论、产品生命周期理论、规模经济贸易理论和竞争优势理论，以此形成了现代国际分工理论的基础。现代国际分工理论在古典分工理论的基础上不断修正和完善，并增加了更多的影响因素。目前对于产业间贸易和产业内贸易的研究成为当代国际分工理论的主要研究方向，产业间和产业内的贸易形式表现为水平型和垂直型的国际分工。当代国际分工理论对产业间和产业内的贸易进行了大量的研究但理论尚未成熟。

随着经济全球化步伐的不断加快，各经济体间的经济联系及产业合作不断加深，单独的国家和地区很难通过自给自足的经济形式来发展，国家之间的分工合作已经成为国家产业发展和经济发展的必经之路，特别是随着生产力的不断发展和技术的不断进步，国际分工表现出越来越精细和专业化的趋势。当前的国际分工形式多样，既有垂直型国际分工也有水平型国际分工，其中垂直型国际分工主要发生在经济发展水平和科技水平差距较为悬殊的国家之间，表现为产业链式分工，不同发展阶段和不同技术水平的国家占据产业链中的不同位置，在有限的能力下分享国际分工带来的益处。水平型国际分工主要发生在发展阶段和经济发展水平大致相似的国家和地区之间，使生产更具有专业性，能够不断提高生产的技术水平和专业性，同时最大程度地发挥各自国家的比较优势。

我国与"一带一路"沿线国家进行能源产能合作不论从古典国际分工理论、现代国际分工理论还是当代国际分工理论来看，都符合国际分工理论的理论和现实要求。"一带一路"沿线的不同国家能源资源条件差异较大，不同国家之间经济发展差距也较为明显，不同国家的能源生产能力和消费能力也有较大的差距。在这种情况下，经济发展较为落后的能源丰裕国很难独自发展本国的能源产业，而经济发展水平较高的国家出于对能源资源的需求和自身能源产能的释放又需要从外部寻求能源资源和产能发挥的空间，如此，"一带一路"沿线国家自然形成了在能源产业间进行国际分工的动力和需求，通过国际能源产业的分工，沿线国家一方面可以形成经济的动力，另一方面又可以实现产业的发展和获得可持续的能源资源保障。"一带一路"沿线国家众多，各国的能源资源条件和能源生产能力差异巨大，如何选择合适的能源产能合作国家需要以国际分工理论为基础，结合"一带一路"沿线国家的实际情况进行具体筛选分析。

3. 产业转移理论

产业转移通常是发生在经济发展水平不同的两个区域之间的一种经济现象，是导致产业分工在地区间和国家间形成的重要因素。经济发展水平较高地区的企业根据区域比较优势的判断，通过跨区域直接投资的形式将其企业的部分产业转移到经济发展水平相对较低的区域，在空间分布上以该产业由发达地域向发展中经济体迁移作为标志。产业转移作为企业发展战略同时对区域经济结构调整以及不同的国家和地区之间的经济关系的调整具有重要的意义，产业转移是产业转移和承接国家和地区实现产业结构调整升级的重要途径，产业转移在客观上促进了区域之间分工的优化，实现了资源的最优配置。

随着产业转移现象在国际上的出现和不断加强，学者们从不同的角度各自提出了对产业转移研究的相关理论。总结起来，目前的研究理论主要从发达国家和发展中国家两大研究角度入手，综合运用跨国公司经营理论、国际直接投资理论和产业发展理论等国际经济学和产业经济学相关理论研究不同发展阶段的国家和地区的产业转移现象。早期的产业转移理论多以发达国家的产业转移现象为研究对象，探究发达国家向其他国家进行产业转移的动因、模式和效应，代表性的研究主要包括：赤松（1932）的雁型发展理论、弗农（1966）的产品生命周期理论、刘易斯（1977）的劳动密集型产业转移理论、小岛（1978）的比较优势理论、清（1978）的产业边际扩张理论。随着 20 世纪 80 年代发展中国家经济实现了长足的进步，国际产业转移中出现了一些新情况——发展中国家向发达国家逆向进行部分产业转移，而以发达国家为研究对象的产业转移理论难以对此进行解释，部分学者开始以发展中国家为研究对象开始进行产业转移的相关研究。其中代表性的理论包括：普雷比施（1981）的中心外围理论、邓宁（1981）的国际生产折中理论、拉尔（1983）提出的技术地方化理论、威尔斯（1983）首创的小规模技术理论、坎特威尔和托伦蒂诺（1990）共同提出的技术创新升级理论、小泽（1992）的新的综合国际投资阶段发展论、勒克劳（1993）的产品生命周期理论等。两个时期的研究从发达国家产业转移和发展中国家承接产业转移两个视角对国际产业转移进行了分析。随着国际产业转移规模及深度的不断深化，产业转移从企业生产基地的地理位置变化跃迁上升为技术、产品和劳动力的转移输出，从而实现企业在不同区域之间进一步加强合作，进而最大限度地利用不同区域的优势条件，实现不同地区和国家之间的产能合作。

随着国际产业转移的不断扩张，国际产能合作成为越来越普遍的经济现象。在推动我国与"一带一路"沿线国家合作特别是能源产能合作的过程中，已经不能简单用发达国家向发展中国家进行产业转移和发展中国家向发达国家进行产业转移的传统理论进行解释，"一带一路"沿线国家之间进行的能源产能合作很大程度上是发展中国家之间基于各自优势能源产业转移而实现的协同发展。"一带一路"沿线多为发展中国家，我国作为发展中大国在能源生产、加工技术领域拥有较为领先的优势，能源需求也不断提高，而区域内部分能源资源丰富的国家由于自身技术、资金、人才条件的薄弱难以独自进行资源的开发，这就为"一带一路"区域内实现能源产业的转移和实现能源产业的产能合作提供了需求和条件。产业转移理论成为我国筛选确定沿线合作国家的基础理论。

4. 合作博弈理论

博弈论（game theory），发源于 1944 年，是一种重要的分析方法，旨在研究行为人在互动对局流程当中的单次或多次策略选择，进而根据各方利益诉求预估合理决策。该方法最早见于 J. V. 纽曼和摩根斯顿的著作——《博弈论与经济行为》，并在冯·诺依曼与约翰·纳什的进一步研究下更趋于系统性和实用性，引领了国际社会强调合作、多元协商的风尚。

所谓博弈，即行为人彼此之间由于策略的相互影响所产生的一种状态或局势，在前期某些规则的约束下，各博弈参与方根据自身信息，按照事先约定的决策制定次序和回合数进行行为选择，博弈参与者进行的是理性行为选择，以期达成某一目的或收获利益。博弈一般具备参与者、战略、信息前提、支付后果、均衡、行为及结论结算等要素，旨在实现决策均衡。其主观追求利益最大化。而在某些特定的博弈当中（如囚徒困境），参与者仅仅谋求自身利益最大化所做出的决定往往使处境趋于负面，协同决策或参与前进行良好沟通反而能够实现帕累托优势均衡。

博弈论在当前分析多方合作或国际利益分配与行为研究领域应用甚多，细分可形成合作博弈和非合作博弈两大体系。两者区别在于是否需要参与人配合以实现所谓团体利益最大化，并同时实现个人利益诉求的最大化。故两者之间区别在于是否存在团队合作的机遇——对于非合作博弈而言，竞争性关系是主导，不存在合作共存的情况；而合作博弈，则往往在竞争之余存在团队合作机会：团队合作达成与否，有可能出于决策方自愿，也有可能是出于被迫合作的情况。而合作的达成依赖于特定的外部条件或协议约束。

较之以非合作博弈，合作博弈更加强调参与各方能够充分协调和实现信息共享与行为约束，更加注重集体利益，崇尚合作精神，重视团队理性，并以利益均沾等原则进行合理分配。可见，相较于两两相争，合作更加具备效益优势，在利益均沾原则上进行合作非常必要。

在我国与"一带一路"沿线国家的能源产能合作过程中，我国和"一带一路"沿线国家作为合作的双方自然成为博弈的双方。双方在制定合作战略决策时必然基于自身利益最大化的考量。因此应从博弈论的角度来研究分析我国与"一带一路"沿线国家双方的行为决策从而制定应对之策，并且在合作谈判之中制定有针对性的对策措施促成合作博弈的实现，避免双方陷入合作的囚徒困境，实现合作的最优和双方利益的最大化。此外，我国在与"一带一路"沿线国家进行能源产能合作的过程中还面临众多的外部挑战与风险，包括地区大国在"一带一路"沿线国家之间的竞争、能源需求大国在"一带一路"沿线资源丰富国家之间的争夺，以及对地区内原有规则的挑战等，这些都使我国面临众多的竞争和敌对国家。在制定对策的过程中需要从博弈论的理论基础出发，来综合考量各方的最优决策，从而制定出相应的对策建议。

2.2.2 能源产能合作理论

1. 能源安全理论

作为国家安全的重要组成部分，能源安全以及其延伸出的能源安全理论都对实现国家稳定有积极意义，对国家当下能源安全的理解从不同视角来理解有不同的解读。能源安全理论是一种系统的安全理论，其赖以分析和成立的基础也是一个复杂开放的系统。从能源安全的外部环境来看，一国的能源安全不是孤立存在的，而是需要置于世界能源安全的体系之下来考虑。价格是最基本的能源安全影响因素，同时又是最为全面、最为直接的影响指标，其受能源储量变化及产业技术升级的影响，并反映出一定的能源开采的环境变化，使该国能源安全随之受到影响。因此，一国的能源安全除了与自身相关外，与国际能源环境和其他国家的能源环境都具有密切的联系。从一国内部的能源安全来看，一国自身的能源安全包含能源相关的各个社会环境的安全，能源产业各流程、能源生产各领域以及能源金融等各个环节的安全构成了一国能源安全的总体安全，能源领域的任何一个环节出现安全问题都将对一国整体的能源安全产生链式的影响从而对国际能源安全产生极大的影响。

在能源国际产能中，能源安全对于不同的国家而言重点有所不同。作为主要的能源需求国，中国在进行能源产能合作的过程中关注的能源安全更加着重于能源供给的稳定性、能源价格的平稳性和能源运输的安全性，所有的环节都在于能够保证国家在有能源需求的情况下，外部能源可以充分、稳定、优惠、安全地运输到国内。而作为能源生产国，首要的能源安全在于能源生产的安全性、能源价格的稳定性和能源外部需求的稳定性，在能源资源能够安全生产出来的前提下，以可接受的价格售卖出去，从而保证本国的经济收入。"一带一路"沿线能源生产国和能源消费国对于能源安全的诉求为沿线国家开展能源产能合作提供了基础。作为世界最主要的能源消费国，我国不仅有巨大的能源消费需求，同时我国还拥有全世界规模最大的能源生产和加工能力。能源的消费需求和生产能力能为沿线欠发达地区的能源开采提供需要的条件，能源产业的产能合作既保障了我国的能源安全同时也为沿线国家的能源安全提供了保障。

2. 能源合作依存理论

相互依存理论产生于 20 世纪 60 年代，源于"二战"后各国之间相互联系和影响不断增强的社会现实。理查德·库珀[①]首先对相互依存理论进行了系统阐述。相互依存理论反映了战后出现的国际体系的新格局，触及当代国际社会中国家关系的相互作用和相互影响日益增强的这一全局性变革的特点。国家所面临的许多问题趋于全球化，即类似能源等问题已成为"全球性问题"，单靠个别国家的努力已无法解决。

20 世纪 70 年代，由于石油危机的爆发，相互依存理论顿时成为重要的分析工具，旨在为能源危机提供可以借鉴的分析理论框架，维护各国的能源安全，以此为理论指导国家间能源国际合作不断深化和拓展，对能源

---

① Richard Cooper. *The Economics of Interdependece* [M]. New York: Mcgraw – Hill, 1968: 4 – 5.

国际合作产生了深远影响。梅尔文·A.[①]、梅森·威尔里奇[②]的研究都认为能源领域特别是石油领域成为国际贸易的重要商品，能源合作成为国际合作的重要组成部分，对能源安全的认识也必须从相互依存的现实条件出发。纳斯利·乔克里[③]更是直接指出世界范围内的相互依存源于石油贸易的不断增长和石油价格的提高所导致的对所有国家行为的制约。石油生产和交换的不对称性，使得各国的能源自主性受到了一定的削弱，在国际政治领域难以独善其身。能源交易的不对称性构成了国与国之间能源行业相互依存的现实基础，能源生产与消费经济体之间的伴生性依赖关系使得两者间形成了利益捆绑，各个国家之间通过评估预测其他国家的行为来确定自身的行为，这种对对方行为的预测成为建立合作机制的基础。这种国际合作的机制能够促进相互依存的能源领域中的国际合作，在一定程度上促进区域一体化和更广泛范围内的合作与利益共享。在亚洲能源问题的研究中，弗朗索瓦斯·尼古拉斯、弗朗索瓦·戈德芒、雅库史治[④]认为亚洲的能源合作问题与欧洲能源合作问题相似，双方具有相同的能源来源地，并且均面临能源安全问题，这导致欧亚具有相互依存的能源战略。亚洲可以在能源战略储备机制、跨国能源协议等方面借鉴欧洲的经验，而欧亚本身的能源安全依存使两大洲具有进行能源合作的基础。

我国与"一带一路"沿线国家存在广泛的能源合作依存，"一带一路"能源资源富裕国家作为我国重要的能源来源地，对于保障我国的能源安全具有举足轻重的作用，但同时由于美国等国家对外部能源依赖的下降，我国将成为国际能源市场最主要的进口国，对于"一带一路"中资源依赖性较强的国家来讲，我国的能源需求将成为其发展的重要决定因素。另外，我国具有世界上拥有广泛的炼油生产能力，成品油的加工和出口是我国重

---

① Melvin A. Conant. FernRacine Gold. *The Geopolitics of Energy* [M]. Westview Press. Boulder Colorado，1978：138.

② Mason Willrich. *Energy and World Politics* [M]. The Free Press. NewYork，1975：13.

③ Nazli Choucri. *International Politics of Energy Interdependence* [M]. Lexington Books. Lexington，1976，preface.

④ Francoise Nicolas，Francois Godement，Taizo Yakushiji. Asia – Europe Cooperation on Energy Security：An Overview of Options and Challenges，in Francoise Nicolas，Taizo Yakushiji（eds.），*Asia and Europe：Cooperating for Energy Security：A CAEC Task Force Report* [M]. Tokyo，Japan Center for International Exchange，2004.

要的能源产业，沿线国家缺乏炼油产能的地区对我国炼油产能具有较强的依赖。因此，无论从我国与"一带一路"沿线国家之间能源资源的进出口还是能源产业的互补性来说，都具有极强的合作依赖。这种合作依赖也成为我国同沿线国家进行产能合作的基础性前提。

3. 供给需求理论

供给需求理论作为经济学的基本理论，早在14世纪穆斯林学者就已经开始讨论供给和需求的理论问题。而供给和需求的名词最早见于詹姆斯·丹厄姆·斯图尔特的《政治经济学原理研究》（1767）一书中，亚当·斯密《国富论》（1776）中也谈及了供给需求理论，但他在分析供给时认为供给价格是固定的思考失之偏颇。随后大卫·里卡多的《政治经济学及赋税原理》（1817）中系统提出了供给和需求理论。法国数学家古诺在其著作《财富理论的数学原理的研究》（1838）一书中首先发展出了供给需求的数学化模型。19世纪晚期的边际效用学派突破了亚当·斯密供给价格决定的理论，认为价格是由生产的边际价格决定的。弗莱明·詹金在《以图形表示供给和需求》（1870）中首次绘出了供给和需求曲线，并将其运用于劳动力市场的分析之中，这一模型在马歇尔的《经济学原理》（1890）一书中得到了进一步的发展。

在市场条件下，价值决定商品价格，价格决定着商品的供给和需求；相反，供给和需求的变化可以影响价格，从而表现出价格由价值决定，而受供给和需求的影响，均衡价格围绕价值波动。供给和需求的变动可以分为供给量、需求量的变动和供给、需求的变动两个方面。在外部条件不变，单纯由于价格变动而导致的供给和需求沿供给曲线和需求曲线的变动称为供给量和需求量的变动；由于外部条件发生变化而导致的供给曲线和需求曲线发生移动所产生的需求和供给的变化称为供给和需求的变动。供给和需求产生均衡价格，但在开放条件下，尤其在国内市场价格与国际市场价格的定价机制存在差异的情况下，国内的供给和需求往往受到国际市场价格的影响。在国际市场上，商品的供给和需求产生均衡价格。在国内市场作为价格被动接受者的情况下，国内的供给和需求受到国际市场价格的影响，当国际市场价格上升，国内市场价格被动提高，国内的需求下降，在国内供给条件不变的情况下，对国外商品的进口需求自然下降；当国际市场价格下降，国内市场价格下降，国内需求上升，在国内供给条件不变的情况下，对国外进口商品的需求上升。在普通商品条件下，对国外商品需求的上升和下降随价格的变化而调整，但在某些关系国计民生的重要商品或者需求弹性较小的商品中，国际市场价格的变动在不影响本国消费者需求的情况下对消费者的福利将产生重大的影响。特别是在能源资源产品的进口中将对国家安全和经济社会的稳定发展产生不可估量的影响。

和其他商品一样，能源价格同样由能源的供给和需求决定。作为能源资源的进口国，在现行的国际能源交易和定价机制框架下，我国进口的石油、天然气等能源的价格受国际市场的影响较大。作为最大的能源进口国和很大程度上的能源价格被动接受者，加强我国同"一带一路"能源生产国的能源产能合作一方面能够提高我国外部能源来源的稳定性，另一方面通过深度参与能源生产和运输的各个环节能够提高对国际能源价格定价机制的影响力。我国对外部能源的需求和"一带一路"沿线国家对能源的供给，两方的产能合作对于各自能源产业的发展、各自经济社会稳定发展和世界能源市场的稳定均具有重要的意义。

2.3 我国与"一带一路"沿线国家能源产能合作的机理分析

2.3.1 能源产能合作的供给需求机理分析

能源作为世界范围内最重要的大宗商品之一，与一般商品一样同样遵循供给需求理论。能源的供给需求理论表现在供给和需求以外的其他条件不变的情况下，能源需求的变动会导致能源均衡数量与均衡价格相同方向的变动、能源供给的变动会导致能源均衡数量相同方向的变动、能源均衡价格相反方向的变动，在能源市场上，能源的供给量与需求量的变动会引起能源市场上能源价格的变动，同时能源价格的变动也会作用于能源市场①，导致能源市场上的能源需求量和供给量发生变化。

能源市场可以区分为国际能源市场和国内能源市场，在国际能源市场上，能源的均衡价格取决于国际能源市场的供给和需求的波动。而国内能源市场更多的受国际能源市场的影响，国内能源市场价格的变化更多的体现为被动地接受国际能源市场价格，并以国际能源市场的均衡价格来影响国内的能源供给和能源需求（见图 2 − 1）。

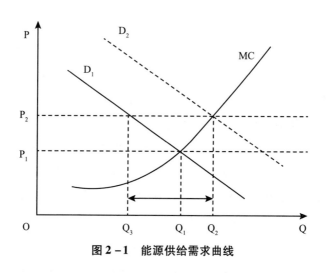

图 2 − 1　能源供给需求曲线

国际能源市场价格的下降传导至国内会导致国内能源价格的下降，在国内能源供给不发生变化的情况下，能源的需求会上升，表现为能源需求曲线由 D_1 移动至 D_2 的位置，此时国内能源市场的均衡价格和均衡数量都会提高，为了保持国内能源价格的稳定和与国际能源市场的一致，此时需要从国际市场上进口更多的能源来满足国内的需求。当国际能源市场价格上升传导至国内时，国内能源价格上升，国内能源需求下降，能源需求曲线由 D_2 移动至 D_1 的位置，为了维持能源价格与国际能源价格相同，能源的供给曲线左移，国内从国际能源市场进口的能源数量下降。受制于缺乏国际能源定价权，国际能源价格的波动一定程度地影响着国内对外部能源的利用强度，从而威胁国家能源安全，一定程度上也影响着经济社会的稳

① 许静. 中国对外直接投资对母国能源消费影响研究［D］. 徐州：中国矿业大学，2017.

定发展。通过加强与"一带一路"沿线国家的能源产能合作，一方面能够保证外部能源供给，另一方面可以通过深度参与国际能源生产的全过程来增强能源的定价能力，从而摆脱能源市场被动接受者的角色。

能源产能国际合作作为跨越国家的合作形式，实现合作的成功需要不同国家之间对于能源产能合作有所需求和供给。"一带一路"沿线国家众多，各个国家的能源资源条件、经济发展情况差异较大，从各个国家自身需求出发进行能源国际产能合作的动力也有所不同。能源资源极为丰富的国家、能源资源较为贫乏的国家、能源产能较为富裕的国家和对能源资源需求量较大的国家，其对于国际能源产能合作有着较大的需求和供给能力，能源产能合作动力较强。

从供给方面分析，能源产能合作的基础在于"一带一路"沿线部分国家拥有富余的能源资源，但产能或者市场规模有限，需要寻求国际上的富余产能和更广阔的市场。另一部分国家由于缺乏能源资源或者本国的能源资源难以满足自身发展的需要，需要从国际市场上购入能源，同时作为能源资源的需求方自身拥有多余的能源产能可以在更大范围内释放。由此，部分国家具有富余的能源资源供给，部分国家具有富余的能源产能供给，两部分的供给为"一带一路"国际能源产能合作奠定了基础。

"一带一路"横跨东亚、西亚、南亚、中亚、东盟、独联体国家、中东欧和非洲等地区，涉及国家众多，不同国家能源资源禀赋存在较大差异。从"一带一路"主要国家的能源资源储藏情况来看主要分为三大类：第一类国家为能源资源极为丰富，能源储量大，本国开采能力和消费能力有限，亟须通过国际产能合作来增强本国能源资源的开采能力和加工能力以及扩大能源产品的消费和出口的国家。这类国家主要集中在以沙特阿拉伯和卡塔尔等为代表的西亚国家，以哈萨克斯坦和乌兹别克斯坦等为代表的中亚和俄罗斯以及以印度尼西亚、文莱为代表的东南亚国家。第二类国家为能源资源匮乏，难以满足自身能源需求，需要大量进口能源资源的国家。代表性的国家包括新加坡、土耳其、乌克兰、亚美尼亚、立陶宛、捷克、斯洛伐克、斯洛文尼亚和保加利亚等。第三类国家为能源资源较丰富，能源资源种类较为齐全，由于经济发展阶段和经济的规模体量的限制带来能源消费总量较低，自身的能源产能能够满足自身能源需求，能源进出口较少的国家和地区。代表性的国家主要有马来西亚、塞尔维亚、波黑、罗马尼亚、白俄罗斯、阿尔巴尼亚等。

从"一带一路"沿线国家能源资源的门类和储量情况来看，能源资源储量丰富的国家总体上具有较强的能源资源供给能力。能源资源较为匮乏的国家除了新加坡等发达国家外，能源资源加工能力也相对不足，国际能源资源的合作主要集中在能源产品的贸易。因此从供给的角度来看，我国与"一带一路"沿线国家进行能源产能合作主要应该集中在能源资源相对丰富的国家和地区。

能源资源禀赋仅仅是从供给侧层面探讨了各个国家进行产能合作是否可行，然而，在具体开展能源产能合作时，除了考虑供给侧外，更需要从"一带一路"沿线国家之间合作的需求侧进行分析。合作供给侧的分析主要侧重于"一带一路"沿线国家能源资源的门类和储量分析，部分国家极为丰富的能源资源为国际能源产能合作提供了可能。而相对于部分国家丰富的能源资源而言，自身产能的不足和其他国家富裕的能源产能则直接产生了对能源产能合作的需求，导致了国际能源产能合作的实现。

从需求方面分析，能源产能合作的需求源于资源丰裕国家能源产能的不足和能源消费国能源产能富余的存在。从"一带一路"沿线国家原油加工能力来看，原油资源丰富的国家只有俄罗斯、沙特阿拉伯、伊朗、印度尼西亚、阿联酋和科威特拥有一定的原油加工能力，但即使如此，俄罗斯、沙特阿拉伯、伊朗、印度尼西亚、阿联酋和科威特六国的原油加工能力也远低于中国原油加工能力。

自2000年以来，我国炼油工业发展迅速，炼油能力快速提升，业已由原来的2.81亿吨/年增加至2023年的9.36亿吨/年，年均增速5.6%，稳居全球第一，形成了以中国石油天然气集团有限公司（以下简称"中石油"）、中国石油化工集团有限公司（以下简称"中石化"）等大型央企为龙头、地方政府所有或民营炼油厂为骨干的多元化发展格局，外资来华投资的速度也随之不断攀升。2023年，我国实现9.36亿吨炼油能力，其中，中国石油、中国石化、中国海油、中国中化等主营单位合计炼油能力6.19亿吨/年，与上年持平，占全国炼油总能力的66.2%；民营企业炼油能力2.74亿吨/年，占全国炼油总能力的29.3%；其他经营主体炼油能力占比

4.5%。"十三五"时期，民营企业在大型化、规模化炼化一体方面形成产业发展主力，在炼油产业中占比日益提高，我国炼油产业格局因之也发生深刻变化，工艺水准不断提升，市场竞争愈发激烈。[①]

我国炼油行业产业整合力度不断加大，正朝着规模化、大型化的方向发展。"十三五"时期我国重点布局了一批新建大型炼油厂，将促使我国炼油产业规模进一步得到优化，向大型化方向快速迈进。但是，当前炼油行业产能过剩、成品油市场供大于求的基本状况难以在短时间内产生改变，产能结构调整仍是重要的改革着力点。

根据《世界能源统计年鉴》数据显示，2012～2019年，由于市场需求不断增加，全球炼油厂产能在不断增加，到2020年疫情重创全球经济，市场需求大幅减少，使炼油厂产能下降，2022年同比略有增长，但仍未能恢复到疫情之前的水平。全球炼油厂产能以美国、中国、俄罗斯和印度等国家生产为主，2012～2019年美国炼油厂产能保持稳定增长，在2020年受到新冠肺炎疫情影响之下其产能同比下降4.38%，到2022年炼油厂产能为18 061千桶/天，同比增长0.67%，但远不及疫情之前的产能水平，美国炼油厂产能占全球比重从2012年开始处于震荡下滑状态，到2022年其比重为17.72%。中国炼油厂产能处于波折上升走势，2022年其炼油厂产能为17 259千桶/天，同比增长1.58%，中国产能占全球比重处于波折上升走势，到2022年其比重达到16.94%，慢慢接近炼油厂产能第一国家美国的比重，未来随着中国经济不断发展，其比重会越发扩大（见图2-2）。

从原油加工能力这一指标的比较可以看出，"一带一路"沿线能源资源丰裕国家的能源产能和加工能力都十分有限，产能和能源加工能力的不足在很大程度上制约了能源丰裕国家能源资源的开发利用并间接限制了其本国的经济发展。而作为拥有强大能源加工能力的中国则拥有着无可比拟的能源加工能力，相对于本国的能源资源的产量来说，中国在能源加工能力方面存在一定程度的产能过剩。能源资源丰裕国家能源资源丰富对进一步能源生产加工能力的需求和以中国为代表的能源生产加工能力富余国家对能源资源的需求叠加进一步促进了"一带一路"能源产能合作的实现。

---

① 中国石油集团经济技术研究院. 2023年国内外油气行业发展报告［R］. 2024.

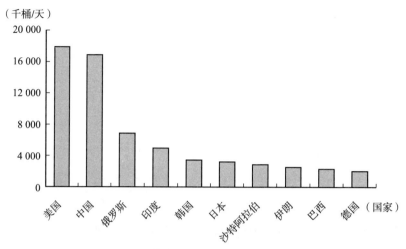

图 2-2　2022 年全球主要国家石油炼厂产能

资料来源:《世界能源统计年鉴 2023》。

通过从需求侧和供给侧对"一带一路"沿线国家能源产能合作进行分析可以看出,"一带一路"沿线国家之间能源资源储量和生产能力差别较大,不同国家对能源产能合作的需求和动力有所不同。在推动我国与"一带一路"沿线国家进行能源产能合作的过程中如何选择合作的国家和在每个阶段合作国家的数量成为首先需要解决的现实问题。

2.3.2　能源产能合作的合作博弈机理分析

通过在垄断竞争模型中构建一般均衡求解,可研究中国对于不同"一带一路"沿线国家能源投资的决策。现有基本假定如下:

首先,该决策当中存在 n+1 个经济体,假定对外投资国为 k=0,1,2,3,4,…,n,投资国企业编号为 i;投资目的地国为 j=0,1,2,3,…,n。每个经济体均有两部门,可生产同质品及异质品;其次,从消费者行为方面,每个国家消费者效用函数为 $u = \left[\int q(\delta)^{\frac{\sigma-1}{\sigma}}d\delta\right]^{\frac{\sigma}{\sigma-1}}$,其中,u 代表消费者效用,q 代表消费者对产品的需求量,σ 表示消费者替代弹性。假设消费者的收入不存在储蓄，即全部用于购买消费品。① 若 j 国消费者总收入表示为 I_j，产品 i 的消费者价格为 p_{ij}，则可知消费者效用最大化条件为

$$q_{ij} = \frac{I_j p_{ij}^{-\sigma}}{\int q_{ij}^{1-\sigma}(\delta) d\delta}$$；而从生产者方面，假定企业生产过程中需要投入的要素

仅有劳动力，而其价格为 l，并且供给无弹性。企业生产活动需投入的固定成本为 f，并且消耗边际成本。② 则可知企业生产成本为 $TC = f + 1 \times \dfrac{q}{\phi}$，

产品定价还满足 $MC_i = p\lambda$，$\lambda = \left(1 - \dfrac{1}{\sigma}\right)$。

由此易知，在封闭经济条件下，企业在境内生产可实现自给自足，则产品定价为：

$$p_i = \frac{l_i}{\lambda \phi_i}$$

均衡产出为：

$$q_i = \frac{I_i p_i^{-\sigma}}{\int p_i^{1-\sigma}(\delta) d\delta} = \frac{I_i}{\int \left(\frac{I_i}{\lambda \phi_i}\right)^{1-\sigma}(\delta) d\delta} \left(\frac{l_i}{\lambda \phi_i}\right)^{-\sigma} = \alpha p_i^{-\sigma}$$

其中 $\alpha = \dfrac{I}{\int p_i^{1-\sigma}(\delta) d\delta}$。

利润为：$\pi_i = (1 - \lambda) \lambda^{\sigma-1} \dfrac{I_i}{\int \left(\frac{l_i}{\lambda \phi_i}\right)^{1-\sigma}(\delta) d\delta} \left(\frac{l_i}{\lambda \phi_i}\right)^{-\sigma} - f_i = \beta p_i^{1-\sigma} - f_i$

其中，$\beta = \alpha (1 - \lambda) \lambda^{\sigma-1}$。一般而言，企业对外直接投资区位决策即为使利润为正的地区，而生产效率则决定成本的高低。

只有较高的生产效率才能负担得起东道国较高的生产投入。因此，企业在选择投资目的地的时候会综合考虑自身的效率和目的地的投入成本。

我国能源企业的对外投资往往选择生产效率较低但自然资源较为丰裕的国家和地区，一方面适合我国企业的产出效率水平，另一方面也可以满足我国对资源寻求型的投资动机。

---

①② 许静. 中国对外直接投资对母国能源消费影响研究［D］. 徐州：中国矿业大学，2017.

从能源生产技术能力和生产效率来讲,我国的能源加工能力突出。2023年,我国炼油能力达9.35亿吨/年,在全球排名第一。[①] 目前,中石化已经完全掌握了现代化炼油厂全流程关键技术,如催化裂化系列技术、超低压连续重整技术、大型常减压技术、加氢系列技术、大型焦化成套技术、硫黄回收技术以及清洁品生产技术等。其中,深度催化劣化技术(DCC)荣获国家技术发明一等奖。得益于全产业链技术的成熟掌握,我国催化裂化催化剂及加氢催化剂成功迈入国际市场。中石化依托自主知识产权技术,设计建设了海南、青岛两座千万吨级大型炼油基地。我国现有32处千万吨级炼油基地(见表2-3),自主开发的高档汽油机油、高档柴油机油已达到国际先进水平,在国际市场占有较为可观的市场份额,应用于全球各类交通工具。不仅如此,我国的长城系列润滑油还服务于中国航天的相关工程,具有极高的可靠性。中石化总体炼油化工技术已经达到世界先进水平,各项知识产权储备充分,已成为全球第三大炼油化工技术专利商。而中石油则依托国家油气专项、973计划和自有科技重大攻关等项目,突破了国内页岩油勘探存在的诸多技术"瓶颈",为我国大规模进行页岩层开采提供了技术保障。此外,中石油还创造性地以塔里木盆地能源开采特点作为技术突破口,专攻重力辅助混向驱动技术及地震采集技术,将开采成本控制在合理水平,并通过多年技术积累,掌握使用了元素全谱测井技术,实现了对地层特定氧化物与有机碳含量的测算,从而提高了特定地域含油气性的计算水平,对复杂岩性地层拓宽开展工作意义重大。

表2-3 我国千万吨级炼油基地

序号	企业名称	地点	原油一次加工能力	乙烯	对二甲苯	PDH
1	浙江石化	浙江舟山	4 000	420	800	60
2	中石化镇海炼化	浙江宁波	2 700(3 800)	220	200	(60)
3	中海油惠州石化(中海壳牌)	广东惠州	2 200	220(370)	95(250)	

---

① 费华伟,刘旭明,王婧,等.2023年中国炼油工业发展状况及展望 [J]. 国际石油经济,2024,32(04):43-48+103.

续表

序号	企业名称	地点	原油一次加工能力	乙烯	对二甲苯	PDH
4	中石油大连石化	辽宁大连	2 050（2 000）	（240）		
5	恒力炼化	辽宁大连	2 000	150	450	45
6	中石化茂名分公司	广东茂名	2 000	110		
7	中石化金陵分公司	江苏南京	1 800		60	
8	盛虹炼化	江苏连云港	1 600	110	400	70
9	中石化上海石化	上海	1 600	70	85	
10	中化泉州石化	福建泉州	1 500	100	80	
11	福建联合石化	福建泉州	1 400	110	70	
12	中石化齐鲁分公司	山东淄博	1 400	80	10	
13	中石化天津分公司	天津	1 380	120	39	
14	中石化云南石化	云南昆明	1 300			
15	中石化广州石化	广东广州	1 275	21		
16	中石化扬子石化	江苏南京	1 250	80	89	
17	中石化高桥石化	上海	1 250			
18	中石化青岛石化	山东青岛	1 200			
19	中石化长岭分公司	湖南岳阳	1 150			
20	中石化抚顺石化	辽宁抚顺	1 100	100		
21	中石化燕山分公司	北京	1 100	80		
22	中石油兰州石化	甘肃兰州	1 050	70		
23	中石油独子山石化	新疆克拉玛依	1 000	122		
24	中石油大庆石化	黑龙江大庆	1 000	120		
25	中科（广东）炼化	广东湛江	1 000（2 500）	80（200）		
26	中石油四川石化	四川成都	1 000	80	75	
27	中石化九江石化	江西九江	1 000		（89）	
28	中石油广西石化	广西钦州	1 000	（120）		
29	大连西太平洋石化	辽宁大连	1 000			
30	中石化洛阳分公司	河南洛阳	1 000	（100）		
31	中石油华北石化	河北沧州	1 000			
32	中石油辽阳石化	辽宁辽阳	1 000	20	160	

资料来源：笔者根据相关资料整理。

在能源产能合作领域,我国的投资决策则由目的地国资源禀赋、地理位置及现有能源产业基础而定,其决策依据多元,故合作前景也不尽相同。因此,应进一步按照当地能源产能合作前景进行细分,因地制宜选择合理的合作领域及方式。

2.3.3 能源产能合作的合作效应机理分析

目前能源产能合作主要通过绿地投资建设海外矿山、油田等资源生产设施,以 EPC 等形式参与海外相关资源型中间产品生产基地建设,不获取所有权,并购海外矿山、油田等能源资源生产设施,绿地建设海外能源资源深加工基地,并购或股权投资海外能源资源深加工企业和以出口、租赁等方式向境外提供相关生产设备等形式,从各种形式的合作来看都需要以能源对外直接投资来实现。因此,分析能源产能合作的效应一定程度上需要从分析能源对外直接投资的效应来展开。

不同国家之间能源对外直接投资的增加在不断增加能源产能的同时,也促进了各国之间包括能源在内的贸易的不断发展。分析能源产能合作效应可以从分析能源对外直接投资对参与国家之间的贸易的影响展开。另外,能源对外直接投资通过资源配置效应为我国的外部能源利用和能源安全提供了保障,从而为本国经济稳定增长创造了条件。因此对于能源产能合作效应机理的分析主要从贸易效应和增长效应两方面进行。

1. 贸易效应

对外直接投资对贸易的影响主要存在三种理论观点,分别为贸易替代理论、贸易互补理论和投资贸易权变理论三种。

贸易替代理论的观点认为某国以对外直接投资的方式进入另一个国家的市场会替代该国的商品以贸易的形式出口到另一个国家。蒙代尔(Mudell)[①] 最早提出投资对贸易的替代模型,按照蒙代尔的观点,如果两国之间存在贸易壁垒,一国对另一国的对外直接投资会对投资国的出口贸

---

① Mudell, R. A. International trade and Factor Mobility [J]. *American Economic Review*, 1957 (06): 321 - 325.

易起到完全替代的作用。弗农（1966）在分析跨国企业的经营行为时，从垄断优势的动态角度考察国际对外直接投资和国际贸易对经营行为的影响时指出，对外直接投资对贸易起到替代作用。

贸易互补理论的观点认为对外直接投资有助于本国的对外贸易。小岛（1978）将资本、技术和管理等要素一起纳入国际分工的分析之中，从而在将对外直接投资和国际贸易统一于国际分工的过程中，对外直接投资通过带动多种要素的共同流动来实现生产函数的移动，从而扩大两个国家之间的国际贸易。

投资贸易权变理论的观点认为对外直接投资与国际贸易之间不是简单的替代或者促进作用，而是在不同的条件下体现出不同的作用关系。伯格斯滕（1978）、马库森和斯文森（1985）、格雷（1998）、海德和里斯（2001）、斯文森（2004）等认为行业的国际化程度、贸易要素与非贸易要素之间的关系、对外直接投资的动机、对外直接投资的水平或者垂直方式以及产业分类精细化程度等因素都会影响对外直接投资对贸易的互补或者替代效应。

对外直接投资对贸易的影响通过上述影响理论的总结来看主要存在以下几个方面。

（1）能源对外直接投资对出口的影响。

出口的创造效应：当一国对其他国家进行能源对外直接投资时可以促进该国出口的增加。能源对外直接投资过程中通过并购、绿地建设等形式的对外直接投资可以带动本国能源机械装备和相关产品的出口。能源对外直接投资过程中增设海外服务机构可以一方面提高本国能源企业的服务水平，另一方面起到宣传作用，从而提高本国产品在国外的知名度，扩大本国产品的出口。此外，能源对外直接投资可以扩大两国之间的交流合作，为其他领域和产品的出口合作提供机遇。

出口的替代效应：一国对外能源直接投资的增加可能会降低该国的出口。能源对外直接投资的出口替代效应，一方面产生于技术外溢效应，随着能源对外直接投资的增加，东道国技术水平不断提高，从而自身的商品生产能力不断提升，对母国商品的需求下降。另一方面源于能源对外直接投资在东道国设立的子公司直接在当地采购材料和其他产品，从而减少对母国商品的购买。

（2）能源对外直接投资对进口的影响。

进口的创造效应：一国能源对外直接投资引起该国进口增加。能源对外直接投资可以使母国获得更加稳定、充裕的能源供应，从而导致母国对能源资源进口的增加。随着能源进口的不断增加，两国之间的经贸往来不断加深，母国对东道国其他商品的进口也随之不断增加。

进口的替代效应：一国能源对外直接投资的增加导致本国进口的减少。随着能源对外直接投资的增加，一方面本国进口更多的能源资源，但随着能源资源保障能力的提高，本国产品的生产能力不断提高，对国外产品的依赖不断下降，从而导致本国进口的减少。

对能源产能合作效应的研究本书从能源对外直接投资对贸易的影响开始分析。通过分析中国对"一带一路"沿线国家的能源对外直接投资对相关国家与中国之间进出口的贸易效应，来对能源产能合作的效应进行评价。

2. 增长效应

目前对对外直接投资与东道国经济增长的机制关系的研究成果颇多，但从对外直接投资与母国经济增长的关系角度的研究相对较少。史蒂文斯和利普西（1992）的研究认为对外直接投资具有替代效应，母国的对外直接投资会将国内的生产转移到东道国，从而使国内的投资机会减少，影响母国内部的产出。德赛（2005）的研究则认为对外直接投资存在促进效应，随着跨国公司对外直接投资的增加，可以带动母国商品的出口，从而促进母国经济增长。赫泽（2008）则综合了两种理论观点，认为对外直接投资对母国经济的影响取决于母国资本的稀缺程度。若母国为资本稀缺国家，对外直接投资的增加将会分散和缩减国内投资规模，从而造成母国国内产出的下降。但若对外直接投资可以在东道国以低于母国的生产成本生产商品并通过进口的方式来进口东道国商品，则可以降低母国的资本消耗，从而一定程度上有利于母国经济发展。

能源对外直接投资对母国经济增长的效应主要通过资源配置效应来实现。我国能源对外直接投资通过参与国际能源生产和供应的全过程来弥补本国石油、天然气等传统能源资源的不足，一定程度上优化我国能源来源和配置，促进我国的经济增长。随着我国石油和天然气等能源对外依存度的不断提高，保障外部能源的稳定供应成为保障我国能源安全和经济社会稳定发展的重要工作。而作为国际能源市场上能源的生产、运输和定价的被动接受者，我国能源安全难以得到有效保障，通过能源对外直接投资，我国可以更加深入的参与国际能源生产、加工和运输等各个环节，拓宽能源来源渠道和运输渠道，并通过深度参与国际能源市场来提高我国在国际能源市场中的定价能力。通过能源对外投资建立的外部能源稳定供应环境可以一定程度上突破我国的能源资源"瓶颈"，确保国内经济稳定增长。

第**3**章
我国能源产能的供给和需求分析

我国与"一带一路"沿线国家的能源产能合作是推动"一带一路"深化合作发展的重要方面。沿线国家协力进行能源产能合作的出发点很大程度上在于满足本国能源需求，发展能源产业和保障能源安全，通过深度参与能源生产和运输的各个环节提高沿线国家对国际能源价格定价机制的影响力。我国对外部能源的需求和"一带一路"沿线国家对能源的供给作为世界能源市场的主要力量，两方的产能合作对各自能源产业的发展、各自经济社会稳定发展和世界能源市场的稳定均具有重要的意义。本章从我国能源的供给、需求、能源进出口、外部能源利用和世界能源供需发展趋势等方面来阐释我国加强与"一带一路"沿线国家进行能源产能合作的现实要求。

3.1 我国能源的供给

3.1.1 能源生产总量

近年来，我国能源生产总量不断增加，从 2003 年的 178 298.78 万吨标准煤提高到了 2022 年的 466 000.00 万吨标准煤，20 年间能源生产总量提高了 1.61 倍。在中国经济结构转型升级的时代背景之下，我国能源生产增速出现了一定幅度的波动，部分年份甚至出现增速负增长，但近期增速有所企稳。如表 3-1 所示，2022 年全国能源生产总量为 466 000.00 万吨标准煤，同比增长 9.10 个百分点，是近五年来最大增幅。从近年的能源生产增长速度来看，虽然 2014 年、2015 年、2016 年出现较大波动，但总体增长态势仍在持续，自 2003 年始年均增速达 5.72%。

表 3 - 1 　　　　　2003 ~ 2022 年中国能源生产总量及其同比增速

年份	能源生产总量（标准量）/万吨标准煤	同比增速（%）
2003	178 298.78	14.09
2004	206 107.73	15.60
2005	229 036.72	11.12
2006	244 762.87	6.87
2007	264 172.55	7.93
2008	277 419.41	5.01
2009	286 092.22	3.13
2010	312 124.75	9.10
2011	340 177.51	8.99
2012	351 040.75	3.19
2013	358 783.76	2.21
2014	361 866.00	0.86
2015	361 476.00	- 0.11
2016	346 037.31	- 4.27
2017	358 500.13	3.60
2018	377 000.00	5.16
2019	397 317.00	5.39
2020	407 295.00	2.51
2021	427 115.00	4.87
2022	466 000.00	9.10

资料来源：根据历年《中国统计年鉴》整理。

能源生产弹性系数则可以反映能源生产增长对经济增长的影响程度，其指标为能源生产总量年平均增长率与当年国民经济年平均增速之比。近二十年来我国能源生产弹性系数如图 3-1 所示。2005 年及 2011 年的弹性系数趋近于 1，能源生产与经济增长最为同步；2004 年能源生产弹性系数为最高值 1.54，说明当年能源生产相比于经济规模的增长更为迅速，能源效率较低。2004~2016 年，能源生产弹性系数总体呈现下降趋势，反映出我国能源效率呈现出不断提高的趋势。

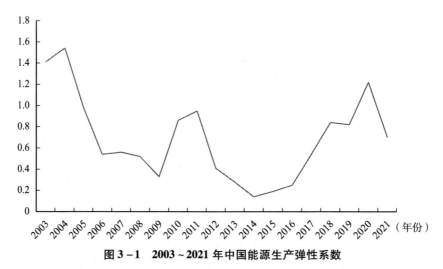

图 3-1　2003~2021 年中国能源生产弹性系数

资料来源：根据历年《中国统计年鉴》整理。

3.1.2　能源生产结构

在我国 2003~2022 年来的一次能源生产构成中，煤炭产量占比居高不下，石油产量占比有所下降，天然气及水电、核电、风电的生产量逐步提升，能源生产结构的构成和变化反映出我国以煤炭为主的能源生产结构仍未发生根本性的变化。但同时，天然气和水电、风电、核电的生产占比提升反映出我国对清洁能源的开发利用正不断加强，石油生产的下降源于我国油田资源的开采周期（见图 3-2）。

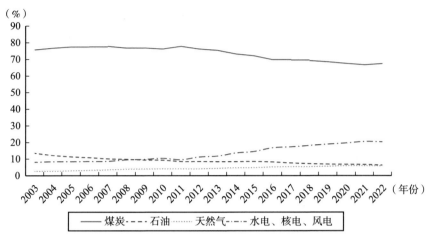

图 3 – 2　2003 ~ 2022 年中国一次能源生产构成

资料来源：根据历年《中国统计年鉴》整理。

　　从 2003 ~ 2022 年我国的能源生产总量构成来看，煤炭占比最高点出现在 2007 年及 2011 年，达 77.8%。随着国内经济转型升级和产业结构不断调整，工业用能增速趋缓，以及社会各界对环保议题的不断重视，我国煤炭的使用规模逐步得到控制，近年来步入缓慢下行的生产区间；石油生产占比则保持了逐步下行的趋势，从 2003 年达 13.6% 的峰值占比缩减至 2022 年的 6.3%，占比规模降幅超过一半，但生产总量上基本保持着增长。2015 年，中国国内石油产量达到 21 455.6 万吨的历史峰值，而 2016 年则开始出现下降趋势，这一趋势在 2018 年仍得到延续，2019 年又开始出现上升趋势。在境外石油产业合作方面，近年来中国国内的石油企业保持了良好的发展态势，资金、管理及技术储备日臻完善，在多项关键生产技术环节已形成成熟的国产替代，已具备海外竞争实力。2022 年，我国一大批重大工程和合作项目扎实推进，阿拉姆深水勘探区块、亚马尔项目获得高产油气流，澳大利亚箭牌戴维气田、巴西里贝拉梅罗油田、莫桑比克 4 区科洛尔浮式 LNG 项目、土库曼斯坦阿姆河 B 区西部气田等海外重大油气项目实现投产，海外油气产量当量连续第 4 年保持 1 亿吨以上。天然气作为较为理想的一次能源种类，生产占比由 2003 年的 2.6%，上升至 2022 年的 5.9%。2022 年，涪陵、四川地区的页岩气探明及开采工程进展顺利，自研配套技术日趋成熟，已在西南地区形成页岩气开采的示范效应，有望向其他页岩气产区推广。随着我国页岩气探明储量的增长以及开采技术的不断提升，天然气生产占比还将持续提高；水电、核电、风电等一次电力生产占比在近二十年来实现了 2.5 倍的增长，2022 年已达到 20.4% 水平。从总体能源生产占比趋势上可以看出，我国能源生产结构逐步转向多元化，煤炭等易产生较高污染的能源占比持续降低，清洁能源比重不断提高。从我国能源生产构成变化来看，能源生产构成变化一方面反映了我国的能源资源禀赋，另一方面也反映出在经济转型升级和绿色低碳发展的背景下我国在清洁能源的利用方面正不断加强。我国的能源生产结构正呈现出不断优化的趋势（见表 3-2）。

表 3-2 　　　　　2003～2022 年我国能源生产总量构成 　　　　单位：%

年份	煤炭	石油	天然气	水电、核电、风电
2003	75.7	13.6	2.6	8.1
2004	76.7	12.2	2.7	8.4
2005	77.4	11.3	2.9	8.4
2006	77.5	10.8	3.2	8.5
2007	77.8	10.1	3.5	8.6
2008	76.8	9.8	3.9	9.5
2009	76.8	9.4	4.0	9.8
2010	76.2	9.3	4.1	10.4
2011	77.8	8.5	4.1	9.6
2012	76.2	8.5	4.1	11.2
2013	75.4	8.4	4.4	11.8
2014	73.2	8.4	4.7	13.7
2015	72.1	8.5	4.8	14.6
2016	69.8	8.2	5.2	16.8
2017	69.6	7.6	5.4	17.4
2018	69.2	7.2	5.4	18.2
2019	68.5	6.9	5.6	19.0
2020	67.5	6.8	6.0	19.7

续表

年份	煤炭	石油	天然气	水电、核电、风电
2021	66.7	6.7	6.0	20.6
2022	67.4	6.3	5.9	20.4

资料来源:《中国能源统计年鉴》(2004~2023)。

1. 煤炭

2022 年,全国原煤产量 45.6 亿吨,同比增长 10.5% (见图 3-3);全国铁路累计发运煤炭 26.8 亿吨,同比增长 3.9%;全国煤炭企业存煤 6 600 万吨,同比增长 6%;煤炭开采和洗选业固定资产投资累计同比增长 24.4%;全国规模以上煤炭企业营业收入 4.02 万亿元,同比增长 19.5%。[①]

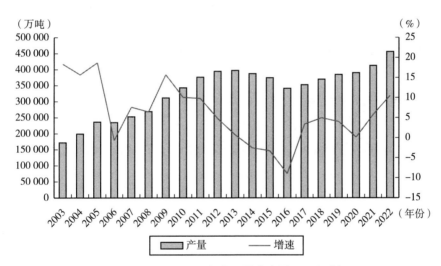

图 3-3 2003~2022 年中国煤炭产量及同比增幅

资料来源:根据历年《中国能源统计年鉴》整理。

目前,煤炭行业发展面临许多新挑战。全国煤炭供应保障能力有待继续加强,创新发展动能依然薄弱,绿色低碳转型技术突破需要下更大力气,产业链供应链稳定性和竞争力亟待提高,安全生产和生态环境保护约

---

① 资料来源:中国煤炭工业协会发布的数据。

束应日益强化，供给侧结构性改革仍需向纵深推进，煤炭市场化体制机制有待健全完善，老矿区转型发展面临诸多困难。

2. 石油

新世纪以来，我国石化产业的发展迈上快速通道，原油进口量多年来一直逐年增加，对外依存度不断攀升的情况发生了变化。2022 年我国原油进口 5.08 亿吨，同比下降 1.0%，对外依存度降至 71.2%。2022 年我国原油加工量 6.76 亿吨，首次同比下降 3.4%[①]，这与国际市场原油天然气价格高位、绿色低碳转型以及国内宏观政策的调整有关，也与我国原油产量"四连增"和天然气连续六年年增量超 100 亿立方米[②]有关，这证明了中石油、中石化、中国海洋石油集团有限公司（以下简称"中海油"）以及延长集团等能源公司"增储上产七年行动计划"成效明显。

2022 年，石化全行业和广大石化企业贯彻党中央国务院的决策部署，不仅做好天然气、化肥、成品油等重点产品保供稳价的工作，克服上游原材料和能源价格上涨幅度大、新冠疫情导致的物流受阻和成本高企等多重困难，为我国粮食产量"十九连丰"和能源安全作出了重要贡献。而且突出石化产业高质量发展，在产业布局优化和结构调整、实施创新驱动发展战略和绿色低碳发展、深化并拓展国际合作与交流、培育现代石化产业集群等方面都取得了明显的进步。尤其是随着恒力长兴岛、浙石化舟山、盛虹连云港等炼化一体化装置和 2022 年中石化古雷、洋浦海南炼化、镇海炼化二期以及中石油揭阳广东石化等炼化和烯烃装置的相继建成投产，我国石化产业的规模集中度、石化基地的集群化程度、行业整体技术水平和核心竞争力都实现了新的跨越。

成品油产量方面，得益于市场需求提振及炼油能力的提升，近年来，我国成品油产量保持了平稳增长的态势，2014～2018 年国内成品油产量稳定增长，虽 2020 年国内成品油产量有所下降（至 33 125.9 万吨），但 2021 年恢复增长，2022 年国内成品油产量增长至 36 610.4 万吨，为近年来历史

---

① 2022 年石油和化工行业经济运行超预期［EB/OL］. 中国石化新闻网，http：//www. sinopecnews. com. cn/xnews/content/2023 - 02/20/content_7059138. html，2023 - 02 - 20.

② 首次！我国跃居世界第一！实现新跨越［EB/OL］. 环球网，https：//china. huanqiu. com/article/4BjuAU8aWyK，2023 - 02 - 17.

新高。2022 年，我国成品油产量 36 610.4 万吨，其中，煤油产量 2 949.1 万吨、柴油产量 19 125.7 万吨、汽油产量 14 535.6 万吨。[①]

3. 天然气

2003～2022 年我国天然气产量不断提高，但在总量不断提高的同时增速波动较为明显。2005 年之前天然气产量增速呈现增长的趋势，但 2005 年以后增速不断下降，2016 年下降到最低点已不足 2% 的水平。2022 年，新增天然气探明地质储量超过 1.2 万亿立方米，当年天然气产量为 2 304.1 亿立方米，同比增长 6.89%。2022 年，我国天然气进口数量为 10 925 万吨，同比下降 9.9%，天然气表端消费量为 3 663 亿立方米，同比下降 1.7%；我国长输天然气管道总里程 11.8 万千米（含地方及区域管道），新建长输管道里程 3 000 千米以上，西气东输三线中段、西气东输四线（吐鲁番—中卫段）等重大工程快速建设，全国新增储气能力约 50 亿立方米（见图 3 - 4）。

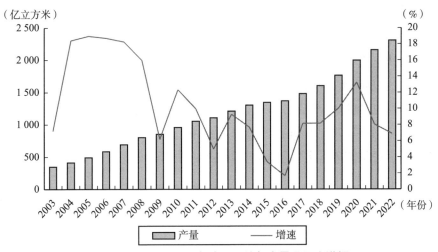

图 3 - 4　2003～2022 年我国天然气产量及同比增幅

资料来源：根据历年《中国能源统计年鉴》整理。

4. 水电、核电、风电

水电方面，近年来，由于经济转型升级，产业结构调整进入攻坚期，

---

① 笔者根据国家统计局数据整理所得。

用电需求疲软导致我国用电增速逐步放缓，电力生产能力存在盈余。以水电为例，从设备利用小时数这一指标上看，2013 年平均利用小时数为4 511 小时，而 2022 年全国 6 000 千瓦及以上电厂发电设备水电利用小时数为 3 412 小时。考虑到全国 6 000 千瓦以下电厂开工率低于 6 000 千瓦以上电厂，故 2022 年全国平均水平设备利用小时数应远低于 3 412 小时。[①]由此可见，水电利用小时数在近年来仍处于下降区间，而水电利用小时数的下降直接导致了水电弃水的不断增加。

核电方面，2022 年 1 ~ 12 月，全国累计发电量为 83 886.3 亿千瓦时，运行核电机组累计发电量为 4 177.86 亿千瓦时，占全国累计发电量的 4.98%。截至 2022 年 12 月 31 日，我国运行核电机组共 55 台（不含台湾地区），装机容量为 56 985.74 兆瓦电力（额定装机容量）。2022 年 1 ~ 12 月，全国运行核电机组累计发电量为 4 177.86 亿千瓦时，比 2021 年同期上升了 2.52%；累计上网电量为 3 917.90 亿千瓦时，比 2021 年同期上升了 2.45%。[②]

风电方面，2022 年，我国风电技术取得重大突破，风电机组叶片、塔筒以及配套设备持续向更大、更长、更高、更可靠方向发展，陆上 7 兆瓦、8 兆瓦风电机组陆续吊装，海上 10 兆瓦以上大兆瓦风电机组逐步落地，驱动我国风电成本进一步降低。2022 年风力发电平均利用小时数为 2 259 小时，同比提高 14 小时；发电量达到 7 624 亿千瓦时，同比增长 16.3%，占全国总发电量的 8.8%，占非化石能源发电量的约 24.2%。截至 2022 年 12月底，全国累计发电装机容量约为 25.6 亿千瓦，同比增长 7.8%。其中，风电装机容量约为 3.7 亿千瓦，同比增长 11.2%。[③]

3.2 我国能源的需求

3.2.1 能源需求总量

2003 年以来，我国能源消费总量不断提高，从 2003 年的 197 083 万吨

---

①②③　根据《中国能源大数据报告（2023）》整理。

标准煤提高到了 2022 年的 541 000 万吨标准煤, 20 年的时间能源消费总量提高了 1.75 倍。不同于能源消费总量的不断提高, 能源消费增速波动较为明显。自 2003 年以来能源消费年均增速达到 6.07%。能源消费在 2004 年达到用能增速峰值 16.84%, 2004 年以后用能增速呈现出长期不断下降、短期波动明显的趋势。其中受金融危机影响, 2008 年能源消费增速出现明显下滑, 增速仅为 2.94%; 2010 年后, 我国能源消费增速不断下滑, 尤其是 2012 年后进入明显下行区间, 2015 年达到最低值 1.35%, 这与当时经济进入调整期的宏观背景相一致; 2016 年后, 随着高质量发展理念逐步发力, 产业结构调整成果初显, 能源消费增速下降的态势得到了遏制, 用能规模逐步趋稳 (见表 3 - 3、图 3 - 5)。

表 3 - 3　　　　　2003 ～ 2022 年中国能源消费总量及其同比增速

年份	能源消费总量 (标准量) /万吨标准煤	同比增速 (%)
2003	197 083	16. 22
2004	230 281	16. 84
2005	261 369	13. 50
2006	286 467	9. 60
2007	311 442	8. 72
2008	320 611	2. 94
2009	336 126	4. 84
2010	360 648	7. 30
2011	387 043	7. 32
2012	402 138	3. 90
2013	416 913	3. 67
2014	428 334	2. 74
2015	434 113	1. 35
2016	441 492	1. 70
2017	455 827	3. 25

年份	能源消费总量（标准量）/万吨标准煤	同比增速（%）
2018	471 925	3.53
2019	487 488	3.30
2020	498 314	2.22
2021	525 896	5.54
2022	541 000	2.87

资料来源：根据历年《中国统计年鉴》整理。

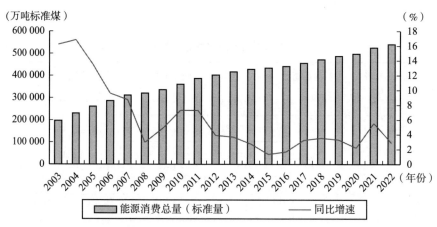

图 3 - 5　2003 ~ 2022 年中国能源消费总量及其同比增速

资料来源：《中国能源统计年鉴》（2004 ~ 2023）。

3.2.2　能源需求结构

从能源需求结构上看，我国煤炭消费比重持续降低，清洁能源比重不断提高，能源消费低碳化趋势不变，能源消费结构得到明显优化。2022 年煤炭消费占能源消费总量的比重为 56.2%，比 2013 年降低 11.2 个百分点；天然气、水电、核电、风电等清洁能源消费量占能源消费总量比重为25.9%，比 2013 年提高 10.4 个百分点；非化石能源占能源消费总量比重达 17.4%，比 2013 年提高 7.2 个百分点（见图 3 - 6）。

图 3 - 6 2013～2022 年我国能源需求总量构成占比

资料来源：根据国家统计局相关数据整理所得，详见 https：//data. stats. gov. cn/easyquery. htm？cn = G0104。

3.3 我国能源进出口

3.3.1 能源进出口总量

2022 年，我国能源产品进口量均出现不同程度下跌。2022 年我国进口原油 50 828 万吨，同比下降 0.9%；进口天然气 1 508 万吨，同比下降 9.9%。进口煤炭 29 320 万吨，同比下降 9.2%。地缘政治影响下，国际油价异常高涨，原油进口成本过高，是 2022 年中国原油进口量同比下降的主要原因。国际天然气价格屡创历史新高，持续的高气价挫伤了国内进口商采买 LNG 现货的积极性。国际煤炭进口量同比减少的原因，一是 2022 年初印度尼西亚颁布了煤炭出口禁令，进一步加剧国际市场煤炭资源的紧张状况；二是乌克兰危机引发国际煤炭资源紧张，全球开展抢煤热潮，引发煤价持续高位运行，国内进口中高卡煤炭价格出现倒挂现象，较大程度抑制了中国煤炭进口（见表 3 - 4、图 3 - 7）。

表 3 – 4   2013～2022 年我国能源进口情况

年份	煤及褐煤（万吨）	原油（万吨）	天然气（亿立方米）	电力（亿千瓦时）
2013	32 702	28 174	525	75
2014	29 122	30 837	591	68
2015	20 406	33 548	611	62
2016	25 555	38 101	746	62
2017	27 092	41 946	946	64
2018	28 210	46 189	1 246	57
2019	29 977	50 568	1 332	49
2020	30 361	54 201	1 397	48
2021	32 294	51 292	1 675	—
2022	29 320	50 828	1 508	—

资料来源：根据中华人民共和国海关总署海关统计数据在线查询平台整理所得，详见 http：// stats. customs. gov. cn/。

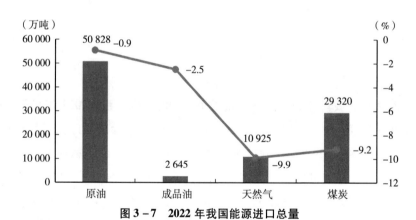

图 3 – 7   2022 年我国能源进口总量

资料来源：根据中华人民共和国海关总署海关统计数据在线查询平台整理所得，详见 http：// stats. customs. gov. cn/。

3.3.2 煤炭进出口总量及变化

我国煤炭进口总量在 2013 年达到 32 702 万吨后便出现下滑，至 2022 年已缩减至 29 320 万吨，较最高峰时期下降 20.7%。从出口方面看，我国煤炭出口高峰为 2003 年的 9 403 万吨，而 2022 年煤炭出口量为 400 万吨，不足峰值的 1/10，下降幅度十分明显。2009 年我国煤炭进口量为 12 584 万吨，首次超过煤炭出口量 2 240 万吨，之后煤炭进口与出口之间的差额不断加大。2021 年进出口差额最高达到了 32 066 万吨。

近年来，由于国内煤炭企业生产运输成本高企，加之国际煤炭市场总体产能过剩，中国煤炭出口空间十分有限。自 2009 年中国成为煤炭净进口国之后，国内煤炭出口数量一直维持低位运行。煤炭消费在近期极不景气，加之印度尼西亚、澳大利亚、俄罗斯、美国等国家煤企实力雄厚，拥有传统优势，因此，我国煤炭出口前景十分不理想。

2022 年，我国共出口煤炭 400 万吨，同比增长 53.7%，增速较 2021 年同期加快 72.1 个百分点。其中，一季度 67 万吨，同比下降 13.2%；二季度 141 万吨，同比增长 193.8%；三季度 111 万吨，同比增长 56.3%；四季度 81 万吨，同比增长 26.6%。相较于我国庞大的煤炭产量及进口量而言，煤炭出口量可忽略不计（见表 3－5）。

表 3－5	2000～2022 年我国煤炭进出口总量		单位：万吨
年份	煤炭进口量	煤炭出口量	进出口差额
2000	212	5 505	－ 5 293
2001	249	9 012	－ 8 763
2002	1 081	8 384	－ 7 303
2003	1 110	9 403	－ 8 293
2004	1 861	8 666	－ 6 805
2005	2 617	7 172	－ 4 555
2006	3 811	6 327	－ 2 516
2007	5 102	5 317	－ 215
2008	4 034	4 543	－ 509
2009	12 584	2 240	10 344
2010	16 310	1 910	14 400
2011	22 220	1 466	20 754
2012	28 841	928	27 913
2013	32 702	751	31 951
2014	29 120	574	28 546

续表

年份	煤炭进口量	煤炭出口量	进出口差额
2015	20 406	533	19 873
2016	25 543	879	24 664
2017	27 090	817	26 273
2018	28 210	494	27 716
2019	29 977	603	29 374
2020	30 361	319	30 042
2021	32 327	261	32 066
2022	29 320	400	28 919

资料来源：根据历年《中国统计年鉴》整理。

3.3.3 石油进出口总量及变化

近年来，我国原油消费和进口量持续增长，但国内原油产量却一直在下降。2023年，中国的原油进口量创下历史新高，达到5.6399亿吨，相当于每日1 128万桶，比上年增长了11%。截至2024年初，中国的原油进口量仍保持强劲，1~2月的日均进口量达到1 080万桶，同比增长3%；在原油消费方面，中国预计2024年将继续成为全球原油需求增长的主要推动力之一，日需求量预计增加约53万桶，全球日需求量预计将增至1.035亿桶。这种增长主要受到经济复苏和低利率的推动。[①]

虽然进口量增加，但我国本土的原油产量仍在萎缩，这使我国对外原油依存度进一步提高。根据最新数据，我国的原油进口量与国内产量之比已经显著上升，进口量远远超过本土生产量。[②]

总体来看，我国在原油资源方面依赖进口的情况在短期内难以改善，未来几年进口量预计会继续攀升，以满足国内日益增长的需求和炼油能力

---

① 根据中华人民共和国海关总署海关统计数据在线查询平台整理所得，详见 http：//stats. customs. gov. cn/。

② 根据国家统计局相关数据（https：//data. stats. gov. cn/easyquery. htm？cn = G0104）、中华人民共和国海关总署海关统计数据在线查询平台（http：//stats. customs. gov. cn/）整理。

的扩展。

1. 原油以进口为主

海关总署数据显示，2022 年，我国进口原油 50 827.60 万吨，同比下降 0.9%，进口金额 24 350 亿元，同比增长 41.4%。原油进口占我国 2022 年货物贸易进口总额的 13%，仍是继集成电路之后我国第二大进口商品。在地缘政治影响下，国际油价异常高涨，原油进口成本过高，是 2022 年我国原油进口量同比下降的主要原因。2022 年，我国原油对外依存度降至 71% 左右（见图 3-8）。

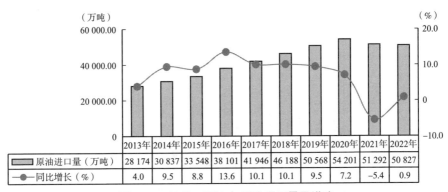

图 3-8　2013~2022 年原油进口量及增速

资料来源：根据国家统计局相关数据（https：//data. stats. gov. cn/easyquery. htm? cn = G0104）、中华人民共和国海关总署海关统计数据在线查询平台（http：//stats. customs. gov. cn/）整理。

2022 年，我国原油进口来源国主要有沙特阿拉伯、俄罗斯、伊拉克、阿联酋、阿曼、马来西亚、科威特、安哥拉、巴西、哥伦比亚。其中，沙特阿拉伯作为我国第一大原油进口国，全年向我国出口原油 8 748.852 万吨，交易总金额为 4 323.830 亿元，平均售价为 4 942 元/吨；俄罗斯为我国第二大原油进口来源国，向我国出口原油 8 624.807 万吨，交易总金额 3 893.166 亿元，平均售价 4 514 元/吨；伊拉克为第三大原油进口来源国，向我国出口原油 5 548.667 万吨，交易总金额 2 607.958 亿元，平均售价 4 700 元/吨。[1]

① 根据《中国能源大数据报告》（2023）整理。

2. 成品油净出口量回落

海关总署数据显示，2022 年，我国成品油进口量为 2 645.00 万吨，同比下降 2.5%，成品油出口量为 5 369.00 万吨，同比下降 11.0%。全年成品油净出口量回落至 2 724 万吨，较 2021 年减少约 594 万吨。近年来，为落实"双碳"目标，改变以往"大进大出"的贸易格局，国家逐步收紧成品油出口配额，2021 年、2022 年下达的成品油出口配额均在 3 700 万吨左右，较之前高峰时减少 36% 左右。在当前国内炼油产能过剩的背景下，"减油增化"已是大势所趋，出口端政策收紧成为常态，未来我国成品油出口将呈现维持下降趋势（见图 3 - 9）。

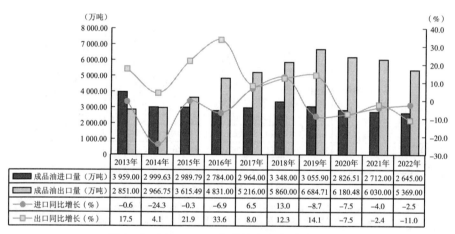

	2013年	2014年	2015年	2016年	2017年	2018年	2019年	2020年	2021年	2022年
■ 成品油进口量（万吨）	3 959.00	2 999.63	2 989.79	2 784.00	2 964.00	3 348.00	3 055.90	2 826.51	2 712.00	2 645.00
□ 成品油出口量（万吨）	2 851.00	2 966.75	3 615.49	4 831.00	5 216.00	5 860.00	6 684.71	6 180.48	6 030.00	5 369.00
─●─ 进口同比增长（%）	-0.6	-24.3	-0.3	-6.9	6.5	13.0	-8.7	-7.5	-4.0	-2.5
─■─ 出口同比增长（%）	17.5	4.1	21.9	33.6	8.0	12.3	14.1	-7.5	-2.4	-11.0

图 3 - 9　2013～2022 年成品油进出口量及增速

资料来源：根据国家统计局相关数据（https：//data. stats. gov. cn/easyquery. htm？cn = G0104）、中华人民共和国海关总署海关统计数据在线查询平台（http：//stats. customs. gov. cn/）整理所得。

3.3.4　天然气进出口总量及变化

2022 年，我国进口天然气 1 508.0 亿立方米，同比下降 9.9%（见图 3 - 10）。其中，来自土库曼斯坦、澳大利亚、俄罗斯、卡塔尔、马来西亚五个国家的进口量合计 1 215 亿立方米，占比 81%。管道气进口量 627 亿立方米，同比增长 7.8%，俄罗斯管道气增长 54%，中亚管道气近年履约量波动加大。在全球天然气供应紧张及 LNG 现货价格高企的背景下，中国灵活调节 LNG 进口。LNG 进口量 876 亿立方米，同比下降 19.5%，主要来自澳大利亚、卡塔尔、马来西亚、俄罗斯、印度尼西亚、巴布内新几内亚、美国。受国际高气价影响，中国作为进口国付出更高成本，LNG 进口货值同比增长 25%。2022 年，中国企业新签 LNG 长期购销协议合同总量近 1 700 万吨/年，离岸交货（FOB）合同占比近 60%。①

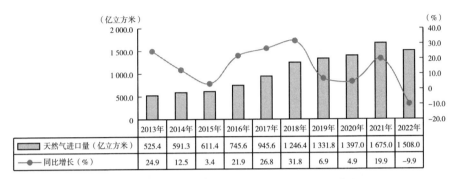

	2013年	2014年	2015年	2016年	2017年	2018年	2019年	2020年	2021年	2022年
天然气进口量（亿立方米）	525.4	591.3	611.4	745.6	945.6	1 246.4	1 331.8	1 397.0	1 675.0	1 508.0
同比增长（%）	24.9	12.5	3.4	21.9	26.8	31.8	6.9	4.9	19.9	−9.9

图 3 – 10　2013～2022 年我国天然气进口量及增速

资料来源：根据国家统计局相关数据（https：//data.stats.gov.cn/easyquery.htm？cn＝G0104）、中华人民共和国海关总署海关统计数据在线查询平台（http：//stats.customs.gov.cn/）整理所得。

3.4　我国外部能源利用

3.4.1　我国煤炭进口格局分析

1. 供需现状及发展演进

中国煤炭行业的当前态势及其发展趋势深刻反映了国内能源供需之间的动态平衡，以及全球能源结构转型的持续推进。2023 年，中国显著扩大了煤炭产能，占据了全球煤炭产能增加的主要份额。国内启动的新建煤炭项目达到了 70.2 吉瓦，为自 2015 年以来的峰值。即便在全球范围内煤炭依赖减少的态势显著，中国在全球煤炭产能扩张中依然占据举足轻重的地位。

从需求层面来看，中国对煤炭的依赖在电力生产领域尤为显著。2023 年，煤炭依然占据了中国电力供应的近 60%，其中一部分原因是水电供应

_____

① 资料来源：国家能源局. 中国天然气发展报告（2023）［R］.

的不足。具体而言，在 2023 年中国的总发电能力中，煤炭的占比达到了 39.9%，而核能与可再生能源的综合占比则达到了 53.9%。

中国煤炭市场主要由若干大型企业所主导，例如中国中煤能源集团有限公司和中国神华能源股份有限公司等。据预测，从 2024 年到 2029 年，市场规模将由 946.5 亿美元增长至 1 027.3 亿美元，主要驱动力来自电力需求的增长以及对煤炭行业的持续投资。然而，尽管市场呈现增长态势，但亦面临着可再生能源安装量增加所带来的挑战。

在全球范围内，煤炭行业的变化趋势清晰可见。除中国外，新建煤电厂的数量普遍呈现下降趋势，这预示着全球煤炭需求可能在近年来达到顶峰。这与中国承诺在 2030 年前实现碳达峰的目标相一致，预示着煤炭使用可能会迎来结构性减少。

由图 3-11 可以看出，在过去的 20 年中，我国煤炭一直保持着较大的生产规模，年生产规模业已达到较高水平。自新中国成立以来，我国的工业化进程不断推进，国民经济保持了较快的增长势头。而煤炭作为我国较为丰富的能源品类，其需求也保持了长期的增长态势。尤其是进入 21 世纪，我国经济规模长期保持两位数增长，工业化和城市化进程不断加快，煤炭资源成为能源刚需（见图 3-12）。随着我国经济逐渐步入新时期，节能减排和产业结构调整势必对现有用能结构提出新的要求，我国煤炭需求将步入缓慢下行区间，但这一过程无疑是长期性的，短时间内难以对我国以煤炭为主的用能结构产生实质性改变。

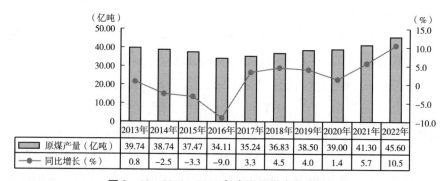

	2013年	2014年	2015年	2016年	2017年	2018年	2019年	2020年	2021年	2022年
原煤产量（亿吨）	39.74	38.74	37.47	34.11	35.24	36.83	38.50	39.00	41.30	45.60
同比增长（%）	0.8	-2.5	-3.3	-9.0	3.3	4.5	4.0	1.4	5.7	10.5

图 3-11　2013~2022 年全国原煤产量及增速

资料来源：根据国家统计局相关数据（https：//data. stats. gov. cn/easyquery. htm？cn = G0104）整理所得。

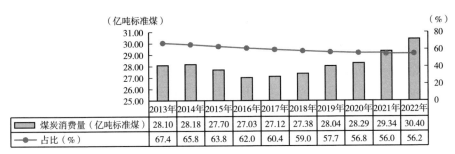

图 3 - 12   2013～2022 年全国煤炭消费总量及占比

注：2022 年煤炭消费量系根据占比计算所得。

资料来源：根据国家统计局相关数据（https：//data. stats. gov. cn/easyquery. htm？cn＝G0104）整理所得。

2. 进口格局演变

2022 年，在国际地缘政治冲突、气候异常等多重因素叠加影响下，能源危机加剧，全球煤炭产量及消费双双反弹，国际煤炭价格高位运行。2022 年全年我国煤炭进口量为 2.93 亿吨，较 2021 年的 3.23 亿吨下降 9.2%，为 2016 年以来首次出现负增长（见图 3 - 13）。从进口国别来看，2022 年我国进口煤炭主要来自印度尼西亚、俄罗斯、蒙古国、菲律宾、加拿大等国。虽然印度尼西亚动力煤进口量比 2021 年有所减少，但其仍是我国进口动力煤第一大来源国。

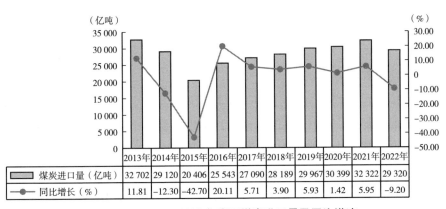

图 3 - 13   2013～2022 年我国煤炭进口量及同比增速

资料来源：根据中华人民共和国海关总署海关统计数据在线查询平台（http：//stats. customs. gov. cn/）整理所得。

由于我国长期将煤炭作为主要消费能源，煤炭在我国能源消费占比当中长期保持50%以上的比例。我国自产煤炭规模较大，进口煤炭仅作为次要补充。但从长期的数据变化趋势来看，在金融危机后，我国的煤炭进口增长较为迅速。2008年前，我国煤炭进口虽保持着增长势头，但增速较慢，进口量未出现剧烈波动；2008年后，我国煤炭进口呈现出爆炸式增长的趋势，并在翌年突破1亿吨。随后，我国在2011年超越日本，成为全球第一大煤炭进口国。然后我国又先后于2012年和2013年突破煤炭进口2亿吨和3亿吨大关，并于2021年达到历史峰值。

中国煤炭进口最大的来源国是印度尼西亚，进口金额达397.81亿元，占比达33.71%；俄罗斯、蒙古国、澳大利亚、加拿大分列第2~5名。总体来看，前五名煤炭进口来源国市场份额合计达92.75%，可见行业进口高度集中。

3.4.2 我国天然气进口格局分析

1. 供需现状及发展演进

根据《中国天然气发展报告（2023）》的数据，2022年，全国天然气消费量3 646亿立方米，同比下降1.7%；天然气在一次能源消费总量中的占比为8.4%，较上年下降0.5个百分点，全方位体现了中国天然气产业发展的弹性和灵活性。从消费结构看，城市燃气消费占比增至33%；工业燃料、天然气发电、化工行业用气规模下降，占比分别为42%、17%和8%。广东和江苏全年消费量保持在300亿立方米以上，河北、山东和四川消费量处于200亿~300亿立方米。

2022年，天然气勘探开发在陆上超深层、深水、页岩气、煤层气等领域取得重大突破。其中，在琼东南盆地发现南海首个深水深层大型天然气田；页岩气在四川盆地寒武系新地层勘探取得重大突破，开辟了规模增储新阵地，威荣等深层页岩气田开发全面铺开；鄂尔多斯盆地东缘大宁—吉县区块深层煤层气开发先导试验成功实施。2022年，国内油气企业加大勘探开发投资力度，同比增长19%，其中，勘探投资约840亿元，创历史最高水平；开发投资约2 860亿元。全国新增探明地质储量保持高峰水平11 323亿立方米。全国天然气产量2 201.10亿立方米，同比增长6.0%，连续六年增产超 100 亿立方米，其中页岩气产量 240 亿立方米。

由图 3-14、图 3-15 可知，我国天然气产量和消费量增长态势趋于同步，但生产供应速度明显滞后于消费规模的扩张。自 2013 年以后，我国天然气消费增长迅速，而产量则体现出长周期生产特征，短时间内难以扩大产能，产量缺口日益拉大。因而，我国天然气开始实施进口扩大战略，以弥补国内供应不足。

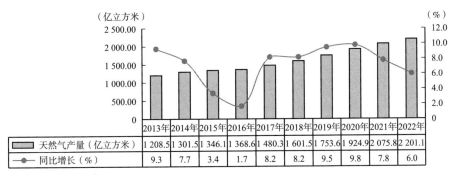

	2013年	2014年	2015年	2016年	2017年	2018年	2019年	2020年	2021年	2022年
天然气产量（亿立方米）	1 208.5	1 301.5	1 346.1	1 368.6	1 480.3	1 601.5	1 753.6	1 924.9	2 075.8	2 201.1
同比增长（%）	9.3	7.7	3.4	1.7	8.2	8.2	9.5	9.8	7.8	6.0

图 3-14　2013~2022 年中国天然气产量及增速

资料来源：根据国家统计局相关数据（https://data.stats.gov.cn/easyquery.htm? cn = C0104）整理所得。

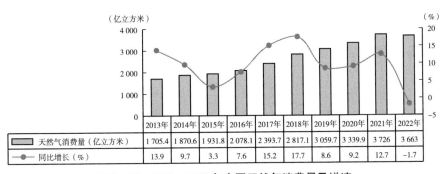

	2013年	2014年	2015年	2016年	2017年	2018年	2019年	2020年	2021年	2022年
天然气消费量（亿立方米）	1 705.4	1 870.6	1 931.8	2 078.1	2 393.7	2 817.1	3 059.7	3 339.9	3 726	3 663
同比增长（%）	13.9	9.7	3.3	7.6	15.2	17.7	8.6	9.2	12.7	-1.7

图 3-15　2013~2022 年中国天然气消费量及增速

资料来源：根据国家统计局相关数据（https://data.stats.gov.cn/easyquery.htm? cn = C0104）、国家发展和改革委员会公布数据（https://www.ndrc.gov.cn/fgsj/）整理所得。

2. 进口格局演变

海关总署数据显示，2022 年，我国进口天然气 10 925 万吨（约 1 508 亿立方米），同比下降 9.9%，进口金额 4 682.87 亿元，同比上涨 30.3%（见图 3-16）。其中，LNG 进口量 6 344 万吨，同比降低 19.5%，进口金

额 3 488.37 亿元，同比上涨 22.7%；管道气进口量 4 581 万吨，同比增长
7.8%，进口金额 1 194.50 亿元，同比上涨 58.9%。受地缘政治影响，全
球能源价格飙升，国际天然气价格屡创历史新高，持续的高气价挫伤了国
内进口商采买 LNG 现货的积极性，且亚欧套利窗口频繁开启，部分长协资
源被转售至欧洲，是 2022 年我国天然气进口量同比下滑的主要原因。2022
年，我国天然气对外依存度降至 41% 左右。

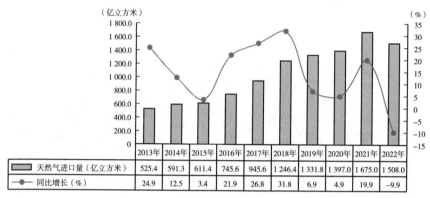

	2013年	2014年	2015年	2016年	2017年	2018年	2019年	2020年	2021年	2022年
天然气进口量（亿立方米）	525.4	591.3	611.4	745.6	945.6	1 246.4	1 331.8	1 397.0	1 675.0	1 508.0
同比增长（%）	24.9	12.5	3.4	21.9	26.8	31.8	6.9	4.9	19.9	-9.9

图 3 - 16　2013～2022 年中国天然气进口量及增速

资料来源：根据国家统计局相关数据（https：//data. stats. gov. cn/easyquery. htm？cn = G0104）、
中华人民共和国海关总署海关统计数据在线查询平台（http：//stats. customs. gov. cn/）整理所得。

2022 年，我国 LNG 进口来源国主要有澳大利亚、卡塔尔、马来西亚、
俄罗斯、印度尼西亚、巴布亚新几内亚、美国、阿曼、尼日利亚、特立尼
达和多巴哥。其中，澳大利亚和卡塔尔仍为我国第一、第二大 LNG 进口来
源国，但进口量差距明显，主要是因为部分新签 LNG 长协已于 2022 年初
开始执行，我国从澳大利亚进口的 LNG 总量同比大跌 30%，而从卡塔尔
进口的 LNG 总量同比涨幅高达 75%。2022 年，我国管道气进口来源国为
土库曼斯坦、乌兹别克斯坦、哈萨克斯坦、俄罗斯、缅甸，其中俄罗斯通
过中俄东线加大了对我国天然气的供应。

当前，我国天然气进口呈现出以下趋势：首先，得益于天然气进口需
求的不断扩大，我国进口来源国规模也不断攀升，气源涉及区域不断拓
展。这说明我国实施的多元化战略效果开始逐步初显。同时，随着我国进
口天然气来源的日趋多元化，使现今天然气贸易格局更加复杂。其次，由
于近年来与中亚和东欧地区天然气贸易合作的深化，原有的进口主要来源

地区——亚太地区的重要性不断削弱，其所占有的市场份额也随之出现萎缩。最后，由于中东国家当中各国天然气出口政策有所不同，与我国贸易外交合作水平也存在差距，使该地区各国对中国的天然气出口存在国别差异，国家间出口份额占比两极分化严重。

3.4.3 我国石油进口格局

1. 供需现状及发展演进

新中国成立初期，我国在石油产业领域几乎"一穷二白"，勘探、开采及炼油环节缺乏必要的产业技术积累，总体保障能力极为落后。随后我国石油工业以苏联为师，相关技术过分依赖于苏联援助。20 世纪 60 年代以后，随着苏联撤回了相关技术人员，我国石油工业出现了技术"瓶颈"。为了解决石油产业供应不足的问题，我国加大力度进行石油勘探工程，并制定了长期的产业发展规划。由此，我国石油开采量稳步提升，在 1965 年宣布"彻底甩掉了贫油国的帽子"，实现了石油的自给自足。随着华北油田、胜利油田的发展，我国一度于 70 年代一跃成为世界主要产油国，原油产量突破 1 亿吨。然而，改革开放以后，国家原油油田开采难度加大，产油量不断萎缩，与当时经济高速发展的客观现实相矛盾（见图 3 – 17）。

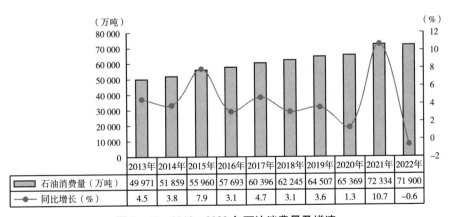

	2013年	2014年	2015年	2016年	2017年	2018年	2019年	2020年	2021年	2022年
石油消费量（万吨）	49 971	51 859	55 960	57 693	60 396	62 245	64 507	65 369	72 334	71 900
同比增长（%）	4.5	3.8	7.9	3.1	4.7	3.1	3.6	1.3	10.7	-0.6

图 3 – 17　2013 ~ 2022 年石油消费量及增速

注：2021 年、2022 年数据系表观消费量及同比增长。

资料来源：根据国家统计局相关数据（https://data.stats.gov.cn/easyquery.htm? cn = G0104）、中石油经济技术研究院能源数据统计整理所得。

不难看出，某种商品的进口依存度越高，说明该商品过度依赖于对外贸易，受世界市场价格波动的影响就越大。由于原油供应对外依存度较高，使得国际大宗市场的价格波动能够对国内能源市场产生较大影响。国际公认的原油对外依存度安全红线为50%，超过该警戒线则会对该国的能源安全产生负面影响。原油依存度越高，对国家能源安全的影响就越趋于负面。为此，制定长期且富有前瞻性的能源安全战略对我国而言尤为迫切。

2008年，金融危机自美国蔓延至全球，而我国的经济增速仍然维持了8%的水平，在全球属于较高速增长。经济的长期稳定发展需要一个可靠的能源安全环境，国内生产规模因而维持了一个稳定的发展势头：2015年，我国石油产量共计2.14亿吨，年均增速为2.52%。但受制于消费量的显著攀升，国内石油生产已远远无法满足。因而，对外石油依存度上涨也就成了必然——中国原油对外依存度在2009年达到了51.19%，已超过国际普遍认为的能源安全国际警戒线50%红线。而石油安全的改善是一个需长期解决的问题，尤其是当前外部环境日趋复杂，能源保障压力陡增。2022年国内油气企业扎实推进"七年行动计划"[①] 实施，持续加大勘探力度，其中新增石油探明地质储量近14.6亿吨，主要来自鄂尔多斯盆地、渤海湾盆地（含海域）和塔里木盆地。深层油气勘探、深水油气勘探和非常规油气勘探取得重大发现和新突破，我国首个以"深地工程"命名的油气项目"深地一号"顺北油气田基地，高效落实了两个资源量超亿吨级油气富集区；渤海湾盆地渤南潜山、塔里木盆地富满奥陶系、苏北盆地页岩油新区、渤海湾盆地济阳页岩油国家级示范区等均落实亿吨级原油资源。

2. 进口格局演变

海关总署数据显示，2022年，我国进口原油50 827.60万吨，同比下降0.9%，进口金额24 350亿元，同比增长41.4%。原油进口占我国2022年货物贸易进口总额的13%，仍是继集成电路之后我国第二大进口商品。在地缘政治影响下，国际油价异常高涨，原油进口成本过高，是2022年我

---

① 2019年5月，国家能源局主持召开"大力提升油气勘探开发力度工作推进会"。会上能源局提出"石油企业要落实增储上产主体责任，完成2019~2025年七年行动方案"工作要求，业界称之为"油气增储上产七年行动计划"，简称"七年行动计划"。

国原油进口量同比下降的主要原因。2022 年，我国原油对外依存度降至 71% 左右（见图 3-8）。

通过分析 2013~2022 年石油进口来源地区构成，不难得出结论：中国石油进口量逐步趋于稳定，伴之以石油进口来源的日趋多元化。为了尽可能地保障国内能源的安全供应，部分消除对单一地区、单一航道的用能压力，我国积极拓展原油输送方式，协助来源国保障其国内社会稳定。

根据《中国海关统计年鉴》《BP 世界能源统计年鉴》的相关数据，整理获得近年来我国在世界各地进口石油的比重关系，可得以下结论：首先，我国石油进口就总量规模而言不断扩大，来源地日趋多元化。2002 年，我国首次成为世界第二大石油消费国，石油对外依存度则于 2009 年首次超过 50%。2000 年前，我国石油进口来源地集中于中东及亚太地区，2000 年后则将进口来源地区扩大为 42 个国家，覆盖了欧洲、中东、中南美及非洲、亚太多国，进口来源范围进一步扩大。进一步按照地区进行分析，中东地区是石油进口的主要来源地区，占比长期超过 40%；欧洲则以俄罗斯进口为主，近年来由于两国经贸关系的加深，由俄罗斯进口的原油规模不断扩大，2018 年俄罗斯更是超越沙特阿拉伯，成为我国进口原油最多的国家；由于中非之间合作关系的加深，来自非洲的原油进口量也不断增多，占比达 18.38%，安哥拉更是以 10.26% 的原油进口占比，位居中国石油进口来源国第三名。亚太地区石油勘探储量在最近几十年间未能实现显著扩大。此外，由于亚太地区本土经济的发展，满足内需的石油产量增多，使得该地区对华石油出口不断下降。

3.5 世界能源供需发展趋势

3.5.1 能源储备格局

1. 石油

石油是全球最重要的能源燃料和工业原料，从储量分布上看，2022 年，全球石油储量增长 1.3%，为 2 406.9 亿吨，储采比降至 52.1；欧佩克石油储量为 1 701.1 亿吨，增长 0.4%，占全球储量的比例下降 0.6 个百分点至 70.7%，储采比降至 103。全球油气资源格局不变，石油储量仍主要集中在中东地区和美洲地区。

2022 年全球石油产量约 46.18 亿吨，同比增长 3.7%。石油输出国组织（OPEC，简称"欧佩克"）贡献了增量的 50% 以上，沙特阿拉伯、伊拉克、阿联酋、安哥拉产量增长均超过 5%；非欧佩克国家增产 160 万桶/天，其中 77% 来自美国，加拿大、巴西、中国和圭亚那等国均实现稳定增产（见图 3－18）。

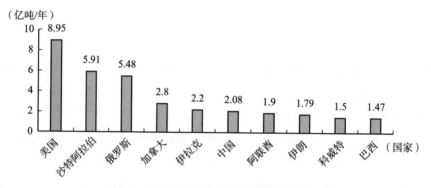

图 3－18　2022 年全球石油产量前十位

资料来源：根据《全球油气储量报告》整理。

从地区排名上看，北美洲石油探明储量为 354 亿吨，占比 14%；中南美洲探明储量为 511 亿吨，占比 21%；欧洲仅探明 19 亿吨，占比 1%；独联体国家石油探明 196 亿吨，占比 8%；中东探明储量 1 132 亿吨，占比 46%；非洲探明 166 亿吨，占比 7%；亚太地区探明 63 亿吨，占比 3%。

从国别储备而言，委内瑞拉石油储量排名世界第一，沙特阿拉伯排名第二，而加拿大得益于页岩油的开采，石油储备跃升至第四位。加拿大是世界上最大的油砂储藏地，在其储备当中仅 4 亿吨左右为常规储备，其余 97% 为油砂，约占全球油砂储备的 80%。俄罗斯石油储备丰富，但开采成本较高。美国石油资源丰富，并于 2016 年正式成为原油出口国，市场影响力与日俱增（见图 3－19）。

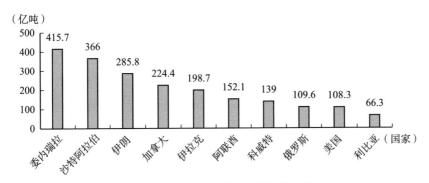

图 3 - 19　2022 年全球石油储量前十位

资料来源：根据《全球油气储量报告》整理。

2. 天然气

油气资源具有一定共生性，因此天然气储备与石油资源的分布情况类似。中东地区天然气资源丰富，储采比较高，主要分布于伊朗、卡塔尔、沙特阿拉伯、阿联酋、伊拉克等国。美国的天然气产业发展水平世界领先，是天然气工业化水平最高的国家。其境内天然气资源丰富，达16.4 万亿立方米。得益于配套完善的管网系统以及较为健全的市场化平台，美国天然气能源市场较为成熟，为全球提供了诸多管理与市场运营经验（见图 3 - 20）。

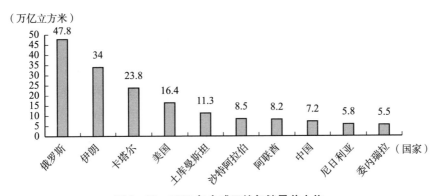

图 3 - 20　2022 年全球天然气储量前十位

资料来源：根据《全球油气储量报告》整理。

3. 煤炭

2022 年，全球主要国家的煤炭储备情况显示，美国、澳大利亚、中国、印度和俄罗斯是全球最大的煤炭储备国。美国的煤炭储备量为 248 941 百万吨，占全球总储备的 23.2%。澳大利亚拥有 150 227 百万吨煤炭储备，占 14%。中国的煤炭储备为 143 197 百万吨，约占 13.3%。印度的储备量为 111 052 百万吨，占 10.3%。俄罗斯则拥有约 176 770 百万吨煤炭储备，占全球的 15.5%。①

3.5.2 能源市场新格局

2022 年，能源需求继续从新冠肺炎疫情的影响中恢复，但供应链历史遗留问题叠加俄乌冲突，持续冲击全球能源行业。② 2022 年一次能源消费总量增长了 1%，比 2019 年疫情前的水平高出约 3%；可再生能源（不包括水电）占一次能源消费的比重达到 7.5%，比上年增长近 1%；化石燃料在一次能源消费量中的占比为 82%，保持稳定。

1. 石油

2022 年，布伦特原油价格平均为 101 美元/桶，为 2013 年以来的最高水平。石油消费量继续增长，增幅为 290 万桶/天，达到 9 730 万桶/天，增幅小于 2020～2021 年的水平。消费量仍比 2019 年的水平低 0.7%。从区域来看，经济合作与发展组织（以下简称"经合组织"）国家的消费量增长了 140 万桶/天，非经合组织国家的消费量增长了 150 万桶/天。大部分增长源自航空煤油（90 万桶/天）和柴油/轻油（70 万桶/天）。2022 年全球石油产量增幅为 380 万桶/天，其中 OPEC＋占增幅的 60% 以上。在所有国家中，沙特阿拉伯（118.2 万桶/天）和美国（109.1 万桶/天）的增幅最大。尼日利亚的产量降幅最大（18.4 万桶/天），利比亚的产量下降了 18.1 万桶/天。受非经合组织国家产能增加推动，炼油产能略有增长，增幅约为 53.4 万桶/天（见表 3 – 6、图 3 – 21）。

---

①② 2023 年《BP 世界能源统计年鉴》。

表 3-6

2022 年石油消费量

国家和地区	年份（千桶／天）											年均增长率（%）		占比（%）
	2012 年	2013 年	2014 年	2015 年	2016 年	2017 年	2018 年	2019 年	2020 年	2021 年	2022 年	2022 年	2012 ~ 2022 年	2022 年
加拿大	2 420	2 413	2 408	2 431	2 439	2 408	2 476	2 487	2 124	2 210	**2 288**	3.5	-0.6	2.4
墨西哥	2 228	2 168	2 087	2 038	2 085	2 038	1 918	1 814	1 601	1 749	**2 098**	20.0	-0.6	2.2
美国	17 581	17 992	18 111	18 499	15 593	18 845	19 417	19 424	17 183	18 785	**19 140**	1.9	0.9	19.7
北美洲统计	22 229	22 573	22 606	22 968	23 117	23 291	23 811	23 726	20 909	22 744	**23 627**	3.4	0.6	24.2
阿根廷	645	685	678	695	677	672	645	567	504	632	**678**	7.2	0.5	0.7
巴西	2 579	2 651	2 747	2 583	2 453	2 485	2 368	2 361	2 218	2 394	**2 512**	4.9	-0.3	2.6
智利	350	348	347	340	359	366	379	378	346	380	**399**	4.9	1.3	0.4
哥伦比亚	317	335	356	323	393	389	392	394	331	428	**478**	11.7	4.2	0.5
厄瓜多尔	233	247	260	254	239	236	255	249	203	248	**264**	6.6	1.3	0.3
秘鲁	204	215	213	227	241	246	254	262	202	248	**258**	3.7	2.4	0.3
特立尼达和多巴哥	40	45	41	45	47	44	41	24	24	24	**24**	1.5	-4.8	†
委内瑞拉	785	835	746	697	537	493	410	339	203	226	**268**	18.4	-10.2	0.3
中美洲	364	370	383	421	437	452	449	485	414	474	**504**	6.3	3.3	0.5
其他加勒比海地区国家	610	581	581	610	628	606	614	604	516	506	**525**	3.9	-1.5	0.5
其他中南美洲国家	191	197	197	202	214	218	226	231	190	238	**242**	1.9	2.4	0.2

续表

国家和地区	年份（千桶/天）											年均增长率（%）		占比（%）
	2012 年	2013 年	2014 年	2015 年	2016 年	2017 年	2018 年	2019 年	2020 年	2021 年	2022 年	2022 年	2012～2022 年	2022 年
中南美洲总计	6 318	6 511	6 549	6 396	6 225	6 207	6 032	5 894	5 151	5 799	6 153	6.1	-0.3	6.3
奥地利	245	252	242	240	247	252	256	266	231	239	232	-2.7	-0.5	0.2
比利时	585	603	597	612	615	620	668	628	541	600	563	-6.2	-0.4	0.6
保加利亚	84	79	85	95	97	102	101	105	95	100	109	9.7	2.6	0.1
克罗地亚	65	63	65	68	68	73	71	69	59	63	69	10.8	0.7	0.1
塞浦路斯	51	46	45	46	51	52	52	52	44	45	48	6.6	-0.6	†
捷克共和国	189	181	192	184	172	205	207	209	181	201	204	1.7	0.8	0.2
丹麦	144	144	145	146	147	146	148	148	122	134	138	3.1	-0.4	0.1
爱沙尼亚	32	31	29	29	29	30	30	27	28	27	25	-8.1	-2.5	†
芬兰	194	208	197	196	206	200	200	199	178	168	172	2.3	-1.2	0.2
法国	1 609	1 596	1 544	1 544	1 529	1 540	1 538	1 527	1 306	1 428	1 420	-0.6	-1.2	1.5
德国	2 276	2 336	2 273	2 269	2 307	2 374	2 255	2 270	2 049	2 042	2 075	1.6	-0.9	2.1
希腊	305	282	281	294	293	298	294	304	246	261	294	12.8	-0.4	0.3
匈牙利	129	128	142	153	150	164	175	176	161	175	172	-1.8	2.9	0.2
冰岛	14	15	16	17	19	21	23	19	13	12	17	37.1	1.9	†

国家和地区	年份（千桶/天）											年均增长率（%）		占比（%）
	2012 年	2013 年	2014 年	2015 年	2016 年	2017 年	2018 年	2019 年	2020 年	2021 年	2022 年	2022 年	2012 ~ 2022 年	2022 年
爱尔兰	137	139	138	143	150	149	155	154	130	141	152	7.7	1.1	0.2
意大利	1 367	1 261	1 196	1 264	1 255	1 274	1 300	1 259	1 039	1 158	1 222	5.5	-1.1	1.3
拉脱维亚	33	33	34	35	36	37	34	38	33	34	36	4.4	0.9	†
立陶宛	53	52	51	56	60	62	66	67	62	63	64	1.2	1.9	0.1
卢森堡	58	57	55	54	54	57	60	61	49	53	49	-7.5	-1.6	0.1
荷兰	981	944	934	926	932	938	918	888	846	845	885	4.7	-1.0	0.9
北马其顿	19	19	19	20	22	21	21	22	20	22	24	8.8	2.4	†
挪威	215	226	216	217	210	212	221	213	203	207	192	-7.1	-1.1	0.2
波兰	552	520	521	542	594	646	663	679	640	676	724	7.1	2.7	0.7
葡萄牙	225	235	241	238	241	240	239	247	203	209	225	7.7	†	0.2
罗马尼亚	186	170	184	186	195	206	212	221	205	217	220	1.4	1.7	0.2
斯洛伐克	72	73	68	74	77	86	87	83	83	87	90	3.1	2.2	0.1
斯洛文尼亚	53	50	49	49	52	53	55	52	44	47	54	15.0	0.3	0.1
西班牙	1 237	1 169	1 165	1 209	1 252	1 260	1 286	1 287	1 056	1 156	1 268	9.6	0.2	1.3
瑞典	292	291	285	279	289	286	273	292	255	248	243	-2.1	-1.8	0.2

续表

国家和地区	年份（千桶/天）											年均增长率（%）		占比（%）
	2012年	2013年	2014年	2015年	2016年	2017年	2018年	2019年	2020年	2021年	2022年	2022年	2012～2022年	2022年
瑞士	238	249	224	226	214	219	212	216	179	181	187	3.2	-2.4	0.2
土耳其	702	748	771	919	974	1 022	989	999	937	1 003	1 042	3.8	4.0	1.1
乌克兰	287	274	244	215	228	230	240	239	227	230	200	-12.8	-3.5	0.2
英国	1 500	1 473	1 476	1 521	1 563	1 588	1 564	1 528	1 184	1 217	1 317	8.2	-1.3	1.4
其他欧洲国家	300	298	295	305	326	342	339	348	325	317	331	4.4	1.0	0.3
欧洲统计	14 429	14 244	14 014	14 373	14 655	15 006	14 947	14 892	12 973	13 605	14 062	3.4	-0.3	14.5
阿塞拜疆	92	99	98	98	97	98	102	101	100	115	122	6.7	2.9	0.1
白俄罗斯	213	160	164	138	147	147	171	174	167	159	152	-4.4	-3.3	0.2
哈萨克斯坦	288	297	304	289	304	313	338	345	302	328	422	28.7	3.9	0.4
俄罗斯	3 184	3 218	3 365	3 277	3 338	3 343	3 376	3 438	3 294	3 483	3 570	2.5	1.2	3.7
土库曼斯坦	129	137	143	145	143	144	145	146	147	150	154	2.5	1.9	0.2
乌兹别克斯坦	88	83	82	83	86	87	95	95	100	111	111	0.3	2.4	0.1
其他独联体国家	75	78	75	78	86	82	96	89	85	93	95	2.5	2.4	0.1
独联体国家总计	4 070	4 073	4 231	4 107	4 201	4 214	4 322	4 388	4 194	4 439	4 628	4.3	1.3	4.8
伊朗	1 763	1 879	1 745	1 564	1 573	1 628	1 700	1 780	1 700	1 735	1 912	10.2	0.8	2.0

续表

国家和地区	年份（千桶/天）											年均增长率（%）		占比（%）
	2012 年	2013 年	2014 年	2015 年	2016 年	2017 年	2018 年	2019 年	2020 年	2021 年	2022 年	2022 年	2012 ~ 2022 年	2022 年
伊拉克	619	688	683	685	738	830	786	756	622	700	**772**	10.3	2.2	0.8
以色列	274	212	199	211	216	226	229	231	199	209	**232**	11.1	- 1.7	0.2
科威特	457	468	479	465	439	457	473	451	424	422	**431**	2.3	- 0.6	0.4
阿曼	154	176	182	186	189	211	224	217	176	200	**226**	12.9	3.9	0.2
卡塔尔	260	303	312	356	369	335	347	367	289	313	**347**	10.6	2.9	0.4
沙特阿拉伯	3 467	3 468	3 789	3 964	4 100	4 052	3 871	3 642	3 445	3 610	**3 876**	7.4	1.1	4.0
阿联酋	766	847	881	923	1 006	990	988	960	904	990	**1 126**	13.8	3.9	1.2
其他中东国家	696	654	653	567	532	570	566	545	486	503	**529**	5.3	- 2.7	0.5
中东国家统计	8 455	8 694	8 923	8 921	9 162	9 301	9 184	8 949	8 246	8 680	**9 450**	8.9	1.1	9.7
阿尔及利亚	370	387	401	425	412	408	413	430	385	405	**439**	8.4	1.7	0.5
埃及	750	759	791	810	836	801	721	686	598	644	**750**	16.5	†	0.8
摩洛哥	277	282	272	268	275	291	287	293	258	291	**296**	2.0	0.7	0.3
南非	542	552	544	601	576	576	574	567	465	502	**513**	2.1	- 0.6	0.5
东非	469	495	517	565	581	622	640	656	599	655	**668**	2.0	3.6	0.7
中非	230	262	278	272	247	225	229	242	207	219	**208**	- 5.2	- 1.0	0.2

续表

国家和地区	年份（千桶/天）											年均增长率（%）		占比（%）
	2012年	2013年	2014年	2015年	2016年	2017年	2018年	2019年	2020年	2021年	2022年	2022年	2012~2022年	2022年
西非	570	590	549	559	622	683	792	820	796	866	**906**	4.6	4.7	0.9
其他非洲国家	331	347	357	318	294	304	309	313	266	321	**326**	1.4	-0.2	0.3
其他非洲南部国家	51	54	56	57	56	56	59	58	53	55	**58**	4.4	1.3	0.1
非洲国家统计	3 590	3 729	3 764	3 875	3 900	3 966	4 024	4 065	3 627	3 958	**4 163**	5.2	1.5	4.3
澳大利亚	1 001	1 031	1 025	1 015	1 016	1 063	1 076	1 064	916	941	**1 008**	7.1	0.1	1.0
孟加拉国	115	118	129	156	159	182	208	204	171	213	**253**	19.0	8.2	0.3
中国内地	10 061	10 563	11 018	11 890	12 297	13 003	13 643	14 322	14 408	14 893	**14 295**	-4.0	3.6	14.7
中国香港特别行政区	344	352	335	367	380	428	434	408	284	255	**219**	-14.2	-4.4	0.2
印度	3 674	3 717	3 832	4 147	4 544	4 724	4 974	5 150	4 700	4 798	**5 185**	8.1	3.5	5.3
印度尼西亚	1 612	1 572	1 572	1 505	1 454	1 565	1 616	1 582	1 400	1 461	**1 585**	8.5	-0.2	1.6
日本	4 676	4 499	4 283	4 116	3 983	3 949	3 815	3 692	3 276	3 339	**3 337**	†	-3.3	3.4
马来西亚	758	803	803	754	839	797	804	867	725	779	**894**	14.7	1.7	0.9
新西兰	149	151	154	160	164	174	175	179	148	147	**148**	0.3	-0.1	0.2
巴基斯坦	402	442	458	505	566	589	499	446	434	503	**489**	-2.8	2.0	0.5
菲律宾	302	318	338	386	415	446	451	460	378	410	**451**	10.0	4.1	0.5

续表

年份（千桶/天）

国家和地区	2012 年	2013 年	2014 年	2015 年	2016 年	2017 年	2018 年	2019 年	2020 年	2021 年	2022 年	年均增长率（%）2022 年	年均增长率（%）2012～2022 年	占比（%）2022 年
新加坡	1 150	1 147	1 172	1 232	1 300	1 320	1 339	1 312	1 264	1 248	**1 199**	-3.9	0.4	1.2
韩国	2 466	2 476	2 473	2 586	2 811	2 804	2 800	2 789	2 630	2 816	**2 858**	1.5	1.5	2.9
斯里兰卡	109	94	106	111	135	130	126	135	123	116	**98**	-15.6	-1.1	0.1
中国台湾	950	988	1 018	1 042	1 048	1 033	1 040	987	947	990	**909**	-8.2	-0.4	0.9
泰国	1 121	1 136	1 147	1 185	1 214	1 255	1 282	1 294	1 158	1 173	**1 277**	8.9	1.3	1.3
越南	357	370	388	475	524	552	581	599	506	470	**515**	9.6	3.7	0.5
其他亚太地区国家	331	348	373	429	414	477	528	557	571	594	606	1.9	5.2	0.6
亚太地区统计	29 577	30 126	30 626	320 63	33 264	34 491	35 391	36 046	34 039	35 147	**35 326**	0.5	1.8	36.3
全球统计	88 667	89 950	90 713	92 703	94 523	96 476	97 711	97 959	89 139	94 372	**97 309**	3.1	0.9	100.0
其中：经合组织	44 943	44 969	44 569	45 208	45 781	46 298	46 645	46 346	40 801	43 673	**45 108**	3.3	†	46.4
非经合组织	43 724	44 981	46 144	47 496	48 742	50 179	51 066	51 612	48 338	50 699	**52 202**	3.0	1.8	53.6
欧盟	11 195	10 981	10 795	10 974	11 143	11 400	11 390	11 359	9 933	10 460	**10 802**	3.3	-0.4	11.1

资料来源：2023 年《BP 世界能源统计年鉴》。

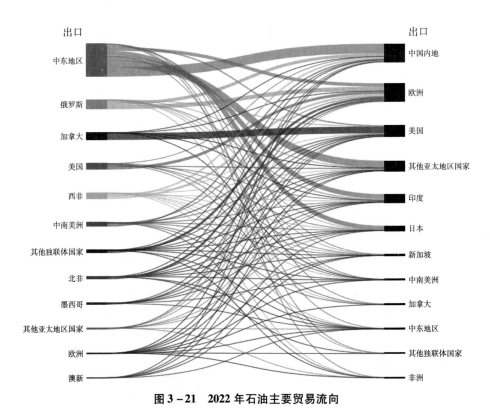

图 3-21 2022 年石油主要贸易流向

资料来源：2023 年《BP 世界能源统计年鉴》。

从石油主要贸易流向上看，2022 年的国际原油贸易量为 21 亿吨，较 2021 年增长约 4%。中东地区占比最大，占出口总量的 43%，其次是俄罗斯，占 12%。进口方面，亚太地区占进口总量的比重近 60%。中国（港、澳、台除外）、印度和日本合计占亚太地区进口总量的 75%。欧洲的进口量为 5 亿吨，为第二大进口目的地，占进口总量的约 24%。

2. 天然气

2022 年，欧洲和亚洲的天然气价格创下新高，欧洲天然气价格上涨了近 3 倍（TTF 均价为 37 美元/百万英热单位）。亚洲液化天然气现货市场价格上涨了 1 倍（JKM 均价为 34 美元/百万英热单位）。2022 年，美国亨利枢纽（Henry Hub）价格上涨了 50% 以上，达到 6.5 美元/百万英热单位的均价，为 2008 年以来的最高水平。

2022 年全球天然气需求下降 3%，略低于 2021 年首次创下的 4 万亿立方米大关。2022 年，天然气在一次能源中的占比略有下降，从 2021 年的 25% 降至 24%。与 2021 年相比，全球天然气产量保持相对稳定。

2022 年液化天然气供应量增长 5%（260 亿立方米），达到 5 420 亿立方米，与 2021 年类似。液化天然气供应增幅主要来自北美（100 亿立方米）和亚太地区（80 亿立方米）。所有其他地区均对 2022 年液化天然气供应增长作出了贡献（8 亿立方米）。2022 年，欧洲（620 亿立方米）推动全球液化天然气需求增长。亚太国家的液化天然气进口量减少 240 亿立方米，中南美洲国家的进口量下滑 110 亿立方米。

2022 年，国际液化天然气贸易量占所有地区间天然气贸易量的 56%，总量达到 5 420 亿立方米，较上一年增长 5%。中东地区是最大的液化天然气出口地区，与澳大利亚和美国合计占液化天然气出口总量的 65%。日本是最大的液化天然气进口国，进口量达 980 亿立方米，与中国合计占全球进口总量的 35%。亚太地区的进口量约占液化天然气进口总量的 65%，欧洲地区紧随其后，占比超过 30%。

与 2022 年液化天然气贸易增长不同，国际管道天然气贸易量下降 15%，较 2021 年下跌 780 亿立方米。2022 年，这一比重跌至 29%，跌幅达 760 亿立方米左右。尽管如此，俄罗斯占全球天然气出口总量的比重仍然达 25%，位居世界第一。挪威紧随其后，占比为 23%。

3. 煤炭

2022 年煤炭价格创下历史新高，欧洲平均价格为 294 美元/吨，日本现货到岸价平均达 225 美元/吨（分别较 2021 年上涨 145% 和 45%）。

2022 年国际煤炭贸易量下跌了近 4%，降至自 2017 年以来的最低水平。印度尼西亚、澳大利亚和俄罗斯合计占全球煤炭出口总量的比重超过 71%。其中，俄罗斯的煤炭出口量与 2022 年相比下跌了 12%。2022 年，中国是最大的煤炭进口国，进口量接近 6 艾焦。中国从印度尼西亚进口的煤炭下跌了 0.5 艾焦，但从俄罗斯和蒙古国进口的煤炭分别上升了 1.5 艾焦和 0.5 艾焦。亚太地区占全球煤炭进口量的 74%；欧洲是第二大煤炭进口地区，进口量较 2021 年上升了 10%。

煤炭消费量继续增长，2021 年增幅为 0.6%，达到 161 艾焦，为自 2014 年以来的最高水平。

煤炭需求增长主要由中国（1%）和印度（4%）推动。两国的需求合并增长 1.7 艾焦，足以抵消其他地区 0.6 艾焦的降幅。

北美和欧洲煤炭消费量分别下降了 6.8% 和 3.1%。2022 年，经合组织国家的煤炭消费量较 2019 年新冠疫情前的水平下降约 10%，而非经合组织国家的煤消费量则上升了 6% 以上；与 2021 年相比，全球煤炭产量增长了 7% 以上，创下 175 艾焦的历史新高。中国、印度和印度尼西亚占全球产量增幅的 95% 以上。

4. 可再生能源及发电量

2022 年，可再生电力（不包括水电）增长 14%，达到 40.9 艾焦，略低于前一年 16% 的增速。

2022 年，太阳能和风能发电量继续快速增长，创下 266 吉瓦的历史新高。太阳能发电量占新增发电量的 72%（192 吉瓦）。

中国占太阳能和风能发电量增幅的最大部分，在全球新增太阳能和风能发电量中的占比分别为 37% 和 41%。

2022 年水力发电量增长了 1.1%，而核能发电量下降了 4.4%。

2022 年全球发电量增长了 2.3%，低于前一年 6.2% 的增速。

风能和太阳能发电量之和再次超过核能发电量；煤炭仍然是发电所用主要燃料，占比保持稳定（35.4% 左右），略低于 2021 年的 35.8%；天然气发电量保持稳定，约占 23%。①

---

① 以上数据均来自 2023 年《BP 世界能源统计年鉴》。

第 4 章
我国与"一带一路"沿线国家能源产能合作现状与制约因素

长期以来，我国与"一带一路"沿线国家在能源等领域进行了丰富的合作。现有的合作为我国与沿线国家的能源产能合作打下了基础，但同时合作过程中暴露出的问题也成为制约能源产能合作的重要因素。本章首先对"一带一路"沿线国家的能源储藏情况、能源生产能力以及能源供给和需求能力进行分析，然后回顾我国与"一带一路"沿线国家包括能源产能合作在内的能源合作历程，以博弈论理论为基础分析总结我国与"一带一路"沿线国家进行能源产能合作过程中面临的地缘政治、能源政治、地区战略和原有治理规则的挑战与制约因素。

4.1 "一带一路"沿线国家能源资源分析

4.1.1 "一带一路"沿线国家能源储量及分布

"一带一路"沿线国家能源资源丰富，是世界常规油气储量极为富集的区域。石油、天然气剩余探明储量超过世界的 50% 和 70% 。区域内油气消费量刨除中国消费量外不足全球总量的 30% ，出口超过全球油气出口总量的 60% ，是全球最重要的油气净出口区域。我国从"一带一路"沿线国家进口原油占原油进口总量的 60% 以上，俄罗斯、沙特阿拉伯、伊朗、阿联酋、阿曼、科威特和卡塔尔、土库曼斯坦、乌兹别克斯坦、印度尼西亚、马来西亚、缅甸等国家分别为我国最重要的石油和天然气进口国。相较于"一带一路"沿线国家能源输出国的角色定位，我国作为最大的油气输入国家，在国际能源产能合作中与"一带一路"沿线国家在能源生产、贸易、能源基础设施建设等领域具有广泛的合作空间（见表4-1）。

表4-1　　　2020年"一带一路"沿线国家主要能源资源种类和储量

国家	主要能源资源	主要能源储量（煤炭：百万吨，石油：十亿桶，天然气：万亿立方米）	国家	主要能源资源	主要能源储量（煤炭：百万吨，石油：十亿桶，天然气：万亿立方米）
蒙古国	煤炭、油页岩	煤炭2 520	斯里兰卡		
新加坡			马尔代夫		
马来西亚	石油、天然气	石油3.6，天然气2.7	尼泊尔	水电	水电蕴藏量为8 300万千瓦
印度尼西亚	石油、天然气	煤炭22 598，石油3.3，天然气2.9	不丹	水电	水电资源蕴藏量约为2万兆瓦
缅甸	石油、天然气	天然气1.2	哈萨克斯坦	石油、天然气	煤炭25 605，石油30，天然气1.1
泰国	煤炭、石油、天然气	煤炭1 063，石油0.3，天然气0.2	乌兹别克斯坦	石油、天然气、煤炭	煤炭1 375，石油0.6，天然气1.2
老挝			土库曼斯坦	石油、天然气	石油0.6，天然气19.5
柬埔寨			塔吉克斯坦	铀、水电	
越南	煤炭	煤炭3 360，石油4.4，天然气0.6	吉尔吉斯斯坦	水电、煤炭	
文莱	石油、天然气	石油1.1，天然气0.3	俄罗斯	石油、天然气	煤炭160 364，石油106.2，天然气34.8
菲律宾	地热		乌克兰	煤炭	煤炭34 375，天然气1.1
伊朗	石油、天然气	石油157.2，天然气33.2	白俄罗斯		

续表

国家	主要能源资源	主要能源储量（煤炭：百万吨，石油：十亿桶，天然气：万亿立方米）	国家	主要能源资源	主要能源储量（煤炭：百万吨，石油：十亿桶，天然气：万亿立方米）
伊拉克	石油、天然气	石油 148.8，天然气 3.5	格鲁吉亚	水电	水力资源丰富，蕴藏量 1 550 万千瓦
土耳其	石油、天然气	煤炭 11 353	阿塞拜疆	石油、天然气	石油 7，天然气 1.3
叙利亚	石油、天然气	石油 2.5，天然气 0.3	亚美尼亚		
约旦	油页岩		摩尔多瓦		
黎巴嫩			波兰	煤炭	煤炭 25 811
以色列		天然气 0.2	立陶宛		
巴勒斯坦			爱沙尼亚	油页岩	
沙特阿拉伯	石油、天然气	石油 266.2，天然气 8	拉脱维亚		
也门	石油、天然气	石油 3，天然气 0.3	捷克	煤炭、铀矿	煤炭 3 640
阿曼	石油、天然气	石油 5.4，天然气 0.7	斯洛伐克	水电	
阿联酋	石油、天然气	石油 97.8，天然气 5.9	匈牙利	煤炭	煤炭 2 909
卡塔尔	石油、天然气	石油 25.2，天然气 24.9	斯洛文尼亚		
科威特	石油、天然气	石油 101.5，天然气 1.7	克罗地亚	水电	
巴林	石油、天然气	天然气 0.2	波黑	煤炭、水电	
希腊	煤炭	煤炭 2 876	黑山	煤炭	
塞浦路斯			塞尔维亚	煤炭、水电	煤炭 7 514
埃及	石油、天然气、水电	石油 3.4，天然气 1.8	阿尔巴尼亚	水电	

国家	主要能源资源	主要能源储量（煤炭：百万吨，石油：十亿桶，天然气：万亿立方米）	国家	主要能源资源	主要能源储量（煤炭：百万吨，石油：十亿桶，天然气：万亿立方米）
印度	煤炭、石油、天然气	煤炭97 728，石油4.7，天然气1.2	罗马尼亚	石油、天然气、煤炭	煤炭291，石油0.6，天然气0.1
巴基斯坦	煤炭、石油、天然气	煤炭3 064，天然气0.4	保加利亚	煤炭	煤炭2 366
孟加拉国	天然气	天然气0.2	马其顿		
阿富汗	煤炭、石油、天然气				

资料来源：根据2021年《BP世界能源统计年鉴》整理。

1. 石油

从"一带一路"沿线国家主要年份石油储量数据来看，石油储备总体比较丰富，尤其是西亚地区，其石油储备量占全球石油储备量的近一半。2020年西亚所有国家石油储量占比为48.5%，接近50%，在西亚地区，伊朗、伊拉克、沙特阿拉伯、科威特、阿联酋等国家的石油储备较多，尤其是沙特阿拉伯，石油储备绝对值和占全世界份额分别为266.2十亿桶和15.7%。东盟地区石油储量普遍偏少，整体石油储量占比仅为1.0%。东亚的蒙古国，东盟的新加坡等国，西亚的土耳其、巴勒斯坦、以色列等国，南亚的巴基斯坦、孟加拉国、马尔代夫等国，中亚的吉尔吉斯斯坦、塔吉克斯坦等国，独联体白俄罗斯、格鲁吉亚等国以及中东欧国家的石油储备都极少甚至为零。南亚地区石油储备较少，仅占0.3%，其石油储备占比主要是印度所贡献。中亚地区石油储备占比同样较少，仅为1.8%，主要产油国为哈萨克斯坦，虽然乌兹别克斯坦和土库曼斯坦也有石油，但是其储量几乎可以忽略不计。独联体国家中阿塞拜疆具有石油储备，从国家个体角度来看，伊朗、伊拉克、科威特、俄罗斯等国的石油储备占比较高，沙特阿拉伯是世界上石油储备量最大的地区。越南、伊拉克、科威特等国家的石油储备量不断增加，不断有新的油田被发现。储产比指标越低说明该国对石油的开采比重越高。从各国储产比指标来看,泰国、土库曼斯坦等石油储备基数小的国家储产比较小,而沙特阿拉伯、也门、叙利亚等国家的储产比较高(见表 4 - 2)。

表 4 - 2   "一带一路"沿线国家主要年份石油储量

国家或地区	1997 年(十亿桶)	2007 年(十亿桶)	2016 年(十亿桶)	2017 年(十亿桶)	2020 年(十亿桶)	2020 年(十亿吨)	2020 年储量占比(%)	储产比
东盟国家								
马来西亚	5	5.5	3.6	3.6	2.7	0.4	0.2	12.5
印度尼西亚	4.9	4	3.3	3.2	2.4	0.3	0.1	9.0
泰国	0.3	0.5	0.3	0.3	0.3	†	◆	1.7
越南	1.2	3.4	4.4	4.4	4.4	0.6	0.3	58.1
文莱	1.1	1.1	1.1	1.1	1.1	0.1	0.1	27.3
东盟总计	12.5	14.5	12.7	12.6	10.9	1.4	1.0	108.6
西亚国家								
伊朗	92.6	138.2	157.2	157.2	157.8	21.7	9.1	139.8
伊拉克	112.5	115	148.8	148.8	145.0	19.6	8.4	96.3
叙利亚	2.3	2.5	2.5	2.5	2.5	0.3	0.1	158.8
沙特阿拉伯	261.5	264.2	266.2	266.2	297.5	40.9	17.2	73.6
也门	1.8	2.7	3	3	3.0	0.4	0.2	86.7
阿曼	5.4	5.6	5.4	5.4	5.4	0.7	0.3	15.4
阿联酋	97.8	97.8	97.8	97.8	97.8	13.0	5.6	73.1
卡塔尔	12.5	27.3	25.2	25.2	25.2	2.6	1.5	38.1
科威特	96.5	101.5	101.5	101.5	101.5	14.0	5.9	103.2
埃及	3.7	4.1	3.4	3.3	3.1	0.4	0.2	14.0
西亚总计	686.6	758.9	811	810.9	838.8	113.6	48.5	799.0
南亚国家								
印度	5.6	5.5	4.7	4.5	4.5	0.6	0.3	16.1
南亚总计	5.6	5.5	4.7	4.5	4.5	0.6	0.3	16.1

续表

国家或地区	1997 年（十亿桶）	2007 年（十亿桶）	2016 年（十亿桶）	2017 年（十亿桶）	2020 年（十亿桶）	2020 年（十亿吨）	2020 年储量占比（%）	储产比
中亚国家								
哈萨克斯坦	5.3	30	30	30	30.0	3.9	1.7	45.3
乌兹别克斯坦	0.6	0.6	0.6	0.6	0.6	0.1	◆	34.7
土库曼斯坦	0.5	0.6	0.6	0.6	0.6	0.1	◆	7.6
中亚总计	6.4	31.2	31.2	31.2	31.2	4.1	1.70	87.6
独联体国家								
阿塞拜疆	1.2	7	7	7	7.0	1.0	0.4	26.7
独联体总计	114.3	113.4	113.2	113.2	7.0	1.0	0.4	26.7
中东欧国家								
罗马尼亚	0.9	0.5	0.6	0.6	0.6	0.1	◆	22.7
中东欧总计	0.9	0.5	0.6	0.6	0.6	0.1	◆	22.7

注：†代表低于 0.05；◆代表低于 0.05%。

资料来源：整理自 2021 年《BP 世界能源统计年鉴》。

2. 天然气

从空间角度来看，西亚国家的天然气储备量比较多，2020 年西亚国家天然气储备量占比为 41%，几乎达到全球天然气储备量的一半。在西亚诸国中，伊朗和卡塔尔天然气储量占比较高，分别为 17.1% 和 13.1%，这两个国家天然气储量绝对值分别为 33.1 万亿立方米和 24.7 万亿立方米。西亚其他国家如沙特阿拉伯、阿联酋的天然气储量也比较多，甚至高于其他地区的储量总计。东盟地区天然气储备占比为 1.7%，主要储备天然气国家是马来西亚和印度尼西亚，储量占比分别为 0.5% 和 0.7%，绝对储量分别为 0.9 万亿立方米和 1.3 万亿立方米。东盟国家中缅甸 2020 年天然气储量占比为 0.2%，其他国家如泰国、越南、文莱天然气储备量都不足0.5%。南亚国家天然气总储量为 1.0%，拥有天然气的国家为印度、巴基斯坦和孟加拉国，但天然气储量都比较低。中亚国家天然气储量占比为8.8%，主要储气国家为土库曼斯坦，天然气储量为 7.2%。独联体国家天然气储量占比为 0.6%。中东欧各国，东亚地区，东欧的新加坡、老挝、柬埔寨、菲律宾,西亚的土耳其、叙利亚、希腊等国,南亚的阿富汗、马尔代夫等国,东亚的塔吉克斯坦、吉尔吉斯斯坦以及独联体的白俄罗斯、格鲁吉亚等国都没有天然气储量。从个体国家来看,伊朗、卡塔尔、土库曼斯坦和俄罗斯的天然气储量较多,都超过10%。大多数国家从1997年到2020年天然气储量都不断增加,说明随着天然气探测技术不断升级,不断发现新的天然气储存地区。个别国家如泰国、文莱在个别年份天然气储量有所下降,在这些国家中,天然气不断开采利用,但是并没有发现新的天然气储备,或者天然气的发现速度低于开采使用速度。从储产比指标数值来看,2020年泰国的储产比为4.4,说明泰国所开采的天然气占泰国天然气总量的1/6,伊朗、伊拉克、也门、卡塔尔等国家的储产比较高,其原因主要是当地天然气储备总量较大,所开采量均不足当地天然气储量的百分之一(见表4-3)。

表4-3　　　　"一带一路"沿线国家主要年份天然气储量

国家或地区	1997年(万亿立方米)	2007年(万亿立方米)	2016年(万亿立方米)	2017年(万亿立方米)	2020年(万亿立方米)	2020年(万亿立方英尺)	2020年储量占比(%)	储产比
东盟国家								
马来西亚	2.2	2.4	2.7	2.7	0.9	32.1	0.5	12.4
印度尼西亚	2.2	3	2.9	2.9	1.3	44.2	0.7	19.8
缅甸	0.3	0.5	1.2	1.2	0.4	15.3	0.2	24.4
泰国	0.2	0.3	0.2	0.2	0.1	5.1	0.1	4.4
越南	0.2	0.5	0.6	0.6	0.6	22.8	0.3	74.1
文莱	0.4	0.3	0.3	0.3	0.2	7.9	0.1	17.6
东盟总计	5.5	7	7.9	7.9	31.2	4.1	1.70	87.6
西亚国家								
伊朗	22.7	27.7	33.2	33.2	32.1	1 133.6	17.1	128.0
伊拉克	3	3	3.5	3.5	3.5	124.6	1.9	336.3
沙特阿拉伯	5.6	6.9	8	8	6.0	212.6	3.2	53.7
也门	0.3	0.3	0.3	0.3	0.3	9.4	0.1	2 618.8
阿曼	0.5	0.9	0.7	0.7	0.7	23.5	0.4	18.0

续表

国家或地区	1997年（万亿立方米）	2007年（万亿立方米）	2016年（万亿立方米）	2017年（万亿立方米）	2020年（万亿立方米）	2020年（万亿立方英尺）	2020年储量占比（%）	储产比
阿联酋	5.9	6.3	5.9	5.9	5.9	209.7	3.2	107.1
卡塔尔	8.8	26.4	24.9	24.9	24.7	871.1	13.1	144.0
科威特	1.4	1.7	1.7	1.7	1.7	59.9	0.9	113.2
埃及	0.9	2	1.8	1.8	2.1	75.5	1.1	36.6
西亚总计	49.1	75.2	80.2	80.5	77.0	2 719.9	41.0	3 555.7
南亚国家								
印度	0.7	1	1.2	1.2	1.3	46.6	0.7	55.6
巴基斯坦	0.4	0.7	0.4	0.4	0.4	13.6	0.2	12.6
孟加拉国	0.3	0.4	0.2	0.2	0.1	3.9	0.1	4.5
南亚总计	1.4	2.1	1.8	1.8	1.8	64.1	1.00	72.7
中亚国家								
哈萨克斯坦	1.5	1.5	1.1	1.1	2.3	79.7	1.2	71.2
乌兹别克斯坦	1.2	1.3	1.2	1.2	0.8	29.9	0.4	18.0
土库曼斯坦	2.6	2.6	19.5	19.5	13.6	480.3	7.2	230.7
中亚总计	5.3	5.4	21.8	21.8	16.7	589.9	8.80	319.9
独联体国家								
乌克兰	0.7	0.8	1.1	1.1	1.1	38.5	0.6	57.5
独联体总计	34.3	34.7	35.9	36.1	1.1	38.5	0.6	57.5

资料来源：整理自2021年《BP世界能源统计年鉴》。

3. 煤炭

在"一带一路"沿线国家中，煤炭的储备量分布与石油大不相同。西亚地区煤炭储备量较少，其占比仅为1.4%，伊朗、伊拉克、沙特阿拉伯等国家都没有煤炭存量。南亚地区煤炭储量较高，达到1.06%，南亚地区只有印度和巴基斯坦存有煤炭，巴基斯坦储量较少。中亚地区、独联体国家和中东欧国家的煤炭储量同样较少，占比仅为2.5%、3.2%和4.1%，哈萨克斯坦和乌兹别克斯坦存有煤炭。中东欧地区煤炭储备量与石油储备量不同，都具有较高的比重，中东欧地区的波兰、捷克、匈牙利等国家都储存有煤炭，但是除波兰外，其他国家煤炭储量都不足 1%。东盟国家煤炭储备量为 39 292 百万吨，占比为 3.6%。总体来看，东盟地区煤炭储备量较低，并且泰国和越南的煤炭储备量较少。其他地区如东盟的新加坡、马来西亚、文莱等国，西亚的伊朗、伊拉克、也门、阿联酋、沙特阿拉伯等国，南亚的孟加拉国、阿富汗等国，中亚的土库曼斯坦、塔吉克斯坦等国，独联体的白俄罗斯、格鲁吉亚等国以及中东欧的立陶宛、爱沙尼亚等国都没有煤炭储备。储有煤炭的国家，普遍储产比较高，说明"一带一路"沿线主要煤炭储量国家对于煤炭的开发比重都比较低（见表 4 - 4）。

4.1.2 "一带一路"沿线国家能源生产能力

能源的生产能力是各个国家能源开采使用情况的重要体现，运用 2022 年能源产量、2022 年增长率、2012 ~ 2022 年平均增长率以及产量占比来体现一个国家的能源生产能力。"一带一路"沿线国家能源生产能力情况如下：首先，俄罗斯、沙特阿拉伯、卡塔尔、伊朗以及马来西亚等国在 2022 年天然气产量较高，俄罗斯达到 618.4 十亿立方米。而 2022 年增长率较高的国家为伊朗、伊拉克、沙特阿拉伯和科威特等国家，其中沙特阿拉伯和伊朗在 2022 年的产量同样比较高，而科威特 2012 ~ 2022 年年均增长率比较低，为 - 1.0%。2022 年产量占比较高的国家仍然是俄罗斯。通过表 4 - 4 所列出的数据可以看出俄罗斯 2022 年天然气的生产能力较高，并且俄罗斯在 2022 年之前的天然气生产产量几乎不变。从地区层面来看，西亚地区和独联体国家 2022 年产量较高。

表 4 - 4 　　　　　 **2020 年"一带一路"沿线国家煤炭储备量**

国家或地区	2020 年底储量（百万吨）	2020 年占总量比例	储产比
东盟国家			
印度尼西亚	34 869	3.2%	62
泰国	1 063	0.1%	80
越南	3 360	0.3%	69
东盟总计	39 292	3.6%	—

续表

国家或地区	2020 年底储量（百万吨）	2020 年占总量比例	储产比
西亚国家			
土耳其	11 525	1.1%	168
希腊	2 876	0.3%	205
西亚总计	14 401	1.4%	—
南亚国家			
印度	111 052	10.3%	147
巴基斯坦	3 064	0.3%	396
南亚总计	114 116	10.6%	—
中亚国家			
哈萨克斯坦	25 605	2.4%	226
乌兹别克斯坦	1 375	0.1%	333
中亚总计	26 980	2.5%	559
独联体国家			
乌克兰	34 375	3.2%	◆
独联体总计	34 375	3.2%	—
中东欧国家			
波兰	28 395	2.6%	282
捷克	3 595	0.3%	113
匈牙利	2 909	0.3%	475
塞尔维亚	7 514	0.7%	189
罗马尼亚	291	◆	19
保加利亚	2 366	0.2%	192
中东欧总计	45 070	4.1%	—

注：◆代表其数值低于 0.05。

资料来源：整理自 2021 年《BP 世界能源统计年鉴》，鉴于数据的可获得性，煤炭储量没有相应年份数值。

其次是石油生产能力，表 4-4 中间部分列出了不同国家石油生产能力的不同指标。从 2022 年石油产量来看，俄罗斯、沙特阿拉伯、伊拉克等国家石油产量较高，其中 2022 年俄罗斯石油产量为 548.5 百万吨，沙特阿拉伯石油产量为 573.1 百万吨，伊拉克石油产量为 221.3 百万吨。俄罗斯和沙特阿拉伯是石油储量较高的国家，其 2022 年的产量也比较高，从 2022 年生产增长率来看，伊朗、埃及等国增长率比较高。印度尼西亚、越南、泰国等国家 2022 年生产增长率为负。俄罗斯 2022 年石油产量占比仍比较高，为 15.30%，其他国家如伊朗、卡塔尔都比较高。

表 4-5 下部列出了"一带一路"沿线国家煤炭生产能力情况。印度尼西亚、印度、俄罗斯的煤炭产量比较高，其绝对数值分别为 687.4 百万吨、910.9 百万吨、439.0 百万吨。印度尼西亚、印度和越南等地区煤炭产量增长率都比较高，而希腊、泰国、乌克兰等国家在 2022 年的煤炭生产增长率为负。煤炭产量较高的国家如印度、印度尼西亚等国家的产量增长率都相对较低。说明在之前几年，煤炭生产大国的生产基数比较大。在煤炭生产方面值得指出的是，除印度、印度尼西亚等煤炭生产大国外，其他地区 2012～2022 年煤炭生产年均增长率大多数小于 0。这也从侧面说明煤炭产量本身较少的国家，可能是由于本身煤炭储量较低。从 2022 年占比指标来看，除印度、印度尼西亚、俄罗斯、波兰、哈萨克斯坦外，其余国家煤炭产量占比都小于 1%，波兰和哈萨克斯坦也仅仅超过 1%，但仍不足 2%。

表 4-5　　　　"一带一路"沿线主要国家能源生产能力情况

地区	国家	2022 年产量	2022 年增长率	年均增长率 （2012～2022 年）	占比 （2022 年）
天然气（十亿立方米）					
东盟	马来西亚	82.4	5.7%	1.8%	2.0%
东盟	印度尼西亚	57.7	-2.7%	-3.0%	1.4%
东盟	缅甸	16.9	-1.7%	3.0%	0.4%
东盟	泰国	25.6	-18.7%	-4.0%	0.6%
东盟	越南	7.8	8.3%	-1.5%	0.2%
东盟	文莱	10.6	-8.2%	-1.4%	0.3%
西亚	伊朗	259.4	1.1%	5.2%	6.4%
西亚	伊拉克	9.4	3.5%	4.0%	0.2%

续表

地区	国家	2022 年产量	2022 年增长率	年均增长率 （2012～2022 年）	占比 （2022 年）
西亚	沙特阿拉伯	120.4	5.2%	2.5%	3.0%
西亚	阿曼	42.1	4.6%	4.0%	1.0%
西亚	阿联酋	58.0	−0.6%	0.9%	1.4%
西亚	卡塔尔	178.4	0.8%	0.9%	4.4%
西亚	科威特	13.4	10.4%	−1.0%	0.3%
西亚	埃及	64.5	−4.9%	1.0%	1.6%
南亚	印度	29.8	4.4%	−2.2%	0.7%
南亚	巴基斯坦	28.7	−12.2%	−2.4%	0.7%
南亚	孟加拉国	23.3	−1.5%	0.9%	0.6%
中亚	哈萨克斯坦	26.0	−2.8%	−1.1%	0.6%
中亚	乌兹别克斯坦	48.9	−4.0%	−1.4%	1.2%
中亚	土库曼斯坦	78.3	−1.3%	2.9%	1.9%
独联体	俄罗斯	618.4	−11.9%	0.3%	15.3%
独联体	乌克兰	17.5	−6.6%	−1.0%	0.4%
石油（百万吨）					
东盟	马来西亚	25.5	−2.0%	−1.6%	0.6%
东盟	印度尼西亚	31.4	−7.0%	−3.4%	0.7%
东盟	泰国	11.6	−17.6%	−3.9%	0.3%
东盟	越南	9.3	−1.2%	−5.8%	0.2%
东盟	文莱	4.5	−13.8%	−5.4%	0.1%
西亚	伊朗	176.5	4.6%	−0.2%	4.0%
西亚	伊拉克	221.3	10.2%	3.9%	5.0%
西亚	沙特阿拉伯	573.1	11.3%	0.4%	13.0%
西亚	也门	3.4	−2.7%	−8.3%	0.1%
西亚	阿曼	51.4	9.9%	1.3%	1.2%
西亚	阿联酋	181.1	10.8%	1.6%	4.1%
西亚	卡塔尔	74.1	1.7%	−1.0%	1.7%
西亚	科威特	145.7	12.2%	−0.5%	3.3%

地区	国家	2022 年产量	2022 年增长率	年均增长率 (2012~2022 年)	占比 (2022 年)
西亚	埃及	29.9	1.1%	−1.5%	0.7%
南亚	印度	33.0	−2.8%	−2.5%	0.7%
中亚	哈萨克斯坦	84.1	−2.0%	0.6%	1.9%
中亚	乌兹别克斯坦	2.8	−0.8%	−1.6%	0.1%
中亚	土库曼斯坦	11.8	0.3%	−0.3%	0.3%
独联体	俄罗斯	548.5	1.8%	0.4%	12.4%
独联体	阿塞拜疆	33.3	−5.5%	−2.7%	0.8%
中东欧	罗马尼亚	3.1	−6.0%	−2.4%	0.1%
煤炭（百万吨）					
东盟	印度尼西亚	687.4	12.0%	6.0%	7.5%
东盟	泰国	13.6	4.1%	−2.7%	0.2%
东盟	越南	49.8	3.2%	1.7%	0.6%
西亚	土耳其	96.1	11.1%	3.0%	1.1%
西亚	希腊	14.0	13.3%	−13.9%	0.2%
南亚	印度	910.9	12.1%	4.2%	10.0%
中亚	哈萨克斯坦	118.0	1.5%	−0.2%	1.4%
独联体	俄罗斯	439.0	1.1%	2.1%	5.3%
独联体	乌克兰	16.5	−33.7%	−12.9%	0.3%
中东欧	波兰	107.5	−0.2%	2.9%	1.3%
中东欧	捷克	35.2	11.7%	−4.4%	0.4%
中东欧	罗马尼亚	18.2	2.4%	−6.0%	0.2%
中东欧	保加利亚	35.6	25.2%	0.7%	0.3%

注：由于不同国家能源储量和生产情况的不一致，因此表中三个部分国家个体不完全一样。
资料来源：整理自 2023 年《BP 世界能源统计年鉴》。

4.1.3 "一带一路"沿线国家能源消费需求

表 4−6 反映了"一带一路"沿线国家能源消费和供求关系情况，首先表的前半部分显示了不同国家天然气在 2022 年的消费量、消费增长率以

及国际消费占比情况。俄罗斯、伊朗以及沙特阿拉伯等国家2022年天然气消费量比较高，其中俄罗斯天然气消费量为4 080亿立方米。2022年天然气消费量增长率则属伊拉克、科威特和越南等国家较高。乌克兰、巴基斯坦、俄罗斯等12个国家的2022年消费增长率为负。另外，除乌克兰、印度尼西亚、越南和俄罗斯以外，其余国家2012～2022年天然气消费量年均增长率都为正，但是除伊拉克外，其他国家的年均增长率都比较低。2022年消费占比较高的国家为俄罗斯、伊朗、沙特阿拉伯等国。

表4-6　　　　"一带一路"沿线主要国家能源消费与供求情况

地区	国家	2022年消费量	2022年增长率	年均增长率（2012～2022年）	2022年消费占比
天然气（十亿立方米）					
东盟	马来西亚	49.4	−0.1%	1.6%	1.3%
东盟	印度尼西亚	37.0	−0.2%	−1.5%	0.9%
东盟	泰国	44.3	−5.7%	−0.9%	1.1%
东盟	越南	7.8	8.30%	−1.5%	0.2%
西亚	伊朗	228.9	−3.2%	4.1%	5.8%
西亚	伊拉克	18.9	12.0%	11.5%	0.5%
西亚	沙特阿拉伯	120.4	5.2%	2.5%	3.1%
西亚	阿曼	28.5	2.0%	3.8%	0.7%
西亚	阿联酋	69.8	−1.3%	0.9%	1.8%
西亚	卡塔尔	36.7	−8.3%	0.9%	0.9%
西亚	科威特	21.8	10.3%	2.2%	0.6%
西亚	埃及	60.7	−2.3%	1.8%	1.5%
南亚	印度	58.2	−6.3%	0.4%	1.5%
南亚	巴基斯坦	38.4	−14.5%	0.5%	1.0%
南亚	孟加拉国	29.2	−4.6%	3.2%	0.7%
中亚	哈萨克斯坦	21.7	0.4%	7.3%	0.6%
中亚	乌兹别克斯坦	48.3	3.9%	0.4%	1.2%
中亚	土库曼斯坦	37.5	2.1%	5.0%	1.0%
独联体	俄罗斯	408.0	−14.0%	−0.5%	10.4%
独联体	乌克兰	19.3	−29.3%	−9.4%	0.5%

续表

地区	国家	2022 年消费量	2022 年增长率	年均增长率 （2012～2022 年）	2022 年消费 占比
石油（千桶/天）					
东盟	马来西亚	894	14.7%	1.7%	0.9%
东盟	印度尼西亚	1 585	8.5%	−0.2%	1.6%
东盟	泰国	1 277	8.9%	1.3%	1.3%
东盟	越南	515	9.6%	3.7%	0.5%
西亚	伊朗	1 912	10.2%	0.8%	2.0%
西亚	伊拉克	772	10.3%	2.2%	0.8%
西亚	沙特阿拉伯	3 876	7.4%	1.1%	4.0%
西亚	阿曼	226	12.9%	3.9%	0.2%
西亚	阿联酋	1 126	13.8%	3.9%	1.2%
西亚	卡塔尔	347	10.6%	2.9%	0.4%
西亚	科威特	431	2.3%	−0.6%	0.4%
西亚	埃及	750	16.5%	—	0.8%
南亚	印度	5 185	8.1%	3.5%	5.3%
中亚	哈萨克斯坦	422	28.7%	3.9%	0.4%
中亚	乌兹别克斯坦	111	0.3%	2.4%	0.1%
中亚	土库曼斯坦	154	2.5%	1.8%	0.2%
独联体	俄罗斯	3 570	2.5%	1.2%	3.7%
独联体	阿塞拜疆	122	6.7%	2.9%	0.1%
中东欧	罗马尼亚	220	1.4%	1.7%	0.2%
煤炭（艾焦）					
东盟	印度尼西亚	4.38	59.4%	9.2%	2.7%
东盟	泰国	0.71	−9.1%	0.3%	0.4%
东盟	越南	2.05	−5.0%	11.8%	1.3%
西亚	土耳其	1.75	0.5%	1.4%	1.1%
西亚	希腊	0.07	0.5%	−14.4%	—
南亚	印度	20.09	4.1%	4.0%	12.4%
南亚	巴基斯坦	0.64	−11.8%	14.2%	0.4%

续表

地区	国家	2022 年消费量	2022 年增长率	年均增长率 （2012～2022 年）	2022 年消费 占比
中亚	哈萨克斯坦	1.44	2.2%	−1.0%	0.9%
中亚	乌兹别克斯坦	0.10	11.1%	8.0%	0.1%
独联体	俄罗斯	3.19	−6.8%	−2.5%	2.0%
独联体	乌克兰	0.52	−45.6%	−11.6%	0.3%
中东欧	波兰	1.81	−5.2%	−1.7%	1.1%
中东欧	捷克	0.59	8.5%	−2.3%	0.4%
中东欧	匈牙利	0.05	−13.4%	−7.5%	——
中东欧	罗马尼亚	0.17	−2.7%	−6.3%	0.1%

注：由于不同国家能源储量和生产情况的不一致，因此表中三个部分国家个体不完全一样。
资料来源：整理自 2023 年《BP 世界能源统计年鉴》。

其次，从表4-6中间部分的石油相关指标来看，石油消费量印度、沙特阿拉伯、俄罗斯等国家比较高，乌兹别克斯坦、阿塞拜疆、土库曼斯坦等国家石油消费量较低。石油消费量增长率方面，哈萨克斯坦、埃及、马来西亚等国家的2022年消费量增长率较高，没有国家2022年石油消费量增长率小于0。而前10年间年均增长率除印度尼西亚和科威特为负以外，其余国家都为正。在"一带一路"沿线国家中，石油消费量占比较高的国家为印度、沙特阿拉伯和俄罗斯，比重分别为5.3%、4.0%和3.7%。

最后，表4-6后半部分显示煤炭能源消费供求相关指标。印度、印度尼西亚和俄罗斯等国家煤炭能源消费量比较大，匈牙利、希腊、乌兹别克斯坦等国家能源消费较少。从增长率方面来看，印度尼西亚、乌兹别克斯坦和捷克的2022年煤炭能源消费增长率较高，并且高于2012～2022年平均增长率，尤其是印度尼西亚，在2012～2022年，煤炭消费平均增长率仅为9.2%，但是在2017年一跃高达59.4%。消费占比情况则是印度消费占比较高，印度尼西亚、俄罗斯等国家2022年煤炭消费占比高于或等于2%，但并未达到3%，其余越南、土耳其、波兰等国2022年消费占比都不足1.5%。

4.2 我国与"一带一路"沿线国家能源产能合作进程

4.2.1 我国与"一带一路"沿线国家能源产能合作阶段

我国历来重视与"一带一路"沿线国家的能源合作,从20世纪90年代开始就在能源领域同沿线国家开展了广泛的合作。特别是跟俄罗斯,中亚的哈萨克斯坦、土库曼斯坦、乌兹别克斯坦,西亚的沙特阿拉伯、伊朗、伊拉克、科威特、卡塔尔、阿联酋、阿曼,非洲的埃及和东盟等国家和地区在能源产业合作领域签署了大量的合作文件,进行了卓有成效的合作探索,在能源产业的合作方面建立了广泛和深入的合作机制。根据商务部公布的我国能源对外投资情况变化,特别是在"一带一路"沿线投资情况的变化,具体来看,投资主要集中在亚洲地区,西亚占比22.25%,东亚占比15.11%,欧洲占比9.79%,阿拉伯中东和北非占比9.18%。[①] 在与沿线主要国家签署能源合作文件的基础上,我国在石油、天然气等能源资源的勘探、开采、加工、贸易以及能源基础设施建设和维修升级等方面与"一带一路"沿线主要能源资源出口国家均建立了稳定的能源合作政策机制(见表4-7)。

表4-7 中国与"一带一路"沿线部分主要国家能源合作历程汇总

国家或地区	时间	代表性事件
俄罗斯	1950年	中国与苏联合作在新疆成立第一个对外合作企业"中苏石油股份公司"
	1992年	中国石油天然气总公司代表团访问莫斯科
	1994年	中俄签署《中国石油天然气总公司与俄罗斯西伯利亚远东石油股份公司会谈备忘录》[1] 中俄油气合作项目正式立项,中俄油气合作领导小组成立

---

① American Enterprise Institute,民生证券研究院整理。

国家或地区	时间	代表性事件
俄罗斯	1995 年	中俄共同制订了关于从伊尔库茨克向中国东北铺设管道计划，中俄双方签署了两国共同建设石油天然气管道会议纪要及合作备忘录
	1996 年	中俄签署《中华人民共和国和俄罗斯政府关于共同开展能源领域合作的协议》《中国石油天然气总公司和俄燃料能源部关于组织实施油气合作项目的协议》《关于在天然气工业领域合作的协议》《关于铺设从东西伯利亚到中国及可能的第三国用户的天然气输气管道和开发科维克金凝析气田项目的技术经济论证的基本原则谅解备忘录》[2]
	2005 年	签署《关于进口 4 840 万吨俄罗斯原油的长期贸易合同》
	2006 年	中国石油化工股份有限公司以 35 亿美元成功收购俄罗斯乌德穆尔特石油公司
	2007 年	中标俄伊尔库茨克州上伊恰尔和西乔两个勘探区块
	2009 年	中俄签署《关于斯科沃罗季诺—中俄边境原油管道建设与运营合同》《中俄石油领域合作政府间协议》《关于天然气领域合作的谅解备忘录》《关于俄罗斯向中国出口天然气的框架协议》《中俄上下游领域扩大合作备忘录》[3]
	2010 年	中俄原油管道工程建成运行
	2013 年	中俄签署《预付款条件下俄罗斯向中国增供原油的购销合同》
	2014 年	中俄签署《中俄东线天然气合作项目备忘录》和《中俄东线供气购销合同》
	2015 年	中俄签署《共同开发鲁斯科耶油气田和尤鲁勃切诺—托霍姆油气田合作框架协议》《中俄东线天然气管道项目跨境段设计和建设协议》和《中国石油和俄气石油合作谅解备忘录》
	2017 年	《中俄西线天然气供应备忘录》
	2019 年	《中俄天然气合作深化协议》
	2020 年	《中俄远东电力合作协议》
	2021 年	《中俄东线天然气合作协议补充协议》《中俄石油供应协议》
	2022 年	《中俄天然气长期合作框架协议》《中俄可再生能源合作协议》
	2023 年	《中俄能源合作路线图》
哈萨克斯坦	1997 年	中国石油天然气集团公司购买阿克纠宾油气股份公司 60.3% 的股份，中哈签署了《两国政府关于在石油天然气领域合作的协议》和《关于油田开发和管道建设项目总协议》
	2003 年	中哈原油管道的第一期工程阿特劳到肯基亚克段全线贯通并投入运营

续表

国家或地区	时间	代表性事件
哈萨克斯坦	2004 年	中哈签署《关于哈萨克斯坦共和国阿塔苏至中华人民共和国阿拉山口原油管道建设基本原则协议》
	2005 年	中国石袖天然气集团公司以 41.8 亿元成功收购哈萨克斯坦石油 PK 公司
	2008 年	中哈签署《关于在天然气及天然气管道领域扩大合作的框架协议》
	2009 年	中哈签署《关于扩大石油天然气领域合作及 50 亿美元融资支持的框架协议》和《中国石油天然气集团公司与哈萨克斯坦国家油气股份公司联合收购曼格什套油气公司的协议》
	2011 年	《关于哈萨克斯坦乌里赫套项目合作的原则协议》
	2014 年	《扩大油气领域科技合作协议》
	2015 年	哈萨克斯坦总统纳扎尔巴耶夫访华,双方将进一步拓展和深化中哈全面能源伙伴关系。《中哈原油供应协议》《中哈天然气合作协议》
	2016 年	《中哈能源合作路线图》《中哈核能合作协议》
	2017 年	《中哈可再生能源合作协议》
	2018 年	《中哈天然气供应长期协议》
	2019 年	《中哈能源技术合作协议》
	2021 年	《中哈能源合作备忘录》
土库曼斯坦	1994 年	《中国石油天然气总公司与土库曼斯坦石油天然气部开展合作的意向书》
	1997 年	中国胜利油田井下作业公司与土库曼斯坦国家"石油康采恩"签订 100 口油井的修井防砂合同
	2000 年	中土签订《中国石油天然气集团公司与土库曼斯坦石油部在石油天然气领域合作的谅解备忘录》
	2002 年	中土签订《古姆达格油田增产改造技术服务合同》
	2006 年	中土签订《关于实施中土天然气管道项目和土库曼斯坦向中国出售天然气的总协议》《关于土库曼斯坦阿姆河右岸已格德雷合同区块产品分成合同》《天然气购销协议》
	2008 年	中土签订《扩大 100 亿方天然气合作框架协议》
	2013 年	中土签订《中土关于建立战略伙伴关系的联合宣言》《中土天然气合作协议》《中土天然气购销合同》

国家或地区	时间	代表性事件
土库曼斯坦	2014 年	《中土天然气合作深化协议》《中土第四条天然气管道建设协议》
	2018 年	《中土天然气长期供应协议》
	2019 年	《中土能源技术合作协议》
	2021 年	《中土能源合作框架协议》
	2022 年	《中土天然气供应新协议》
乌兹别克斯坦	1997 年	中乌签订乌卡克杜马拉克油田钻探水平井钻机设备更新及钻探水平井的合同
	2004 年	《中国石油天然气集团公司与乌兹别克斯坦国家石油天然气公司在石油天然气领域开展互惠合作的协议》
	2005 年	中乌组建合资公司，并取得对乌布哈拉—希瓦油气区块及乌斯纠尔特油田 23 个油气区的先期勘探和油气开采权；中乌及其他国家共同开发乌兹别克斯坦咸海部分油田；中乌启动安集延油田勘探、恢复和开发石油长期计划
	2006 年	《油气勘探协议》
	2007 年	《关于建设和运营中乌天然气管道的原则协议》
	2008 ～ 2016 年	中亚天然气管道 A、B、C、D 线建成运行。《合作开发明格布拉克油田协议》《中乌天然气供应协议》
	2017 年	《中乌能源合作框架协议》
	2018 年	《中乌天然气勘探和开发协议》《中乌电力合作协议》
	2019 年	《中乌可再生能源合作协议》
	2020 年	《中乌能源合作深化协议》
	2021 年	《中乌天然气管道建设协议》
	2022 年	《中乌能源技术合作备忘录》
	2023 年	《中乌石油合作协议》
沙特阿拉伯	1993 年	双方签署中方向沙特购买石油的意向书，中方开始从沙特阿拉伯进口石油
	1998 年	双方确立能源战略伙伴关系，并签署了《石油投资及贸易领域合作的谅解备忘录》
	1999 年	《中沙能源合作备忘录》
	2004 年	中沙组建合资公司

续表

国家或地区	时间	代表性事件
沙特阿拉伯	2011 年	签署"云南炼油项目谅解备忘录"和"原油销售协议补充协议合作协议"
	2012 年	中沙合资兴建日原油加工能力为 40 万桶的沙特延布炼厂项目
	2013 年	《中沙原油长期供应协议》
	2014 年	《中沙能源合作框架协议》
	2015 年	《中沙炼化项目合作协议》
	2016 年	《中沙可再生能源合作协议》
	2017 年	《中沙石油化工项目合作协议》
	2018 年	《中沙天然气合作协议》
	2019 年	《中沙"一带一路"能源合作协议》
	2020 年	《中沙石油供应和投资协议》
	2021 年	《中沙绿色能源合作协议》
	2022 年	《中沙能源战略合作协议》
伊朗	20 世纪 90 年代初	中国从伊朗大量进口石油
	2000 年	中伊签署《能源领域合作备忘录》
	2001 年	中伊签署《中伊两国能源合作协议》
	2002 年	中伊签署《中伊政府原油贸易长期协定》《中伊油气领域合作框架协议》
	2004 年	中伊签署《关于合作开发伊朗亚达瓦兰油田油气开发项目的谅解备忘录》
	2006 年	中伊签署《北帕尔斯油气项目谅解备忘录》
	2007 年	中伊签署《开发伊朗亚达瓦兰油田的合同》
	2009 年	中伊双方协议开发北阿扎德干油田和南阿扎德干油田
	2011 年	《中伊石油合作协议》《中伊天然气合作协议》
	2012 年	《中伊南帕尔斯气田开发协议》
	2014 年	《中伊石化合作协议》
	2016 年	《中伊油气领域投资协议》
	2017 年	《中伊能源技术合作协议》

国家或地区	时间	代表性事件
伊朗	2018 年	《中伊"一带一路"能源合作协议》
	2021 年	《中伊 20 年全面合作协议》
	2022 年	《中伊绿色能源合作协议》
	2023 年	《中伊石油贸易和基础设施建设协议》
伊拉克	1997 年	中伊签署《开采艾哈代布油田开发协议》
	2008 年	《艾哈代布油田项目开发服务合同》
	2009 年	中英石油公司联合体成功中标伊拉克产量最大的油田鲁迈拉油田的开发合同
	2010 年	中、法、马与伊拉克共同签署《哈法亚油田开发生产服务合同》
	2015 年	《有关石油和天然气的谅解备忘录》
	2016 年	《中伊石油开发合作协议》
	2017 年	《中伊巴士拉炼油厂扩建协议》
	2018 年	《中伊天然气合作协议》
	2019 年	《中伊油田服务合作协议》
	2020 年	《中伊石油供应和投资协议》
	2021 年	《中伊巴格达炼油厂合作协议》 《中伊电力和能源基础设施合作协议》
	2022 年	《中伊可再生能源合作协议》
	2023 年	《中伊石油项目融资协议》
科威特	1992 年	科威特与中国共同开发中国海南天然气田
	2004 年	《中华人民共和国政府和科威特国政府在油气领域开展合作的框架协议》
	2006 年	科威特石油总公司在北京设立办事处
	2009 年	《中华人民共和国政府和科威特国政府关于在油气领域开展合作的框架协议的换文批准书》
	2014 年	中国石化与科威特石油公司签署合作谅解备忘录
	2015 年	由中国石油集团东方地球物理勘探公司承担的科威特湾三维勘探项目正式开工
	2016 年	《中科石油供应协议》

续表

国家或地区	时间	代表性事件
科威特	2018 年	《中科炼化一体化项目协议》《中科"一带一路"能源合作协议》
	2019 年	《中科石油化工技术合作协议》
	2020 年	《中科天然气供应和合作协议》
	2021 年	《中科绿色能源合作协议》
	2022 年	《中科战略能源合作协议》
	2023 年	《中科能源基础设施投资协议》
卡塔尔	1997 年	中国开始从卡塔尔进口石油
	2008 年	《中国发改委与卡塔尔能源工业部关于加强能源合作的谅解备忘录》《中国石油天然气集团公司和卡塔尔石油国际公司关于在石油天然气领域开展战略合作的谅解备忘录》《液化天然气购买框架协议》
	2009 年	中卡签订卡塔尔东部海域区块 BlockBC 勘探及产品分成协议
	2010 年	《勘探和生产协议》《中卡液化天然气（LNG）长期供应协议》
	2012 年	《中卡能源技术合作协议》
	2014 年	《中卡石油供应协议》
	2015 年	《中卡"一带一路"能源合作协议》
	2018 年	《中卡 LNG 供应扩展协议》
	2019 年	《中卡能源基础设施合作协议》
	2020 年	《中卡绿色能源合作协议》
	2021 年	《中卡能源战略合作协议》
	2022 年	《中卡长期 LNG 供应和投资协议》
	2023 年	《中卡能源创新与技术合作协议》
阿联酋	2005 年	《石油领域合作谅解备忘录》
	2006 年	《联合开发阿联酋苗乌姆盖万海上气田的合作协议》
	2008 年	中国石油中标阿联酋国际石油投资公司阿布扎比原油管线项目
	2009 年、2013 年、2015 年	中国石油分三次与阿联酋国家钻井公司签订价值共计 65 亿的钻机设备项目出口合同
	2012 年	中国与阿联酋建立战略伙伴关系
	2012 ~ 2015 年	中石化在阿联酋合资建设富查伊拉自由贸易区油品仓储和中转基地项目

国家或地区	时间	代表性事件
阿联酋	2014 年	《石油产量分成生产协议》
	2015 年	中国石油天然气集团公司与阿联酋穆巴拉油气控股有限责任公司签署了战略合作协议、《中阿能源合作框架协议》
	2016 年	《中阿石油合作协议》
	2017 年	《中阿液化天然气（LNG）供应协议》
	2018 年	《中阿清洁能源合作协议》
	2019 年	《中阿能源技术合作协议》
	2020 年	《中阿石油投资与合作协议》
	2021 年	《中阿能源基础设施合作协议》
	2022 年	《中阿绿色能源投资协议》
	2023 年	《中阿能源合作战略协议》
阿曼	20 世纪 80 年代	阿曼成为首个向中国出口石油的阿拉伯国家
	2002 年	中国石油天然气勘探开发公司与阿曼 MB 石油服务公司签署了拥有 50% 权益的 5 区块产品分成合同
	2005 年	中国石油天然气集团公司与阿曼国家石油公司就油气开发、下游项目等领域的投资合作签署谅解备忘录
	2007 年	阿曼首次向中国出口液化天然气现货
	2008 年	《中阿曼石油合作协议》
	2010 年	《中阿曼油田开发合作协议》
	2013 年	《中阿曼 LNG 供应协议》
	2016 年	《中阿曼石油勘探与开发投资协议》
	2018 年	《中阿曼能源基础设施合作协议》
	2019 年	《中阿曼可再生能源合作协议》
	2020 年	《中阿曼石油化工技术合作协议》
	2021 年	《中阿曼天然气合作协议》
	2022 年	《中阿曼能源战略合作协议》
	2023 年	《中阿曼能源创新与技术合作协议》

续表

国家或地区	时间	代表性事件
埃及	20 世纪 90 年代	中埃两国就开采埃及的矿藏资源尤其是油气资源达成了协议
	2002 年	《关于在石油领域开展合作的框架协议》
	2004 年	《关于中埃双方加强在埃及苏伊士湾西北经济区投资合作的谅解备忘录》《关于石油合作谅解备忘录》
	2012 年	中国建造的"海洋一号"运抵红海苏伊士湾，服务埃及石油工业
	2013 年	中石化首次进入埃及油气资源市场
	2014 年	《中埃电力合作协议》
	2015 年	《中埃核能合作协议》
	2016 年	《中埃可再生能源合作》
	2017 年	《中埃石油天然气合作协议》
	2018 年	《中埃综合能源合作框架协议》
	2020 年	《中埃氢能与储能合作》
东盟	2004 年	第一届东盟和中日韩能源部长正式会议在马尼拉举行[4]
	2007 年	第二届东亚峰会就东亚能源合作通过了《东亚能源安全宿务宣言》[5]
	1993 年	中石油进入泰国能源市场
	2001 ~ 2007 年	中企收购缅甸、印度尼西亚、马来西亚、泰国油气资产权益
	2005 年	中越分别签署《北部湾油气合作框架协议》和《北部湾协议区联合勘探协议》
	2009 年	中缅签署《关于开发、运营和管理中缅原油管道项目的谅解备忘录》《东南亚原油管道有限公司股东协议》《东南亚天然气管道有限公司权利与义务协议》《东南亚天然气管道有限公司股东协议》《中国－东盟能源合作谅解备忘录（2009）》
	2010 年	《中国—东盟清洁能源合作协议》
	2013 年	《中国—东盟电力与能源基础设施合作协议》
	2014 年	《中国—东盟石油天然气合作协议》
	2016 年	《中国—东盟能源合作框架协议》
	2018 年	《中国—东盟可再生能源合作协议》

续表

国家或地区	时间	代表性事件
东盟	2020 年	《中国—东盟智慧能源与能源互联网合作协议》
	2021 年	《中国—东盟碳中和与能源转型合作协议》

资料来源：1.2.3. 本刊编辑部. 中俄油气合作大事记 [J]. 国际石油经济，2013，21（06）：58－60.

4.5.6. 朱雄关."一带一路"背景下中国与沿线国家能源合作问题研究 [D]. 昆明：云南大学，2016.

4.2.2 我国与"一带一路"沿线国家能源产能合作主要领域

1. 能源运输基础设施建设

能源合作需要进行国与国之间的能源贸易，我国与"一带一路"沿线国家进行能源合作的领域包括油气运输管道、铁路、港口和输电网等基础设施的建设。油气管道的建设为能源合作提供了良好的设施保障，尤其是在中东地区，油气管道建设并不完善，导致中东国家在进行油气贸易的时候容易受到其他大国的牵制。我国与"一带一路"沿线国家能源产能合作中的重要领域就是建设亚洲地区的油气管线，形成区域性油气网络。建设联通我国与中亚地区国家和俄罗斯的原油管线，构建中国连接俄罗斯、中亚地区天然气生产国家、南亚地区国家、中东地区天然气生产国和东南亚等地区的天然气管网；建设完善跨境输电通道，开展区域性电网的升级改造。重点建设和完善中国新疆和中亚国家，中国与蒙古国和俄罗斯之间以及中国与东南亚和南亚国家之间的跨国输电通道。我国与"一带一路"沿线国家能源运输管道的建设，加强了能源合作效率。为了维护油气管线和输电网络的安全建设和运行，需要积极加强在联合国框架下的维和反恐工作。

2. 深化油气资源的国际开发合作

在油气产业的产能合作过程中加强能源资源全产业链的合作，深化与不同区域国家的开发和合作。在资源开发的上游领域坚持油气并举，推动与中亚、中东和俄罗斯东西部等重点区域的合作。在油气资源的加工方面，加快中国西部、哈萨克斯坦、巴基斯坦、东南亚、中东和俄罗斯等国家的园区合作；探索资源的共同开发，以搁置争议、共同开发、共同协商的方式解决争端；加强跨国油气公司的培育。推进我国与"一带一路"沿线国家能源产能合作的主体是能源跨国企业，必须发挥企业的主体地位，通过市场机制优化配置资源的方式推动能源产能合作；鼓励能源企业制定差异化发展战略。能源产能合作具有投入大、风险高、回报周期长等特点，对企业的实力提出较高的要求。因此更加鼓励大型油气能源央企参与具有战略意义的油气资源开发，参与能源资源的大型并购。大型能源企业在开展能源产能合作的过程中应选择项目成熟、回报稳定、风险可控的领域。民营能源企业则更多地鼓励开展小型能源产能合作，与大型项目的合作形成一定的互补；建立油气交易中心。在国内中心城市探索成立能源交易所，进行能源现货、期货以及其他能源衍生商品的交易，同时配套建立相应的金融法律规则。

3. 推动能源服务和能源装备的出口

推动能源装备制造领域的合作。在条件相对成熟的国家和地区设立能源研发中心、生产基地和销售中心，加强与国际能源装备企业的合作，利用和借鉴跨国公司的经营模式和销售渠道，着力推动第三代核能装备、风力发展装备、太阳能发展装置等可再生能源装备的出口；加强能源工程建设和能源服务的国际合作。鼓励国内油气跨国企业参与中亚、中东、俄罗斯、东南亚和南亚等国家和地区的地质勘探及油气资源开发，积极承接"一带一路"沿线国家油气管网、电网等基础设施建设项目。鼓励能源服务企业参与沿线国家能源改造升级项目和能源信息化建设项目。

4. 推动区域能源的转型升级

"一带一路"能源产能合作除了立足于油气能源等传统能源形式外，还需要重视新能源和可再生能源的开发合作，从而共同推动区域能源的转型升级。一是加强分布式风光电建设，推动节能建筑和公共设施建设。二是加强煤炭清洁化利用技术的输出，加强传统能源的清洁化利用，参与沿线国家燃煤电厂的技术改造升级和规划建设，在工业、建筑和交通等领域加强技术合作。三是加强知识产权的保护，建立能源技术合作机制，加强共同研究制定区域内通用能源标准的制定、修改和补充机制。

5. 探索建设新型能源治理平台

一是在沿线探索建设以"一带一路"为主题的新型能源治理平台和国

际性区域能源治理机构。搭建新型对话机制，创新贸易规则，探索新型国际能源金融体系。二是探索和深化与现有全球能源治理机构的合作，参与国际能源署和二十国集团能源治理框架机制及国际能源论坛等现有国际能源治理结构的改革，积极推动、参与和深入多边能源法律规则的改革进程。三是倡导建立新型的能源合作关系。探索建立多方多赢的能源合作机制与合作示范区。通过产业链的深度融合创新能源合作模式。

4.3 我国与"一带一路"沿线国家能源产能合作制约因素

我国与"一带一路"沿线国家的能源产能合作虽然很大程度上符合我国和沿线国家的根本利益，但沿线地区国家众多，各国的政治经济状况和社会稳定程度差异较大，欧美大国在沿线的利益错综复杂，能源产能合作面临地区范围内原有复杂的治理规则。为了顺利推动我国与沿线国家能源产能合作的顺利实现，必须首先理清博弈各方的策略选择，通过对博弈各方策略选择的判断来分析我国在与沿线国家进行能源产能合作中面临的外部制约因素。

4.3.1 复杂地缘政治

"一带一路"沿线地区地缘政治形式复杂，总的来说包括以下几个方面。其一，东欧地区地缘政治博弈激烈。地理位置和资源禀赋造成了该地区不断的政治斗争，尤其是在俄乌冲突之后，加剧了该地区的政治不稳定性，大国之间的相互竞争同样恶化了该地区的地缘政治环境。其二，中东地区地缘政治形势持续动荡。中东地区盛产油气，历来是大国之间的"兵家必争之地"，这就使得中东地区政治形式难以平定，再加上特殊多元的人文环境和宗教信仰，这一能源丰富地区的地缘政治形式向来不乐观。并且随着战争的不断爆发，中东地区的地缘政治形势不断恶化。其三，非洲局部地缘政治不稳定。相对于前述地区，非洲的地缘政治环境整体上比较稳定，但是局部仍然存在一定隐患。北非地区虽然受到外部因素的影响，但是随着北非的经济发展,其地缘政治总体趋于平稳。西非地区存在一定的局部地缘政治不稳定,但是鉴于与其他地区的相互联系不足,其地缘政治的不稳定性并没有外溢。相对于西非地区,东非相对稳定,但是仍不免存在相应的宗教、部落和矛盾资源冲突,以及受到索马里武装的影响。

4.3.2 政治经济风险

"一带一路"沿线国家能源资源丰富,但相对的是政治经济风险较高。

政治风险作为产能合作的大环境,具有不可控、转移度低的特征。政治局势的不稳定将极大地影响"一带一路"倡议的实施,增加开展国际能源产能合作的难度,给能源公司海外项目建设带来诸多的风险。[①]"一带一路"沿线有的国家资源丰富、要素成本低、市场潜力大,但国内政治因素复杂,存在诸如分裂势力猖獗、部族矛盾与民族矛盾交织、党派斗争激烈等问题,往往导致政局不稳、安全堪忧。[②] 例如,中亚、中东、北非等地区局势不稳,民族与宗教问题错综复杂,极端势力和恐怖主义事件时有发生,并且部分国家财政赤字、经济基本面较差,导致投资风险较大。[③] 有的国家市场则存在规制薄弱、法律形同虚设、经济政策高度不确定等问题[④],亚太地区各国与政治同盟之间相互利用和牵制,各国之间相互竞争,大国压缩小国油气发展空间[⑤]。能源基础设施建设作为我国对外产能合作的重要内容,相关建设一般投资较大、周期较长,短期经济效益不明显,一旦受到政治风险因素干扰,往往导致项目停滞或出现其他波折,损害企业的经济利益。[⑥]

除了较高的政治风险外,经济风险也不容忽视。能源产能合作中投资企业在与东道国之间的经济利益分配上存在潜在不确定风险。能源产业合作中,传统方式为东道国按照产值进行定额征税,从而确保东道国政府的稳定收入,但往往并不考虑能源价格变动对其收入的影响。一旦国际市场能源价格上升,跨国公司将获得丰厚的收益,东道国政府此时较易产生国

①③⑤ 董秀成. "一带一路"倡议背景下中国油气国际合作的机遇、挑战与对策 [J]. 价格理论与实践,2015 (04):14-16.

②④⑥ 张梅. 对外产能合作:进展与挑战 [J]. 国际问题研究,2016 (01):107-119.

有化的冲动，从而对跨国公司的经济利益产生造成较大的风险。经济风险的另一大原因源于能源产能合作的自身特点。能源产能合作具有资金投入大、周期长的特点，为了较快实现成本回收和盈利，能源跨国企业往往采用在石油、天然气等领域进行集中投资的方式，相对集中的资金投放，加大了对于投资对象的依赖黏性，其自身利益也与投资对象牢牢捆绑。而为了获取经济效益，则必须保障投资的后续跟进。这就使得我国能源企业对外投资面临着较大的潜在经济风险。由于我国在国际能源产能合作中起步较晚、起点较低，对资金和投资等合作手段的运用较为单一，在实际合作过程中缺乏灵活性，导致在产能合作过程中一些并购项目、收购项目失败，从而蒙受较大的经济损失。合作水平和合作过程中技术手段的不足为我国能源产能合作带来较大的经济风险。在我国与沿线国家进行能源产能合作过程中，除了因合作本身的因素带来的经济风险外，合作的外部环境也造成较大的经济风险，汇率的波动、国际能源价格的波动、国际金融市场的波动以及能源运输和储藏过程中的一系列风险都给我国与沿线国家的能源产能合作带来了不得不面对的经济风险。

4.3.3　地区战略竞争

"一带一路"所面临的地区层面战略竞争主要包括以下几个方面：（1）美国提出的"新丝绸之路计划"。美国"新丝绸之路"早在 1997 年就已提出，并于 2011 年由美国时任国务卿希拉里再一次提出，其主要目的是以阿富汗为中心，强化对中南亚的控制和渗透，削弱中国和俄罗斯在这一区域的影响力，造成对我国的地缘政治压力。① （2）欧盟积极参与中亚地区的能源开发，影响中国在中亚地区的能源开发。中亚地区是我国"一带一路"沿线重要地区，与此同时，欧盟同样将中亚认定为重要的合作区域。欧盟中亚战略的实施目标是维护当地的政治安全，但是在经济方面也具有极大的作用，欧洲国家通过与中亚地区国家的经济往来以及对其石油、天

---

① 杨雷. 美国"新丝绸之路"计划的实施目标及其国际影响 [J]. 新疆社会科学（汉文版），2012（05）：70-75.

然气能源的不断开发利用形成了对中国市场的不断挤占,降低了我国在中亚地区的经济影响力,而且抑制了我国与中亚国家的能源产业相互合作。[①] (3) 俄罗斯试图通过"欧亚经济联盟"推动与中亚地区的一体化进程。欧亚经济联盟成员国包括俄罗斯、白俄罗斯和哈萨克斯坦、亚美尼亚、吉尔吉斯斯坦。[②] 随着以美国、欧盟为主的北约势力不断扩张,俄罗斯在东南亚以及中亚地区的影响力逐渐降低。为了应对这种挑战,俄罗斯牵头成立欧亚经济联盟,旨在扩大俄罗斯对独联体国家等地区的影响力。(4) 日本为了中东地区丰富的石油资源,不断地开展"丝绸之路外交",通过设立基金并扩大基金规模来不断参与"一带一路"沿线国家的基础设施建设投资,其目的是加强对沿线地区特别是中东地区的石油开采。

4.3.4　能源政治博弈

长期以来"一带一路"沿线国家能源资源开发整体上较大程度依靠国际石油天然气公司,从而在很大程度上成为世界大国能源资源争夺和地缘政治角逐的重点区域。美国、欧盟和俄罗斯等传统能源开发强国争夺在沿线国家的能源资源必将加大中国与沿线国家在能源产能合作方面的难度。大国之间的政治博弈直接影响我国与"一带一路"沿线国家的能源合作。再者,大国之间在东南亚、西亚、中东地区的政治经济扩张也对我国"一带一路"倡议形成一定的抑制和阻碍作用。大国之间的博弈,原因主要源于本国的能源储量和能源的国际供求关系。一旦在能源利用和购买过程中出现障碍,便会频繁增加对能源储备国的干扰和控制。我国"一带一路"倡议是为了通过与中东地区的经济协调发展实现双赢,在能源方面则是实施共同开发、共同利用,通过签订相关能源贸易协定以达到双方共赢。因此,大国之间的博弈以及无形的经济控制和政治干涉,不断地为我国"一带一路"倡议带来挑战。

---

① 张迎红. 欧盟对中亚战略浅析 [J]. 东南亚纵横,2010 (12):90 – 94.
② 董秀成. "一带一路"倡议背景下中国油气国际合作的机遇、挑战与对策 [J]. 价格理论与实践,2015 (04):14 – 16.

4.3.5 治理规则挑战

"一带一路"能源产能合作的提出为中国和"一带一路"沿线国家以及世界其他国家和地区的能源合作提供了新的机遇，但同时也对当今世界能源合作的固有秩序形成了一定的挑战和冲击。如何在现行的规则秩序下实现"一带一路"能源产能合作新构想，既需要突破部分现有国际能源产能合作框架，也需要根据实际需要，灵活选择目前已有的全球能源合作治理平台。"一带一路"能源产能合作的推动需要以合作为主导，促进产能合作倡议的接纳和与现行秩序的融合，避免和降低直接对立产生的竞争和争端，为"一带一路"以及全球能源产能合作和能源治理带来新的动力和内涵（见表4-8）。

表4-8   "一带一路"能源合作与主要能源治理机构的合作定位

全球能源治理相关平台	发起国	成员国数量	与"一带一路"重合数	成员国重合度	"一带一路"合作重要性	能源合作定位建议
东盟（ASEAN）	印度尼西亚、马来西亚、菲律宾、新加坡和泰国	10	10	高	高	（1）协商东盟国家能源基础设施投资；（2）协调中国、日本、印度等在东盟的投资竞争；（3）协助东盟加强能源治理功能
独联体（CIS）	俄罗斯、乌克兰和白俄罗斯	9	7	高	高	协调俄罗斯能源合作的相关事务
上海合作组织（以下简称"上合组织"）（SCO）	中国、俄罗斯、哈萨克斯坦、吉尔吉斯斯坦、塔吉克斯坦	6	6	高	高	（1）协调俄罗斯、中亚地区能源合作事务；（2）促进SCO能源治理功能加强
阿拉伯国家联盟（AL）	埃及、伊拉克、约旦、黎巴嫩、沙特阿拉伯和叙利亚	22	14	高	高	协调中东能源相关事务

全球能源治理相关平台	发起国	成员国数量	与"一带一路"重合数	成员国重合度	"一带一路"合作重要性	能源合作定位建议
亚洲基础设施投资银行（以下简称"亚投行"）（AIIB）	中国	53	32	高	高	（1）全面承担倡议能源投资任务； （2）与亚洲开发银行等其他机构协调合作
金砖国家（BRICS）	美国提出概念	5	3	高	高	（1）对主要新兴经济体展开"一带一路"发展对比； （2）平衡巴西等非沿线国家能源合作
新开发银行（NDB）	巴西、俄罗斯、印度、中国、南非	5	3	高	高	开展与金砖国家共商"一带一路"融资合作
能源宪章条约（ECT）	荷兰起草	52	26	中	高	（1）积极融入其改革进程，关注其对沿线国家能源投资、贸易的法律约束； （2）研究 ECT 在区域能源投资贸易法规中的参考价值； （3）在国内法规与国际接轨的成熟时期，可以考虑加入 ECT，或创新合作机制
石油输出国组织（OPEC）	伊朗、伊拉克、科威特、沙特阿拉伯、委内瑞拉	12	6	中	高	（1）积极开展与生产国对话； （2）促进 OPEC 改革和加强与消费国对话
亚洲开发银行（ADB）	日本、美国	63	28	中	高	（1）在绿色融资、清洁能源开发、能源咨询服务输出领域拓展合作； （2）与亚投行进行适当的互补合作
亚太经合组织（APEC）	澳大利亚	21	9	中	高	（1）推广"一带一路"并使其被广泛接纳； （2）与 APEC 能源工作组加大政策合作

续表

全球能源治理相关平台	发起国	成员国数量	与"一带一路"重合数	成员国重合度	"一带一路"合作重要性	能源合作定位建议
联合国安理会（UNSC）	苏联、美国、英国、中国	5	2	中	中	适宜时机推广"一带一路"被广泛接纳
世界能源理事会（WEC）		94	36	中	中	（1）拓展能源政策研究合作； （2）推广"一带一路"并使其被广泛接纳
国际能源论坛（IEF）		76	28	中	高	（1）拓展和深化合作； （2）积极推动 IEF 改革，加强能源产、销、运国家对话； （3）推广"一带一路"并使其被广泛接纳
国际可再生能源机构（IRENA）	美国	134	48	中	中	（1）就清洁能源增进合作； （2）促进清洁能源技术转移和项目合作； （3）推广"一带一路"并使其被广泛接纳
不结盟运动（NAM）	南斯拉夫、埃及、印度	117	41	中	底	推广"一带一路"并使其被广泛接纳
国际原子能机构（IAEA）	美国	164	57	中	中	就核能事务开展合作
国际货币基金组织（IMF）	联合国（美国）	188	64	中	中	积极拓展合作，促进其自身改革，提升中国话语权
世界银行（WB）	美国	188	64	中	中	（1）在消除能源贫困等领域拓展合作； （2）与亚投行进行适当的互补合作
联合国（UN）	50 个国家	193	64	中	中	推广"一带一路"议题并使其被广泛接纳

全球能源治理相关平台	发起国	成员国数量	与"一带一路"重合数	成员国重合度	"一带一路"合作重要性	能源合作定位建议
联合国气候变化框架公约（UNFCCC）	联合国环境规划署	193	64	中	中	（1）就气候变化事务开展合作； （2）必要时宣传"一带一路"沿线国家能源合作不会忽略绿色发展
欧盟（EU）	英国、法国、意大利、荷兰、比利时、卢森堡	28	9	中	中	（1）推广"一带一路"并使其被广泛接纳； （2）考虑与英国的北方发展计划等对接
世贸组织（WTO）	美国	160	50	中	中	关注和融入其改革
二十国集团（G20）	G7	20	6	中	高	在全球领导人级别推动"一带一路"并使其被广泛接纳的重要平台
77 国集团	77 个发展中国家和地区	133	38	低	低	推广"一带一路"并使其被广泛接纳
经合组织（OECD）	欧洲经济合作组织演变而来	34	8	低	中	（1）增进对话，充分交流能源政策经验； （2）避免外部疑虑
清洁能源部长级会议（CEM）	美国	23	5	低	低	增进对话、提升可再生能源合作水平
国际能源署（IEA）	OECD	29	6	低	高	（1）打造更紧密的能源伙伴关系； （2）增进能源技术和研究合作； （3）推广"一带一路"并使其被广泛接纳，考虑接受 IEA 对沿线国家能源投资的技术支持
八国集团（G8）	G7、俄罗斯	8	1	低	低	必要时开展对话、避免外部疑虑

续表

全球能源治理相关平台	发起国	成员国数量	与"一带一路"重合数	成员国重合度	"一带一路"合作重要性	能源合作定位建议
非洲联盟（AU）	前身为成立于1963年的非洲统一组织	53	2	低	低	必要时开展对话、避免外部疑虑
七国集团（G7）	法国	7	0	低	低	必要时开展对话、避免外部疑虑

注：成员国重合度衡量成员国与"一带一路"沿线国家重合情况，60% 以上为高，30% ~ 60% 为中，30% 以下为低。

资料来源：国家高端智库系列成果 2015 年度《中国经济学术基金》资助重点课题《依托"一带一路"深化国际能源合作》。

第 **5** 章
我国与"一带一路"沿线国家能源产能合作国别选择与合作潜力实证分析

"一带一路"沿线国家众多，各国能源资源条件以及能源产业发展状况差异较大，在推动我国与沿线国家进行能源产能合作的过程中不能一概而论。本章以国际分工理论、国际产业转移理论、能源安全理论和能源合作依存理论为基础，通过选择设立评价指标体系来对沿线国家从政治和地缘稳定性、外交和地缘重要性、对我国投资依赖程度、能源资源充裕度、我国对该国能源资源依赖度和技术标准类准入门槛等方面的指标进行筛选，从而确定出能源产能合作国家的优先级。在此基础上通过构建随机前沿引力模型来对筛选出的9个重点合作国家和16个比较重要合作国家的合作潜力进行测算，从而进一步确定沿线能源产能合作的重点国家和地区。

5.1 能源国际产能合作国别选择

5.1.1 评价指标体系

在推动我国与"一带一路"沿线国家能源产能合作的过程中，如何选择能源产能合作国家、在各个阶段主要合作国家的数量规模以及与所选择国家的合作潜力都将直接影响我国能源产能国际合作的成效。在本章中，将基于对"一带一路"沿线国家能源资源条件的分析和我国能源产能合作的主要诉求,综合国际产能合作各项影响因素建立能源国际产能合作重点国家的评价指标体系,对能源产能合作的重点国家进行筛选,从而确定合作国家的数量以及分布。

目前学术界在进行国别筛选研究时,多选择设计一套能够充分反映研究目的的指标体系,并对各项指标赋予合理权重进行排序的方法。目前WTO 和 OECD 等国际组织基于不同的工作要求和目的,设计了多类用于国别筛选的指标体系,如商务便利化指数、贸易便利化指数等。但由于国际产能合作这一概念和任务出现时间较短,尚无严格的概念界定,其设计的领域和国别也无明确规范,因此目前国内外对国际产能合作的国别排序建立的评价指标体系相对较少。设计指标体系对国际产能合作的重点国家进行排序的关键在于解决两大主要问题:一是所选择的指标要具备数据上的可获得性,并且选择的指标能够在最大限度上反映该类型国际产能合作的模式。二是指标设计除了基于历史数据外还需要运用技术方法对历史数据进行处理,使指标体系能够在一定程度上反映产能合作国家未来的合作前景。

基于评价指标选取的要求和能源产能合作领域的具体特征,本书在"一带一路"能源国际产能合作重点合作国家评价指标体系构建过程中参考了国家发展和改革委员会关于我国与"一带一路"沿线国家产能合作国家评价指标体系制定的相关研究①,在此基础上通过咨询相关领域的其他专家,针对能源国际产能合作的特点,对现有的通用型国际产能合作评价指标体系的制定和指标选取进行了调整与优化,使指标体系能够反映能源国际产能合作的需求和特点。

本书根据数据指标的现实可获得性和能源产能合作的行业特征对评价指标的选取进行了设定和创新,主要表现在:(1)在指标选取时采取定量指标和定性指标相结合的原则。在贸易、投资、能源等能够量化的领域,运用适当的量化指标进行排序并赋值;在政治、地缘等缺乏准确指标进行

---

① 国家高端智库系列成果,2016 年度《中国经济学术基金》资助重点课题"国际产能合作的思路、重点及对策研究"。

量化的领域，运用替代性指标和相关专家评分的方法进行量化。（2）基于能源产能合作的具体模式特征设置具有针对性的指标体系。在评价指标体系的指标选取过程中充分考虑能源产能合作对要素禀赋和环境所需的差异性，在指标体系中予以充分的考虑。

能源产能合作对东道国能源资源的禀赋要求较高，因此反映东道国资源禀赋的指标在这一体系中将处于重要的位置，此外，能源产能国际合作往往伴随着油田、天然气田等海外的投资，这些往往涉及政治、地缘等因素，我国能否有效进入该市场取决于该国是否欢迎我国资本，因此需要设置相关指标予以反映和衡量。综合考虑各项因素，设定的指标体系如下：

政治和地缘稳定性（权重为0.1）：该指标反映一国国内局势是否稳定以及是否深度介入地缘政治剧烈冲突。显然，政治和地缘稳定性较差的国家将严重影响能源国际产能合作战略的实施。本书综合世界银行公布的政治稳定性指数以及和相关工作人员的调研结果，将各个国家分为以下三类：一是正处于地缘政治冲突焦点或国内局势严重动荡的国家。二是与周边存在一定地缘冲突或国内局势存在诸多不稳定因素而局势尚未失控的国家。三是参与地缘冲突较轻且国内局势较为稳定的国家。三者打分分别为0、50分和100分。

外交和地缘重要性（权重为0.1）：能源国际产能合作虽然主要涉及经贸领域，但也必须充分考虑外交和政治意图。本部分的指标将基于我国与这些国家的高层互访次数和外交关系状况，结合相关工作人员的调研结果，将待评价国家分为高、中、低三类，三者打分为100分、50分和0。

对我国投资依赖程度（权重为0.15）：一般可以认为，我国对某国投资存量占该国利用外资总存量中的比重能够反映该国是否欢迎我国投资。在对该指标进行测算后，运用（100×我国对某国投资存量÷该国利用外资总存量）÷待评价国家总数比值中的最高值进行去量纲化。

能源资源充裕度（权重为0.25）：反映各国资源要素的绝对禀赋。本书按照《BP世界统计年鉴》公布的数据，对各国石油、天然气、煤炭三种资源的探明储量按照一定的换算标准换算成亿吨：如果某国能源总资源量超过100亿吨，则赋值为100，否则赋值为100×某国能源总资源量÷100亿吨。

我国对该国能源资源依赖度（权重为 0.30）：反映我国对该国能源资源的依赖情况。考虑到我国的能源资源合作国并不完全与全球资源分布相符合，并且《BP 世界能源统计年鉴》和美国国家矿业局未准确公布所有国家重点能源资源数据。因此对该指标赋予最大的权重，作为该领域的重要指标。测算方法如下：若我国从该国进口能源资源型产品（包括能源资源及资源深加工产品）量超过 200 亿美元，则赋值为 100，否则为 100 × 进口量/200 亿美元。

技术标准类准入门槛（权重为 0.1）：环保、技术、劳工保护等领域的准入门槛对我国进入能源资源领域国际产能合作的影响比较显著。鉴于直接的技术标准数据难以量化，本书以人均 GDP 为参考变量，并作如下处理：若一国人均 GDP 低于 8 000 美元（较我国为低），则认为我国达到了该国的技术准入门槛，赋值为 100；若高于 8 000 美元，则赋值为 100 × 8 000 ÷ 该国人均 GDP 水平。

5.1.2　评价结论

在充分考虑各类指标体系数据可得性，以及部分国家的经济总量和市场规模很小且缺乏能源资源优势，或者由于局势过度动荡和政治问题导致大部分数据不可获取的情况下，将叙利亚、吉尔吉斯斯坦、塔吉克斯坦、柬埔寨、尼泊尔、格鲁吉亚、黎巴嫩、不丹、老挝、摩尔多瓦、巴勒斯坦、拉脱维亚、波黑、塞浦路斯等国家予以排除，最后参与国别排序的国家为 51 个。

按照 60 分以上为重点合作国家，30~60 分为比较重要合作国家，30分以下为非重要合作国家的判别标准来看：印度尼西亚、俄罗斯、伊朗、伊拉克、沙特阿拉伯、印度、阿联酋、土库曼斯坦、哈萨克斯坦为我国在与"一带一路"沿线国家进行能源产能合作过程中的 9 个重点合作国家。科威特、乌克兰、波兰、卡塔尔、土耳其、缅甸、阿曼、马来西亚、泰国、蒙古国、巴基斯坦、越南、塞尔维亚、埃及、乌兹别克斯坦和新加坡16 个国家为在能源产能国际合作中的比较重要合作国家。

从评价结果来看，9 个重点合作国家均为能源资源较为丰富的国家，除了伊拉克以外,其他国家的经济社会均较为稳定,这些特点均成为开展能源国际产能合作的有利条件。从 9 个国家的内部情况来看,9 个国家均具有石油和天然气资源,其中俄罗斯、伊朗、伊拉克、沙特阿拉伯、阿联酋、土库曼斯坦、哈萨克斯坦 7 个国家的石油和天然气资源尤为丰富,是国际上石油和天然气资源储量最为丰富的几个国家。印度尼西亚、俄罗斯、印度和哈萨克斯坦还拥有丰富的煤炭资源。结合我国的外部能源来源国家和地区分析来看,重点合作国家中的大部分石油和天然气资源丰富的国家也是当前我国主要的外部能源来源地。

16 个比较重要的合作国家条件差异较为明显,既有能源资源丰富的科威特、卡塔尔、阿曼等国家,也有土耳其等自身能源资源难以满足自身需要,需要依靠能源进口的国家,同时也有新加坡等完全依靠能源资源进口的国家。由此可以得出我国在与"一带一路"沿线国家进行能源产能合作的过程中一方面是与能源资源丰富的国家进行资源型的合作,另一方面是与印度尼西亚和新加坡等在能源产能和加工方面实力较强的国家进行能源技术领域的产能合作的结论。乌克兰、波兰、缅甸、马来西亚、泰国、蒙古国、巴基斯坦、越南、塞尔维亚和埃及等国家由于在评价指标体系中某些指标选项中表现较为突出,在综合统计中得分较高,成为比较重要的合作国家。合作国家的多样化也凸显出在能源产能合作的过程中,能源资源条件并非唯一和最重要的合作条件,合作的环境、制度条件以及技术条件也成为决定能源产能合作的关键因素。

剩下的 26 个国家根据评价结果属于非重要合作国家,根据各项分析权重结果来看,这主要源于这些国家在对我国投资依赖程度、我国对该国能源资源依赖度和能源资源充裕度三个方面的指标得分较低。这些反映出目前这些国家一方面能源资源的充裕度较低,不具备进行国际能源产能合作的基础条件。另一方面,这些国家对我国投资的依赖程度较低,由此反映出这些国家与我国在对外投资方面缺乏有效的合作,缺乏合作的基础。此外,第三个方面是我国对该国能源资源的依赖度,这也反映了这些国家或者本身能源资源条件有限,不具备进行国际能源产能合作的基础,或者这些国家因为某些因素缺乏与我国在能源领域合作的契机。

通过对评价结果的分析,并结合我国推进与"一带一路"沿线国家进行能源产能合作的需求和路径来看，9个重点合作国家和16个比较重要的合作国家将成为未来一段时间内我国在"一带一路"范围内推动能源产能合作的首要合作国家选项（见表5-1）。

表5-1　　　　　　　　　能源国际产能合作评价结果

权重	0.10	0.10	0.15	0.25	0.30	0.10	
国别/指标名称	政治和地缘稳定性	外交和地缘重要性	对我国投资依赖程度	我国对该国能源资源依赖度	能源资源充裕度	技术标准类准入门槛	合计
印度尼西亚	100	100	2.17	86.73	100	100	82.008
俄罗斯	100	100	1.86	100	100	60.51	81.33
伊朗	50	100	6.54	100	100	100	80.981
伊拉克	0	100	1.31	100	100	100	75.1965
沙特阿拉伯	100	50	0.74	100	100	31.82	73.293
印度	50	100	1.09	70.86	100	100	72.8785
阿联酋	100	100	1.63	75.5	100	17.94	70.9135
土库曼斯坦	50	100	1.38	47.58	100	99.75	67.077
哈萨克斯坦	50	100	4.72	46.99	100	67.51	64.2065
科威特	100	0	1.82	48.97	100	16.23	54.1385
乌克兰	50	50	0.08	14.47	100	100	53.6295
波兰	100	50	0.11	6.98	100	58.48	52.6095
卡塔尔	100	0	0.92	40.83	100	8.68	51.2135
土耳其	100	50	0.42	14.66	81.09	73.87	50.442
缅甸	50	100	17.98	74.46	8.63	100	48.901
阿曼	100	0	0.78	100	12.33	100	48.816
马来西亚	100	50	1.08	63.82	24.28	71.94	45.595
泰国	50	50	1.25	87.81	9.44	100	44.972
蒙古国	100	100	18.22	25.39	18	100	44.4805
巴基斯坦	100	100	9.78	11.81	24.76	100	41.8475
越南	0	100	2.55	34.55	34.26	100	39.298
塞尔维亚	50	50	0.08	0.21	53.67	100	36.1655

续表

权重	0.10	0.10	0.15	0.25	0.30	0.10	
国别/指标名称	政治和地缘稳定性	外交和地缘重要性	对我国投资依赖程度	我国对该国能源资源依赖度	能源资源充裕度	技术标准类准入门槛	合计
埃及	50	100	0.6	5.58	17.54	100	31.747
乌兹别克斯坦	50	100	3.52	0.2	19.26	100	31.356
新加坡	100	50	1.83	57.57	0	14.51	31.118
捷克	100	50	0.16	2.9	26	43.6	27.909
匈牙利	100	50	0.46	1.56	20.78	59.97	27.69
也门	0	100	14.49	14.52	6.21	100	27.6665
保加利亚	100	0	0.26	4.06	16.9	100	26.124
斯里兰卡	50	100	2.8	0.54	0	100	25.555
马尔代夫	100	50	0	0	0	100	25
阿富汗	0	100	24.77	0.09	0	100	23.738
白俄罗斯	100	0	1.17	3.53	0	100	21.058
阿塞拜疆	50	0	0.25	1.48	18.8	100	21.0475
孟加拉国	50	50	1.38	1.43	1.44	100	20.9965
罗马尼亚	100	0	0.21	2.47	3.61	84.03	20.135
马其顿	100	0	0.03	0.39	0	100	20.102
斯洛伐克	100	50	0.19	0.45	0	45.07	19.648
菲律宾	0	0	1.08	27.99	0	100	17.1595
克罗地亚	100	0	0.03	0.21	0	61.63	16.22
约旦	50	0	0.09	1.3	0	100	15.3385
立陶宛	100	0	0.07	0.46	0	51.91	15.3165
阿尔巴尼亚	50	0	0.13	0.91	0	100	15.247
亚美尼亚	50	0	0.1	0.8	0	100	15.215
希腊	50	0	0.48	1.37	20.54	35.07	15.0835
黑山	50	0	0.01	0.26	0	100	15.0665
以色列	50	50	0.07	7.24	1.44	22.65	14.5175
爱沙尼亚	100	0	0.01	0.47	0	42.08	14.327
斯洛文尼亚	100	0	0.03	0.62	0	33.93	13.5525

续表

权重	0.10	0.10	0.15	0.25	0.30	0.10	
国别/指标名称	政治和地缘稳定性	外交和地缘重要性	对我国投资依赖程度	我国对该国能源资源依赖度	能源资源充裕度	技术标准类准入门槛	合计
巴林	50	0	0.02	0.52	1.44	37.99	9.364
文莱	50	0	0.9	0.95	3.64	21.44	8.6085

注：在计算资源充裕度时，根据国家公布的各类能源折算标准煤的参考系数，将石油、煤炭和天然气转化为标煤进行计算。石油按照每桶 135 千克进行换算，煤炭按照每吨煤炭相当于 0.7143 吨标煤进行换算，天然气按照每吨 1 370 立方米进行换算。由于数据不可获取的因素，在排序的过程中未计入叙利亚、吉尔吉斯斯坦、塔吉克斯坦、柬埔寨、尼泊尔、格鲁吉亚、黎巴嫩、不丹、老挝、摩尔多瓦、巴勒斯坦、拉脱维亚、波黑、塞浦路斯。

资料来源：2018 年《BP 世界能源统计年鉴》。

通过对合作国家的分析可以看出，合作国家中既有能源资源丰富的资源型国家，也有能源开采加工技术领先的产能技术型国家。

但在具体的产能合作过程中，除了资源条件和产能技术条件外，合作国家的区位布局也将成为影响产能合作的重要因素。区位布局除了对能源交通运输的便利性和运输的成本产生较大的影响外，还将极大地影响国际能源政治格局。因此，本部分在前文研究内容的基础上通过对重点合作国家以及比较重要的产能合作国家进行区位布局分析，以力求能够更加全面地反映能源产能合作国家的情况。

从地区分布来看，9 个重点合作国家中东南亚国家有 1 个（印度尼西亚），欧洲国家有 4 个（俄罗斯、乌克兰、波兰、塞尔维亚），西亚国家有 4 个（伊朗、伊拉克、沙特阿拉伯、阿联酋），南亚国家有 1 个（印度），中亚国家有 2 个（土库曼斯坦、哈萨克斯坦）。16 个比较重要的合作国家中东南亚国家有 5 个（缅甸、马来西亚、泰国、越南、新加坡），西亚国家有 4 个（科威特、卡塔尔、土耳其、阿曼），南亚国家有 1 个（巴基斯坦），中亚国家有 1 个（乌兹别克斯坦），东亚国家有 1 个（蒙古国），非洲国家有 1 个（埃及）。总的来看，25 个国家中，东南亚国家 6 个，欧洲国家 4 个，西亚国家 8 个，南亚国家 2 个，中亚国家 3 个，东亚国家 1 个，非洲国家 1 个。

5.2 我国与"一带一路"沿线国家能源产能合作潜力 实证分析

为了进一步检验通过构建产能合作评价指标体系所筛选出的 9 个重点合作国家和 16 个比较重要的合作国家的准确性，以及进一步测算筛选出的合作国家在与我国进行能源产能合作的过程中未来产能合作的深度和广度，本部分通过随机前沿引力模型来测算筛选出的国家与我国进行能源产能合作的潜力，从而进一步确定所筛选国家的准确性。

5.2.1 模型选择

随机前沿引力模型由引力模型和随机前沿模型混合发展而来。引力模型（gravity model）又称重力模型，是应用两区间出行数与出发区的出行发生量和到达区的出次吸引量各成正比[1]、与两区间的行程时间（或费用、距离等）成反比的关系建立的未来交通分布预测模型[2]。引力模型最早为物理学领域模型，随着对国际经济特别是国际贸易领域问题研究的深入，廷贝亨（Tingergen）[3]、莱恩曼（Linnemann）[4]、波伊霍宁·K.（Poyhonen）[5]、普利艾宁（Pulliainen）[6] 等将引力模型引入经济学的研究中，用以分析两个经济体之间的经济往来。但早期引力模型缺乏经济学的理论基

---

① 曹竣凯. 高速铁路对沿线区域经济发展影响研究［D］. 成都：西南交通大学，2014.

② 程惠芳，阮翔. 用引力模型分析中国对外直接投资的区位选择［J］. 世界经济，2004（11）：23 – 30.

③ Tingergen J. *Shaping the World Economy，An Analysis of World Tradeflows*［M］. NewYork：Twentieth Century Fund，1962.

④ Linnemann，H. *An Econometric Study of International Trade Flows*［M］. North – Holland Publishing Company，Amsterdam，1963.

⑤ Poyhonen K. Towards a General Theory of International Trade［J］. *Ekonomiska Samfundet Tidskrift*，1963（16）：69 – 78.

⑥ Pulliainen，K. A World Trade Study. An Econometric Model of the Pattern of Commodity Flows in International Trade in 1948 ~ 1960［J］. *Ekonomiska Samfundet Tidskrift*，1963（02）：78 – 91.

础，在应用领域遭到众多的质疑，后经包括安德森（Anderson）①，伯格斯特兰德（Bergstrand）②，赫尔普曼（Helpman）③，蒂尔多夫（Deardoff）④，芬斯特拉（Feenstra）⑤，赫尔普曼、梅利茨和鲁宾斯坦（Helpman，Melitz and Rubinstein）⑥，安特拉斯和耶普尔（Andràs and Yeaple）⑦ 等在内的众多专家的研究和进一步补充完善，引力模型在经济学研究中具有了丰富扎实的理论基础，在国际经济分析中被广泛应用于解释包括国家之间的贸易活动在内的各种经济交往活动。其中，鲍德温（Baldwin）⑧ 和阿姆斯特朗（Armstrong）⑨ 等运用引力模型研究两个国家之间的贸易效率，即通过引力模型估算出两国之间的潜在贸易量，然后通过实际贸易量与潜在贸易量的比值来对两国之间的贸易效率进行测算。但传统的引力模型是在假设自由贸易前提之下，缺乏对于贸易摩擦因素的考虑，因而测算结果难以准确反映贸易效率。

为了弥补引力模型在评估贸易潜力等问题上的缺陷，学者们逐渐将随机前沿方法引入传统的引力模型之中，从而构建出随机前沿引力模型。随机前沿分析方法由梅伊森和范登布鲁克（Meeusen and Broeck）⑩ 和艾格纳

① Anderson，J. E. A Theoretical Foundation for the Gravity Equation ［J］. *American Economic Review*，1979，69（01）：106 – 116.

② Bergstrand，J. H. The Gravity Equation in International Trade：Some Microeconomic Foundations and EmpiricalEvidence ［J］. *Review of Economics and Statistics*，1985，67（03）：474 – 481.

③ Helpman，E. Imperfect Competition and International Trade：Evidence from Fourteen Industrial Countries ［J］. *Journal of the Japanese and International Economies*，1987（01）：62 – 81.

④ Deardoff，A. V. Determinants of Bilateral Trade：Does Gravity Work in a Neoclassical World？［A］. Frankel J. A. *The Regionalization of the World Economy* ［C］. University of Chicago Press，Chicago，1998.

⑤ Feenstra，R. C. *Advanced International Trade：Theory and Evidence* ［M］. Princeton University Press，Princeton，2004.

⑥ Helpman，E.，Melitz，M. J.，and Rubinstein，Y. Estimating Trade Flows：Trading Partners and Trading Volumes ［J］. *Quarterly Journal of Economics*，2008，123（02）：441 – 487.

⑦ Antràs，P.，Yeaple，S. R. *Multinational Firms and the Structure of International Trade*. NBER Working Paper，2013，No. 1875.

⑧ Baldwin，R. 1994. *Towards an Integrated Europe* ［Z］. Centre for Economic Policy Research，London.

⑨ Armstrong，S. 2007. *Measuring Trade and Trade Potential：A Survey* ［Z］. Asia Pacific Economic Paper，No. 368.

⑩ Meeusen W，Broeck J V D. Efficiency Estimation from Cobb – Douglas Production Functions with ComposedError ［J］. *International Economic Review*，1977，18（02）：435 – 444.

等（Aigner et al.）[1] 等分别提出，用以测量生产绩效等问题。随机前沿分析方法是一种参数方法，随机前沿分析方法模型通过对误差项的分解对决策单元的技术效率做出估计。误差项分为两部分，一项表示随机误差，另一项表示技术无效性。巴蒂斯和科利（Battese and Coelli）[2] 面板数据分析模型的应用已经相对成熟[3]。近年来，梅耶尔和齐格纳戈（Mayer and Zignago）[4]，刘海平等[5]、李计广、李彦莉[6]、骆祚炎、乔艳[7]，张亚斌、马莉莉[8]等学者将随机前沿模型用以研究投资效率和影响因素。德赖斯代尔和徐（Drysdale and Xu）[9]、阿姆斯特朗（Armstrong）[10] 等的研究表明在贸易研究领域，在引力模型中应用随机前沿分析方法能够估算贸易效率和潜力。

在应用过程中首先运用随机前沿模型估算出生产或者贸易的潜力，再将实际量同潜力值进行对比从而计算出生产或者贸易效率。该方法的特点是将随机扰动项分解为相互独立的两个部分：随机误差项和非负的技术无效项，前者表示生产过程中面临的外界随机冲击，后者表示所有不可观测的非效率因素。[11] 与此相类似，将随机前沿方法引入贸易引力模型后，可

① Aigner D, Lovell C A K, Schmidt P. Formulation and estimation of stochastic frontier production functionmodels [J]. *Journal of Econometrics*, 1977, 6 (01): 21–37.

② Battese G E, Coelli T J. A model for technical inefficiency effects in a stochastic frontier production functionfor panel data [J]. *Empirical Economics*, 1995, 20 (02): 325–332.

③ 季凯文，周吉. "一带一路"建设下我国对外直接投资效率及其影响因素——基于随机前沿引力模型 [J]. 经济与管理评论，2018，34（04）：138–148.

④ Mayer T, Zignago S. *Notes on CEPII's Distances Measures: The GeoDist Database* [R]. CEPII WorkingPaper, 2011 (25): 1–47.

⑤ 刘海平，宋一弘，魏玮. 要素禀赋、制度特征与FDI流动——基于投资引力模型的实证分析 [J]. 国际商务（对外经济贸易大学学报），2014（04）：44–52.

⑥ 李计广，李彦莉. 中国对欧盟直接投资潜力及其影响因素——基于随机前沿模型的估计 [J]. 国际商务（对外经济贸易大学学报），2015（05）：72–83.

⑦ 骆祚炎，乔艳. 私募股权投资效率的随机前沿SFA模型检验与影响因素分析——兼论中国股权众筹的开展 [J]. 金融经济学研究，2015（06）：82–91.

⑧ 张亚斌，马莉莉. 丝绸之路经济带：贸易关系、影响因素与发展潜力——基于CMS模型与拓展引力模型的实证分析 [J]. 国际经贸探索，2015（12）：72–85.

⑨ Drysdale P, Xu X. Taiwan's Role in the Economic Architecture of East Asia and the Pacific [J]. *Asia–Pacific Economic Papers*, 2004: 149–185.

⑩ Armstrong S P. Measuring Trade and Trade Potential: A Survey [J]. *Ssrn Electronic Journal*, 2007 (368): 1–15.

⑪ 范兆斌，潘琳. 中国对TPP成员国的直接投资效率及影响因素——基于随机前沿引力模型的研究 [J]. 国际经贸探索，2016，32（06）：71–86.

以将不可观测的贸易阻力作为影响因素体现在非负的技术无效项中,而不是纳入随机扰动项中,从而有助于更加准确地估算贸易潜力及贸易效率。[1]

目前,随机前沿引力模型主要用于研究国家间的贸易潜力。在本书中,将随机前沿引力模型运用于能源行业产能合作潜力的研究之中,通过构建模型基于能源行业投资效率指数来刻画投资的无效率水平和行业投资发展潜力,即当实际投资规模达到最大规模时,不存在投资非效率;当实际投资规模小于最大规模时,投资存在非效率,非效率意味着存在行业投资发展的潜力,且投资效率指数值越小,表明实际投资规模与最大投资规模距离越大,行业合作空间越大,即行业合作潜力越明显。

根据随机前沿引力模型,i 国对 j 国 t 时期的实际能源对外直接投资量 FDI_{ijt} 由以下公式决定:

$$FDI_{ijt} = f(x_{ijt}, \beta) \exp(\nu_{ijt}) \exp(-\mu_{ijt}), \quad \mu_{ijt} \geq 0 \qquad (5.1)$$

FDI_{ijt} 表示能源行业实际投资规模;x_{ijt} 表示模型中影响双边投资额的核心解释变量,包括经济规模、地理距离等因素;β 表示待估计参数;ν_{ijt} 表示随机扰动项,服从均值为零的正态分布。μ_{ijt} 表示投资非效率项,与 ν_{ijt} 相互独立,服从独立同分布的 $0 \sim 1$ 区间上的均匀分布;若 FDI_{ijt}^{*} 表示双边投资的最大值,即行业合作潜力,则:

$$FDI_{ijt}^{*} = f(x_{ijt}, \beta) \exp(\nu_{ijt}) \qquad (5.2)$$

行业投资效率指数为:

$$TE_{ijt} = FDI_{ijt} / FDI_{ijt}^{*} \qquad (5.3)$$

$0 < TE < 1$,TE 值越大表示两国间的实际投资量与潜在投资量越接近,投资效率越高。[2] TE 值越小,反映出实际投资量与潜在投资量差别越大,投资效率越低,投资效率指数值越小,表明实际投资规模与最大投资规模距离越大,行业合作空间越大,即行业合作潜力越明显。

将 (5.1) 式取自然对数,可以得到随机前沿引力模型的线性形式:

$$LnFDI_{ijt} = Lnf(x_{ijt}, \beta) + \nu_{ijt} + \mu_{ijt}, \quad \mu_{ijt} \geq 0 \qquad (5.4)$$

① 范兆斌,潘琳. 中国对 TPP 成员国的直接投资效率及影响因素——基于随机前沿引力模型的研究 [J]. 国际经贸探索,2016,32 (06):71 – 86.

② 王晓芳,谢贤君,赵秋运. "一带一路"倡议下基础设施建设推动国际产能合作的思考——基于新结构经济学视角 [J]. 国际贸易,2018 (08):22 – 27.

设定直接投资非效率项由（5.5）式决定：

$$\mu_{ijt} = Z_{ijt}\delta + \varepsilon_{ijt} \tag{5.5}$$

Z_{ijt}表示对直接投资非效率项具有影响的解释变量，δ 为解释变量的待估系数向量，ε_{ijt}表示随机误差项。[①] 由此可得随机前沿引力模型如下：

$$LnFDI_{ijt} = Lnf(x_{ijt}, \beta) + \nu_{ijt} - (Z_{ijt}\delta + \varepsilon_{ijt}) \tag{5.6}$$

5.2.2 变量选择与数据处理

1. 模型建立和指标解释

借鉴巴蒂斯和科利（1995）提出的面板数据模型和引力模型的变量选择，建立随机前沿引力模型如下：

$$LnOFDI_{ijt} = \beta_0 + \beta_1 LnGDP_{jt} + \beta_2 LnPGDP_{jt} + \beta_3 LnCPGDP_{it} + \beta_4 LnDIS_{ij}$$
$$+ \beta_5 LnRE_{jt} + \beta_6 LnTRADE_{jt} + \nu_{ijt} + \mu_{ijt} \tag{5.7}$$

$$\mu_{ijt} = \delta_0 + \delta_1 ECO_{jt} + \delta_2 POLITIC_{jt} + \delta_3 LAW_{jt} + \omega_1 + \omega_2 \tag{5.8}$$

$$TE_{ijt} = \exp(-\mu_{ijt}) \tag{5.9}$$

随机前沿面公式（5.7）中 i 代表中国，j 代表经过筛选的"一带一路"中的能源产能合作重点国家，$OFDI_{ijt}$代表中国在 t 时期在能源领域对 j 国的对外直接投资存量；GDP_{jt}、$PGDP_{jt}$和$CPGDP_{it}$为 t 时期 j 国的 GDP、中国的人均 GDP 和 j 国的人均 GDP；DIS_{ij}为中国与 j 国之间的距离；RE_{jt}为 t 时期 j 国的自然资源依赖度，采用自然租金占 GDP 的比重计算所得；$TRADE_{jt}$为 t 时期 j 国的对外贸易依存度，对外贸易依存度由 j 国的进出口总额占 GDP 的比重计算所得，反映了该国的开放水平；ν_{ijt}和μ_{ijt}相互独立，分别为随机扰动项和技术非效率项，$\nu_{ijt} \sim N(0, \delta_\nu^2)$，$\mu_{ijt} \sim N^+(m_{ijt}, \delta_\mu^2)$。

技术非效率项表达式（5.8）中，ECO_{jt}为 t 时期 j 国的经济自由度，该指标反映了政府对经济的干涉程度。$POLITIC_{jt}$为 t 时期 j 国的政治稳定性，由世界银行全球治理指数（WGI）中的政治稳定、政府效率两个维度指标平均值得到。LAW_{jt}表示 t 时期 j 国的法制环境，由世界银行全球治理指数

---

① 范兆斌，潘琳. 中国对 TPP 成员国的直接投资效率及影响因素——基于随机前沿引力模型的研究 [J]. 国际经贸探索，2016，32（06）：71 - 86.

（WGI）中的腐败控制、法律规则、监管质量三个自维度指标平均值得到。

式（5.9）为 t 时期中国对 j 国能源领域对外直接投资的技术效率表达式。$0 \leqslant TE \leqslant 1$，TE 越接近 1，投资越达到生产前沿面，效率越达到最大化，当 $0 < TE < 1$ 时，存在技术非效率，投资存在提升空间。

2. 样本选择及数据来源

本部分的样本国家采用通过构建能源国际产能合作国家评价指标体系评价计算后得到的我国与“一带一路”沿线国家产能合作的 9 个重点合作国家和 16 个比较重要的合作国家。

数据来源包括《中国统计年鉴》、《BP 世界能源统计年鉴》、《中国对外直接投资统计公报》、《经济自由度指数》年度报告、《Wind“一带一路”专题数据》。

在数据来源中，中国企业的对外投资并购涉及制造业、采矿业、电力/热力/燃气及水的生产和供应业等 18 个行业大类，由于缺少我国对“一带一路”沿线各个国家的能源投资占比数据且为保证分析结果的准确性，因此，模型中能源行业的对外投资数额采用 2008~2017 年十年间我国对外投资中采矿业以及电力/热力/燃气及水的生产和供应业两大产业在总行业的投资金额中占比的值进行估算。

5.2.3 实证分析结论

1. 模型估计结果

运用 Stata13.0 软件，对 2008~2017 年中国对“一带一路”沿线国家进行能源直接投资的效率和投资影响因素进行分析，结果如表 5-2 所示。

表 5-2　　　　　　　　　计量模型及相关检验结果

lnofdi	Coef.	St. Err.	t-value	p-value	[95% Conf Interval]		Sig
lngdp	0.804	0.077	10.47	0.000	0.654	0.955	***
lnpgdp	0.381	0.077	4.97	0.000	0.231	0.531	***
lncpgdp	1.599	0.222	7.19	0.000	1.163	2.035	***
lndis	-3.293	0.252	-13.06	0.000	-3.787	-2.799	***

续表

lnofdi	Coef.	St. Err.	t-value	p-value	[95% Conf Interval]		Sig
lnre	0.139	0.038	-3.67	0.000	-0.214	-0.065	***
lntr	-0.283	0.100	-2.83	0.005	-0.480	-0.087	***
Constantβ	16.497	2.502	6.59	0.000	11.593	21.402	***
Constantv	-0.962	0.528	-1.82	0.068	-1.997	0.073	*
Constantu	0.901	0.307	2.94	0.003	0.300	1.502	***
Mean dependent var	9.221			SD dependent var	1.877		
Number of obs	250.000			Chi-square	361.845		
Prob > chi2	0.000			Akaike crit. (AIC)	774.134		

注：*** p < 0.01，* p < 0.1。

根据检验结果，似然比检验值为 -378.06725，所有解释变量在 99%
水平下显著；Prob > = chibar2 = 0.000，拒绝原假设，存在无效率项，使用
本模型是合理的。

2. 结果分析

（1）随机前沿面。

根据对系数 β 的估计，随机前沿面的表达式如下：

$$LnOFDI_{ijt} = 16.497 + 0.804LnGDP_{jt} + 0.381LnPGDP_{jt} + 1.599LnCPGDP_{it}$$
$$- 3.293LnDIS_{ij} + 0.139LnRE_{jt} - 0.283LnTRADE_{jt}$$
$$- 0.962 + 0.901$$

β_1、β_2、β_3 估计值为 0.804、0.381 和 1.599，东道国 GDP、中国的人
均 GDP 和东道国的人均 GDP 与能源直接投资呈现出显著正相关关系，经
济发展对能源直接投资具有促进作用，东道国的 GDP 与人均 GDP 反映了
东道国的市场规模和容量，市场规模和容量与对能源直接投资的接受也呈
现出相促进的关系。β_4 估计值为 -3.293，中国与东道国之间的距离与能
源直接投资呈现出显著的负相关关系，距离的增加带来的运输成本和人
流、物流成本的增加都对能源直接投资起到负面作用。β_5 的估计值为
0.139，东道国的自然资源依赖度与能源直接投资呈现出显著的正相关，这
表明我国在对"一带一路"沿线国家进行能源直接投资的过程中存在显著

的能源资源寻求动机。β_6 的估计值为 -0.283，东道国的贸易依存度与我国的能源直接投资呈现出负相关关系，东道国对进出口依赖程度的提高没有直接促进能源的直接投资，这在一定程度上也反映了部分"一带一路"沿线国家能源资源尚未得到充分的开发，能源贸易在国家的对外贸易总量中占据的比重有限，开展国际能源产能合作的空间很大。

（2）技术非效率效应。

根据对系数 δ 的估计，技术非效率项的表达式如下：

$$\mu_{ijt} = 1.568 - 0.001\text{ECO}_{jt} + 0.094\text{POLITIC}_{jt} + 0.045\text{LAW}_{jt} + 0.709 + 0.451$$

δ_1 的估计值为 -0.001，该指标反映了政府对经济的干涉程度，随着政府对经济干涉程度的提高，能源直接投资不断降低，但 δ_1 的估计值较低，反映出虽然能源直接投资与政府对经济的干涉程度呈现出负相关，但经济自由度对能源投资的影响程度较低。δ_2 的估计值为 0.094，政治稳定性与能源直接投资呈现正相关关系，这源于能源投资一般具有投资周期长、投资规模大的特点，这也对东道国的政治稳定性提出了较高的要求。δ_3 的估计值为 0.045，法治环境的完善能够促进能源直接投资，这也一定程度上源于能源直接投资对于东道国法治稳定环境的要求（见表 5-3）。

表 5-3　　　　　　　　　　　　回归结果

u_e	Coef.	St. Err.	p-value	[95% Conf Interval]		Sig
eco	-0.001	0.009	0.001	-0.018	0.016	***
politic	0.094	0.071	0.041	-0.233	0.044	**
law	0.045	0.043	0.048	-0.038	0.129	**
Constantδ	1.568	0.582	0.007	0.427	2.710	***
ω_1	0.709					
ω_2	0.451					
Mean dependent var		1.259		SD dependent var		0.796
Overall r-squared		0.802		Number of obs		250.000
Chi-square		2.102		Prob > chi2		0.552
R-squared within		0.012		R-squared between		0.011

注：*** $p < 0.01$，** $p < 0.05$。

（3）技术效率分析。

表 5-4 列出了 2008～2017 年我国与 25 个"一带一路"能源产能合作国家之间能源直接投资效率的测算值，从我国与各国之间能源投资的效率值来看，能源直接投资效率值大于 0.7 的只有 2009 年与埃及之间，2013 年与缅甸之间，2009 年、2010 年与土库曼斯坦之间，2010 年、2012 年、2013 年、2015 年、2016 年、2017 年与新加坡之间。25 个国家 10 年间能源直接投资效率平均值最高的为新加坡（0.6771），效率平均值超过 0.5 的国家包括印度尼西亚（0.5292）、俄罗斯（0.5339）、阿联酋（0.5303）、土库曼斯坦（0.5283）、哈萨克斯坦（0.5678）、缅甸（0.5815）、巴基斯坦（0.5194）和埃及（0.5939）8 个国家。效率平均值低于 0.2 的国家包括印度（0.0828）、科威特（0.197）、乌克兰（0.1244）、波兰（0.1366）、卡塔尔（0.1839）、土耳其（0.1764）、阿曼（0.1373）、塞尔维亚（0.1417）8 个国家。剩下 8 个国家的效率平均值在 0.2～0.5。大部分国家能源投资效率远小于 1，说明我国对"一带一路"沿线国家的能源投资效率距离生产前沿面较远，投资效率提升的空间较大，产能合作有较大的提升空间。

表 5-4　　　　2008～2017 年我国对 25 个国家能源直接投资效率

国家	年份	TE 值	国家	年份	TE 值	国家	年份	TE 值
印度尼西亚	2008	0.456	科威特	2008	0.010	泰国	2008	0.156
印度尼西亚	2009	0.529	科威特	2009	0.028	泰国	2009	0.165
印度尼西亚	2010	0.449	科威特	2010	0.129	泰国	2010	0.219
印度尼西亚	2011	0.459	科威特	2011	0.145	泰国	2011	0.211
印度尼西亚	2012	0.522	科威特	2012	0.093	泰国	2012	0.236
印度尼西亚	2013	0.603	科威特	2013	0.094	泰国	2013	0.236
印度尼西亚	2014	0.609	科威特	2014	0.253	泰国	2014	0.229
印度尼西亚	2015	0.599	科威特	2015	0.407	泰国	2015	0.194
印度尼西亚	2016	0.575	科威特	2016	0.401	泰国	2016	0.208
印度尼西亚	2017	0.491	科威特	2017	0.410	泰国	2017	0.157
俄罗斯	2008	0.458	乌克兰	2008	0.086	蒙古国	2008	0.353

国家	年份	TE值	国家	年份	TE值	国家	年份	TE值
俄罗斯	2009	0.603	乌克兰	2009	0.173	蒙古国	2009	0.519
俄罗斯	2010	0.520	乌克兰	2010	0.119	蒙古国	2010	0.361
俄罗斯	2011	0.480	乌克兰	2011	0.109	蒙古国	2011	0.305
俄罗斯	2012	0.445	乌克兰	2012	0.084	蒙古国	2012	0.268
俄罗斯	2013	0.526	乌克兰	2013	0.114	蒙古国	2013	0.249
俄罗斯	2014	0.502	乌克兰	2014	0.139	蒙古国	2014	0.214
俄罗斯	2015	0.665	乌克兰	2015	0.182	蒙古国	2015	0.174
俄罗斯	2016	0.630	乌克兰	2016	0.152	蒙古国	2016	0.176
俄罗斯	2017	0.510	乌克兰	2017	0.086	蒙古国	2017	0.131
伊朗	2008	0.146	波兰	2008	0.140	巴基斯坦	2008	0.632
伊朗	2009	0.301	波兰	2009	0.184	巴基斯坦	2009	0.662
伊朗	2010	0.484	波兰	2010	0.149	巴基斯坦	2010	0.625
伊朗	2011	0.526	波兰	2011	0.163	巴基斯坦	2011	0.585
伊朗	2012	0.535	波兰	2012	0.135	巴基斯坦	2012	0.501
伊朗	2013	0.684	波兰	2013	0.140	巴基斯坦	2013	0.486
伊朗	2014	0.649	波兰	2014	0.125	巴基斯坦	2014	0.512
伊朗	2015	0.559	波兰	2015	0.130	巴基斯坦	2015	0.432
伊朗	2016	0.568	波兰	2016	0.111	巴基斯坦	2016	0.413
伊朗	2017	0.488	波兰	2017	0.089	巴基斯坦	2017	0.346
伊拉克	2008	0.138	卡塔尔	2008	0.116	越南	2008	0.265
伊拉克	2009	0.183	卡塔尔	2009	0.113	越南	2009	0.324
伊拉克	2010	0.715	卡塔尔	2010	0.131	越南	2010	0.293
伊拉克	2011	0.671	卡塔尔	2011	0.142	越南	2011	0.278
伊拉克	2012	0.626	卡塔尔	2012	0.162	越南	2012	0.227
伊拉克	2013	0.382	卡塔尔	2013	0.164	越南	2013	0.231
伊拉克	2014	0.355	卡塔尔	2014	0.161	越南	2014	0.209
伊拉克	2015	0.393	卡塔尔	2015	0.206	越南	2015	0.189
伊拉克	2016	0.466	卡塔尔	2016	0.369	越南	2016	0.223
伊拉克	2017	0.265	卡塔尔	2017	0.275	越南	2017	0.151

国家	年份	TE 值	国家	年份	TE 值	国家	年份	TE 值
沙特阿拉伯	2008	0.557	土耳其	2008	0.022	塞尔维亚	2008	0.034
沙特阿拉伯	2009	0.638	土耳其	2009	0.305	塞尔维亚	2009	0.048
沙特阿拉伯	2010	0.518	土耳其	2010	0.207	塞尔维亚	2010	0.070
沙特阿拉伯	2011	0.450	土耳其	2011	0.181	塞尔维亚	2011	0.054
沙特阿拉伯	2012	0.429	土耳其	2012	0.163	塞尔维亚	2012	0.059
沙特阿拉伯	2013	0.506	土耳其	2013	0.181	塞尔维亚	2013	0.120
沙特阿拉伯	2014	0.456	土耳其	2014	0.187	塞尔维亚	2014	0.143
沙特阿拉伯	2015	0.481	土耳其	2015	0.229	塞尔维亚	2015	0.224
沙特阿拉伯	2016	0.456	土耳其	2016	0.150	塞尔维亚	2016	0.299
沙特阿拉伯	2017	0.289	土耳其	2017	0.139	塞尔维亚	2017	0.366
印度	2008	0.063	缅甸	2008	0.331	埃及	2008	0.650
印度	2009	0.058	缅甸	2009	0.477	埃及	2009	0.738
印度	2010	0.068	缅甸	2010	0.451	埃及	2010	0.672
印度	2011	0.073	缅甸	2011	0.511	埃及	2011	0.661
印度	2012	0.086	缅甸	2012	0.698	埃及	2012	0.600
印度	2013	0.150	缅甸	2013	0.718	埃及	2013	0.596
印度	2014	0.133	缅甸	2014	0.683	埃及	2014	0.563
印度	2015	0.113	缅甸	2015	0.688	埃及	2015	0.456
印度	2016	0.011	缅甸	2016	0.645	埃及	2016	0.479
印度	2017	0.073	缅甸	2017	0.613	埃及	2017	0.524
阿联酋	2008	0.376	阿曼	2008	0.076	乌兹别克斯坦	2008	0.434
阿联酋	2009	0.510	阿曼	2009	0.061	乌兹别克斯坦	2009	0.423
阿联酋	2010	0.523	阿曼	2010	0.092	乌兹别克斯坦	2010	0.267
阿联酋	2011	0.545	阿曼	2011	0.097	乌兹别克斯坦	2011	0.343
阿联酋	2012	0.496	阿曼	2012	0.076	乌兹别克斯坦	2012	0.229
阿联酋	2013	0.498	阿曼	2013	0.299	乌兹别克斯坦	2013	0.248
阿联酋	2014	0.520	阿曼	2014	0.241	乌兹别克斯坦	2014	0.224
阿联酋	2015	0.647	阿曼	2015	0.241	乌兹别克斯坦	2015	0.321
阿联酋	2016	0.631	阿曼	2016	0.106	乌兹别克斯坦	2016	0.330

国家	年份	TE 值	国家	年份	TE 值	国家	年份	TE 值
阿联酋	2017	0.557	阿曼	2017	0.084	乌兹别克斯坦	2017	0.353
土库曼斯坦	2008	0.640	马来西亚	2008	0.323	新加坡	2008	0.532
土库曼斯坦	2009	0.763	马来西亚	2009	0.450	新加坡	2009	0.633
土库曼斯坦	2010	0.820	马来西亚	2010	0.387	新加坡	2010	0.727
土库曼斯坦	2011	0.676	马来西亚	2011	0.325	新加坡	2011	0.593
土库曼斯坦	2012	0.581	马来西亚	2012	0.294	新加坡	2012	0.729
土库曼斯坦	2013	0.495	马来西亚	2013	0.387	新加坡	2013	0.736
土库曼斯坦	2014	0.517	马来西亚	2014	0.314	新加坡	2014	0.561
土库曼斯坦	2015	0.220	马来西亚	2015	0.343	新加坡	2015	0.768
土库曼斯坦	2016	0.297	马来西亚	2016	0.428	新加坡	2016	0.756
土库曼斯坦	2017	0.274	马来西亚	2017	0.399	新加坡	2017	0.736
哈萨克斯坦	2008	0.606						
哈萨克斯坦	2009	0.660						
哈萨克斯坦	2010	0.533						
哈萨克斯坦	2011	0.562						
哈萨克斯坦	2012	0.644						
哈萨克斯坦	2013	0.614						
哈萨克斯坦	2014	0.580						
哈萨克斯坦	2015	0.446						
哈萨克斯坦	2016	0.542						
哈萨克斯坦	2017	0.491						

根据国家所属的地区将 25 个国家划分为东南亚国家：印度尼西亚、缅甸、马来西亚、泰国、越南、新加坡；欧洲国家：俄罗斯、乌克兰、波兰、土耳其、塞尔维亚；西亚国家：伊朗、伊拉克、沙特阿拉伯、阿联酋、科威特、卡塔尔、阿曼；南亚国家：印度、巴基斯坦；中亚国家：土库曼斯坦、哈萨克斯坦、乌兹别克斯坦，以及蒙古国和埃及。

从图 5 - 1 可以看出，2008 ~ 2017 年，我国与东南亚之间的能源投资效率总体上位于 0.4 ~ 0.5，波动较小。欧洲国家中俄罗斯的效率值较高，但乌克兰、波兰、土耳其和塞尔维亚等国家的效率值较低，总体上拉低了欧洲国家的效率平均值，欧洲国家的效率值总体上呈现出上升的趋势，但水平较低，最高值也仅为 2015 年的 0.286。西亚国家的能源投资效率值在 2016 年之前也总体上呈现出上升的趋势，2016 年达到了最大值 0.4281，2017 年下降较为明显（仅为 0.3383）。南亚国家投资效率值呈现下降的趋势，2017 年下降为 0.2095，其中印度和巴基斯坦两国的投资效率值差异较大，印度的投资效率值最高的年份也仅为 0.15，而巴基斯坦 10 年间投资效率平均值超过了 0.5。中亚国家的能源投资效率值 10 年间不断下降，从 2009 年的 0.6153 下降到了 2017 年的 0.3727，其中 2015 年达到了最低值 0.329。蒙古国的能源投资效率值同样呈现出不断下降的趋势，2017 年下降到了左右区域的最低值 0.131。埃及的能源投资效率虽然也呈下降的趋势，但总体水平高于各地区的水平，2017 年为 0.524。2017 年各地区的能源投资排名为埃及、东南亚、中亚、西亚、欧洲、南亚和蒙古国。

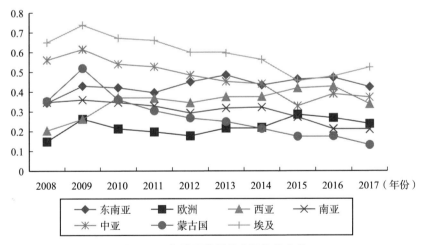

图 5 – 1　各地区能源效率平均值变化

通过以上分析可以得出，无论从与筛选的 25 个"一带一路"沿线国家之间的能源投资效率值还是与筛选国家所处地区的能源投资效率平均值的比较分析来看，我国对"一带一路"沿线国家能源投资的效率较低，从国家或者整体的角度来看，我国对"一带一路"沿线国家的能源直接投资效率都具有较大的潜力，我国与"一带一路"沿线国家进行能源产能合作具有广阔的空间。

第6章
我国与"一带一路"沿线重点国家
能源产能合作效应实证分析

前文阐述了我国与"一带一路"沿线国家进行能源产能合作的意义、基础、历程、制约因素和重点合作国家的筛选问题。概念界定中对国际能源产能合作类型和方式进行了深入分析，能源对外直接投资在我国与沿线国家能源国际产能合作中具有主导性和代表性。其他能源产能合作类型虽然合作的方式不同但很大程度上仍是以能源对外投资的本质来实现。因此在本章分析能源产能合作效应的过程中将能源对外直接投资作为分析的主要因素。在此基础上，以跨国公司对外直接投资理论为指导，通过格兰杰检验、协整分析和投入产出模型等方法来研究我国与沿线国家进行能源产能合作对双方贸易和经济增长的作用。

6.1 能源产能合作对双方进出口影响实证分析

6.1.1 模型选择

我国与"一带一路"沿线国家能源产能合作的绩效可以分为企业层面的微观绩效和国家之间的宏观绩效。企业层面的微观绩效主要包括对外进行能源产能合作的跨国企业的财务绩效、市场绩效和企业成长绩效等方面。目前除了根据国家原有颁布的《境外投资综合绩效评价办法（试行）》

中所要求的分制造业类、服务贸易类和资源开发类三个类别从资产运行效益、偿债能力、资产质量、发展能力和社会贡献等方面进行综合绩效评价外，班博、任惠光[①]，杨忠、张骁[②]，李享章[③]，顾露露、罗伯特·里德[④]等还分别提出了应该从企业的对外投资动机、企业的社会责任、企业的国家战略任务以及企业对外投资合作的方式等方面构建企业国际合作的绩效测量指标体系。宏观绩效主要从国家的宏观层面出发，重点评价能源产能合作对母国和东道国的经济增长、技术进步发展、产业结构调整、就业和进出口贸易等方面的影响。目前对于产能合作的宏观绩效的研究主要从对外直接投资出发，万丽娟、彭小兵、李敬[⑤]，邬红华[⑥]等从对外直接投资与经济增长、对外贸易和外汇储备之间的关系方面进行了相关研究。

我国与"一带一路"沿线国家进行能源产能合作主要从贸易和投资两个方面来对合作国家产生影响。在能源产能合作中主要以对外直接投资的形式来实现，而对外直接投资的效应则主要从由外直接投资对贸易的影响所体现。因此，能源产能合作的绩效可以通过能源领域对外直接投资的贸易效应来评价。根据现有的研究成果，对外直接投资对贸易的影响可以归纳为三种类别：贸易替代效应、贸易互补效应和贸易权变效应。在贸易替代效应方面，蒙代尔（1957）和弗农（1966）最早提出和拓展了投资的贸易替代模型，认为对外直接投资和贸易之间具有相互的替代效应。贸易互补效应方面，小岛（1978）将对外直接投资统一于国际分工之中，认为投资并非单一的资本流动，而是相应的会带来资本、技术、人才等相关资源的流动，从而可以在两国之间扩大贸易规模。贸易权变效应支持者则认

① 班博，任惠光. 中国企业对外直接投资的绩效评价体系研究［J］. 山东大学学报（哲学社会科学版），2008（02）：104 – 109.

② 杨忠，张骁. 企业国际化程度与绩效关系研究［J］. 经济研究，2009（02）：32 – 42 + 67.

③ 李享章. 国有企业 OFDI 的业绩、地位与政策启示——从中国 OFDI 动因的角度考察［J］. 江汉论坛，2011（11）：16 – 18.

④ 顾露露，Robert Reed. 中国企业海外并购失败了吗？［J］. 经济研究，2011（07）：116 – 129.

⑤ 万丽娟，彭小兵，李敬. 中国对外直接投资宏观绩效的实证［J］. 重庆大学学报（自然科学版），2007（05）：143 – 149.

⑥ 邬红华，中国对外直接投资宏观绩效的实证研究——以外汇储备为例［J］. 科技进步与对策，2008（12）：161 – 163.

为,对外投资在不同的环境条件下对贸易的影响有所不同,不能简单地一概而论。伯格斯滕等(Bergsten et al.)①、马库森和斯文森(Markuson and Svenson)②、格雷(1998)、海德和里斯(Head and Ries)③、斯文森(Svenson)④ 等从投资的国际化程度、贸易与非贸易要素之间的合作关系、对外投资的动机、对外直接投资的水平或垂直方式以及产业分类的精细化程度等方面的影响因素研究出发,认为对外直接投资与贸易之间的效应绝非简单的替代或者互补,而是受到不同的投资阶段和不同的要素、产业等因素的影响而在不同的时间段内表现出不同的影响效果。

综合对外直接投资对贸易的各种影响分析观点,可以将对外直接投资对贸易的影响分解为对出口的影响和对进口的影响两个部分。其中,对出口的影响可以分为对出口的创造和替代效应两个部分。出口的创造效应通常发生在以垂直方式进行的对外直接投资、以服务出口为主要目的的市场导向型对外直接投资和技术导向型对外直接投资三种对外直接投资类型之中。出口的替代效应通常发生在以水平方式进行的对外直接投资,对外直接投资中设立的子公司的技术外溢和子公司在东道国进行采购的情况下。对进口的影响也可以分为进口的创造效应和进口的替代效应两个方面。进口的创造效应通常发生在以获取能源资源为目的的资源导向型投资,效率寻求型投资和技术寻求型投资等类型的对外直接投资类型中。进口的替代效应主要发生在一国原本从国外采购原材料,随着对外直接投资,生产能力转移到国外后,原材料采购实现本地化,母国对原材料的进口减少。

在本部分中,主要对中国与"一带一路"沿线国家之间能源产能合作的宏观经济绩效进行评价,主要采用中国对"一带一路"沿线主要能源产能合作国家能源领域对外直接投资的贸易效应来进行评价。

---

① Bergsten. C. F. , Thomas Horst and Theodore. H. M. . American Multinationals and American Intersets. Washington D. C Brookings Institute,1978.

② Markuson, James and Lars Svenson. Trade in goods and Factor with International Differences in Technology [J]. *International Economic Reviews*,1985,26(01):175 – 192.

③ Head, Keith and John Ries. Overseas Investment and firm Exports [J]. *Review of Internation Economics*,2001,9(01):108 – 122.

④ Svenson, Lars. Foreign Investment and Mediation of Trade Flows [J]. *Review of International Economics*,2004,12(04):609 – 629.

6.1.2 变量选择与数据处理

本部分构建模型研究中国对"一带一路"沿线国家进行能源领域的对外直接投资的经济绩效,研究从能源对外直接投资对中国和对"一带一路"合作国家的进口和出口的影响展开。采用 2008～2017 年《中国统计年鉴》中中国与"一带一路"能源产能合作国家的进口和出口数据,能源领域对外直接投资数据采用《2019 年中国对外投资统计公报》中中国对目标国家的直接投资数据,并根据统计公报中相关年份中国在所有对外直接投资的行业中采矿业和电力/热力/燃气及水的生产和供应业两大产业的投资总额在总行业的投资金额中占比的值进行估算,从而确定出各年份中国对"一带一路"能源产能合作国家的能源领域对外直接投资金额。

模型首先对各个数据序列进行单位根检验,从而判断各个数据序列是否存在单位根,在此基础上分析中国与"一带一路"能源产能合作重点国家之间的能源领域对外直接投资与进口和出口之间的格兰杰因果关系,此后,本书对能源对外直接投资与进出口的关系进行协整分析。模型公式如下:

$$\text{LnIM}(i, t) = c + b\text{LnEFDI}(i, t) + \xi_1 \tag{6.1}$$

$$\text{LnEX}(i, t) = c + a\text{LnEFDI}(i, t) + \xi_2 \tag{6.2}$$

其中,i 为能源产能合作目标国家,t 为年份,a 和 b 分别表示进口和出口与能源领域对外直接投资的弹性系数,c 为常数项,ξ 为随机误差干扰项。

6.1.3 实证分析结论

首先对中国与筛选出的 25 个"一带一路"重点国家的能源直接投资、出口额和进口额三个变量进行单位根检验。由于采用数据为 2008～2017 年 25 个国家的数据,数据为面板数据,时间维度较小,截面维度较大,在处理数据的过程中一般采用两种方法检验,本部分采用 HT 检验和 ADF - Fisher 检验,通过检验,两种检验方法均拒绝单位根存在,水平数据平稳,可以进行格兰杰因果检验。

1. HT 检验（见表6 –1）

在 H – T 检验中，对能源对外直接投资、出口和进口的检验 P 值分别如下：P（lnofdi）值为 0.0000，强烈拒绝面板单位根原假设，不存在单位根。P（lnexp）= 0.0441 < 0.05，在 5% 水平上拒绝原假设，不存在单位根。P（lnimp）= 0.0419 < 0.05，在 5% 水平上拒绝原假设，不存在单位根。

表6 –1   lnofdi、lnexp 和 lnimp 的 Harris – Tzavalis 单位根检验

Ho：Panels contain unit roots		Number of panels = 25	
Ha：Panels are stationary		Number of periods = 10	
AR parameter：Common		Asymptotics：N – > Infinity	
Panel means：Included		T Fixed	
Time trend：Not included		Cross-sectional means removed	
rho	Statistic	z	P-value
lnofdi	0.4756	– 4.5647	0.0000
lnexp	0.6333	– 1.7045	0.0441
lnimp	0.6319	– 1.7294	0.0419

2. ADF – Fisher 检验（见表6 –2）

在 ADF – Fisher 检验中，对能源对外直接投资、出口和进口的 4 个统计量进行检验，lnofdi 的统计量检验中 4 个统计量均拒绝面板单位根原假设，不存在面板单位根。lnexp 的统计量检验中 4 个统计量 P 值为 0，强烈拒绝原假设，不存在面板单位根。lnimp 的统计量检验中 4 个统计量 P 值为 0，强烈拒绝原假设，不存在面板单位根。

表6 –2   lnofdi、lnexp 和 lnimp 的 Fisher 型单位根检验

Based on augmented Dickey – Fuller tests	
Ho：All panels contain unit roots	Number of panels = 25
Ha：At least one panel is stationary	Number of periods = 10
AR parameter：Panel-specific	Asymptotics：T – > Infinity

续表

Based on augmented Dickey – Fuller tests

Panel means：Included			
Time trend：Not included	Cross-sectional means removed		
Drift term：Included	ADF regressions：2 lags		
		Statistic	p-value
lnofdi			
Inverse chi-squared（50）	P	94. 3655	0. 0002
Inverse normal	Z	− 4. 2199	0. 0000
Inverse logitt（129）	L*	− 4. 1052	0. 0000
Modified inv. chi-squared	Pm	4. 4366	0. 0000
lnexp			
Inverse chi-squared（50）	P	112. 0063	0. 0000
Inverse normal	Z	− 5. 6721	0. 0000
Inverse logitt（129）	L*	− 5. 5654	0. 0000
Modified inv. chi-squared	Pm	6. 2006	0. 0000
lnimp			
Inverse chi-squared（50）	P	103. 5223	0. 0000
Inverse normal	Z	− 4. 6044	0. 0000
Inverse logitt（129）	L*	− 4. 5472	0. 0000
Modified inv. chi-squared	Pm	5. 3522	0. 0000

3. 格兰杰因果检验（见表 6 – 3）

在 lnofdi 与 lnexp 的格兰杰检验中，P 值 = 0. 867，不显著，因此出口不是投资的格兰杰原因；P 值 = 0. 011，显著，因此投资是出口的格兰杰原因。在 lnofdi 与 lnimp 的格兰杰检验中，P 值 = 0. 732，不显著，因此出口不是投资的格兰杰原因；P 值 = 0. 021，显著，因此投资是进口的格兰杰原因。

表 6 - 3　　　　　　　面板 VAR 的格兰杰因果关系 Wald 检验

Equation	Excluded	chi2	df	Prob > chi2
h_lnofdi	h_lnexp	0.02816	1	0.867
h_lnexp	h_lnofdi	6.4926	1	0.011
h_lnofdi	h_lnimp	0.11715	1	0.732
h_lnimp	h_lnofdi	0.21188	1	0.021

4. 协整检验

对中国对"一带一路"沿线国家的能源对外直接投资和中国与"一带一路"沿线国家之间的进出口进行协整检验，由于检验数据为面板数据，面板数据协整检验参考佩尔西恩和韦斯特伦德（Persyn，D. and J. Westerlund）[①]的方法，采用 Stata 13 中 xtwest 命令[②]进行检验。由于目前面板数据的协整检验方法尚不成熟，在本部分内容中，笔者尝试对 2008 ~ 2017 年中国对 25 个"一带一路"沿线国家的能源对外直接投资与进出口的关系进行实验性的分析，由于分析方法和数据的局限性，本部分的分析结论只具有一定的参考价值。

建立方程：

$$LnIM(i, t) = c + bLnEFDI(i, t) + \xi_1$$

[①] Persyn，D. and J. Westerlund. Error Correction Based cointegration Tests for Panel Data [J]. *Stata Journal*，2008，8（02）：232 - 241.

[②] xtwest 实施了 Westerlund（2007）开发的四面板协整检验。其基本思想是通过确定是否存在针对单个面板成员或整个面板的错误校正来测试是否存在协同退化。考虑以下误差校正模型，其中水平中的所有变量都假设为 I（1）：

$$D. y\_it = c\_i + a\_i1 \times D. y\_it - 1 + a\_i2 \times D. y\_it - 2 + \cdots + a\_ip \times D. y\_it - p$$
$$+ b\_i0 \times D. x\_it + b\_i1 \times D. x\_it - 1 + \cdots + b\_ip \times D. x\_it - p$$
$$+ a\_i(y\_it - 1 - b\_i \times x\_it - 1) + u\_it$$

a_i 提供了该序列 i 朝向长期均衡 y_it = -（b_i/a_i）× x_it 的误差校正速度的估计。Ga 和 Gt 检验统计检验 H0：a_i = 0 适用于所有 i，H1：a_i < 0 适用于至少一个 i。这些统计数据分别从个人估计的 a_i 及其 t 比的加权平均值开始。因此，拒绝 H0 应被视为至少一个横截面单位协整的证据。Pa 和 Pt 检验统计汇集了所有横截面单位的信息，以检验所有 i 的 H0：a_i = 0 与所有 i 的 H1：a_i < 0。因此，拒绝 H0 应作为整个面板协整的证据。

这些测试非常灵活，允许对误差校正模型的长期和短期部分进行几乎完全异构的规范，后者可以从数据中确定。该序列允许长度不等。

如果怀疑横截面单元是相关的，则可以通过自举获得稳健的临界值。

$$LnEX(i,\ t) = c + aLnEFDI(i,\ t) + \xi_2$$

对方程进行估计：

lnofdi 与 lnexp 和 lnimp 之间的协整关系。

在协整关系检验过程中，lnofdi 与 lnexp 和 lnimp 之间的协整检验中 Gt、Ga、Pt、Pa 的 P 值分别为 0.004、0.094、0.043、0.085 和 0.092、0.000、0.000、0.063，因此可以判断 lnofdi 与 lnexp 和 lnimp 之间均存在协整关系（见表6-4）。

表6-4   H0 的结果：无协整

With 25 series and 1 covariate

Statistic	Value	Z – value	P – value
lnexp 与 lnofdi			
Gt	− 2.248	− 2.618	0.004
Ga	− 5.382	1.657	0.094
Pt	− 7.722	− 2.487	0.043
Pa	− 4.810	− 1.653	0.085
Statistic	Value	Z – value	P – value
lnimp 与 lnofdi			
Gt	− 1.525	1.704	0.092
Ga	− 3.477	3.367	0.000
Pt	− 11.149	− 3.934	0.000
Pa	− 3.923	1.934	0.063

出口与能源对外直接投资的关系可以写成估计方程：

$$LnEX_t = 3.795 + 0.964LnEFDI_t$$

进口与能源对外直接投资的关系可以写成估计方程：

$$LnIM_t = 5.602 + 0.809LnEFDI_t$$

在估计方程中，中国能源对外直接投资与出口的系数为 0.964，说明 25 个"一带一路"沿线国家的出口与中国对其的能源直接投资具有正相关关系，能源对外直接投资增加 1%，"一带一路"沿线国家的出口将增加 0.964%。

在估计方程中，中国能源对外直接投资与进口的系数为 0.809，说明 25 个"一带一路"沿线国家的进口与中国对其的能源直接投资也具有正相关关系，能源对外直接投资增加 1%，"一带一路"沿线国家的出口将增加 0.809%（见表 6-5）。

表 6-5   预计长期关系

	Coef.	Std. Err.	z	P > z
lnofdi	0.9635238	0.5898035	1.63	0.102
_cons	3.795373	6.340282	0.60	0.549
lnofdi	0.8085173	0.3690357	2.19	0.028
_cons	5.601936	3.752841	1.49	0.136

5. 结论

通过对我国与"一带一路"沿线国家能源对外直接投资和 25 个"一带一路"沿线国家进口与出口之间的格兰杰检验以及协整关系检验，可以得出能源对外直接投资是出口和进口的格兰杰原因，并且存在协整关系。也就是说我国对"一带一路"沿线国家进行的能源直接投资在一定程度上促进"一带一路"沿线国家与我国之间的进口和出口，其中我国对"一带一路"沿线国家的能源对外直接投资对"一带一路"沿线国家向我国出口的影响系数为 0.964，大于进口影响系数 0.809，这表明我国与"一带一路"沿线国家进行能源产能合作，从而促进能源领域的投资，对"一带一路"沿线国家的进出口产生积极的影响，对出口的促进作用大于对进口的影响作用，有利于促进"一带一路"沿线国家的经济增长和发展。从我国的角度来看，我国对"一带一路"沿线国家能源对外直接投资对于"一带一路"沿线国家向我国进出口的促进作用中出口大于进口，说明我国从"一带一路"沿线国家的进口规模不断扩大，基于"一带一路"沿线国家的经济发展状况、产业结构特征和资源条件，进口规模的扩大应该主要集中为能源进口规模的扩张。这也在一定程度上说明我国对"一带一路"沿线国家的能源对外直接投资起到了促进我国加强外部能源利用、保障国家能源安全的目的。

6.2　能源产能合作与我国经济增长实证分析

在与"一带一路"沿线国家进行能源产能合作的过程中，我国通过各种合作方式同"一带一路"沿线国家进行能源各领域的合作，最直接的影响就是能够进一步保障我国能源资源的供应稳定，保障我国的能源安全外部环境，而这最直接反映在我国从"一带一路"能源合作国家能源资源的进口，能源进口作为国外向中国的供给，进口的能源绝大部分将作为投入品和中间产品投入生产过程中，因此，能源资源的进口在一定程度上影响着我国经济的增长。本部分采用投入产出法对我国从"一带一路"沿线国家进口能源资源对于我国经济增长的贡献进行测算。

6.2.1　模型选择

投入产出法由美国经济学家瓦西里·列昂惕夫创立，他于 1936～1953 年先后发表《美国经济制度中投入产出的数量关系》（1936）、《美国经济结构，1919—1929》（1941）、《美国经济结构研究》（1953）等文章和著作，提出和阐述了"投入产出法"的原理和内容，并推动了投入产出法的运用和发展。投入产出思想源于魁奈（1758）在对相互依存的各经济部门之间关系的描述中运用经济表的尝试，马克思经济理论和均衡理论的研究都对投入产出法的产生奠定了理论基础。投入产出法作为一般均衡分析框架下的分析方法，以投入产出表的编制为依据，量化分析评价国民经济和贸易领域的生产与再生产问题。

为了分析进出口对经济增长的贡献作用，在投入产出表中将中间投入与最终使用的国内产品和进口产品分为国内产品中间投入、最终使用和进口产品中间投入、最终使用。[①] 拆分后的投入产出如表 6 - 6 所示。

---

① 沈利生，吴振宇. 外贸对经济增长贡献的定量分析 ［J］. 吉林大学社会科学学报，2004（04）：67 - 78.

表6-6 拆分后投入产出

| | 部门 | 中间使用 | 最终使用 | | | | 进口 | 总产出 |
		1、2 n	消费	资本形成	出口	合计		
国内产品 中间投入	1 2 M n	X_{ij}^d	C_i^d	In_i^d	Ex_i^d	Y_i^d		X_i
进口产品 中间投入	1 2 M n	X_{ij}^m	C_i^m	In_i^m	Ex_i^m	Y_i^m	M_i	
增加值	v_j							
总投入	X_j							

注：表中上标 d 代表国内商品，上标 m 代表进口产品。

根据刘起运[1]，沈利生、吴振宇[2]，吴振宇、沈利生[3]的研究，表6-3中的投入产出表可以形成如下平衡式：

$$\sum_{i=1}^{n} X_{ij}^d + \sum_{i=1}^{n} X_{ij}^m + v_j = X_j \quad j=1, 2, 3\cdots, n \quad (6.3)$$

定义国内产品和进口产品的供给系数分别为 d_{ij} 和 e_{ij}，并且有

$$d_{ij} = x_{ij}^d/X_i e_{ij} = x_{ij}^m/M_i$$

则有

$$x_{ij}^d = d_{ij} \times X_i e_{ij} \quad (6.4)$$

$$x_{ij}^m = d_{ij} \times M_i \quad (6.5)$$

由式（6.3）、式（6.4）、式（6.5）可得：

$$\sum_{i=1}^{n} d_{ij}X_i + \sum_{i=1}^{n} e_{ij}M_i + v_j = X_j \quad j=1, 2, n \quad (6.6)$$

转换成矩阵形式则有：$D^T X + E^T M + V = X$

增加值率 $r_j = \dfrac{v_j}{X_j}$，增加值率行向量 $R = (r_1, r_2, r_3, \cdots, r_n)$

---

[1] 刘起运. 关于投入产出系数结构分析方法的研究 [J]. 统计研究, 2002 (02): 40-42.

[2] 沈利生, 吴振宇. 外贸对经济增长贡献的定量分析 [J]. 吉林大学社会科学学报, 2004 (04): 67-78.

[3] 吴振宇, 沈利生. 中国对外贸易对 GDP 贡献的经验分析 [J]. 世界经济, 2004 (02): 13-20.

$$GDP = \sum_{j=1}^{n} v_j = RX$$

各部门产出 X_i 产生的增加值 $V = R \hat{} X$，

则有 $\qquad X = (I - D^T)^{-1} E^T M + (I - D^T)^{-1} V = X^M + X^V \qquad (6.7)$

其中，$X^M = (I - D^T) E^T M$ 为进口用于中间投入引起的总投入，$X^V = (I - D^T)^{-1} V$ 为国内初始投入引起的总投入。

根据增加值 V，增加值率 R、总投入与 X 之间的关系可得：

进口用于中间投入产生的增加值：

$$GDP^M = RX^M = R(I - D^T)^{-1} E^T M \qquad (6.8)$$

定义进口贡献系数为单位进口产生的增加值。

由式（6.8）中的逆矩阵 $(I - D^T)^{-1}$，其中第 j 列为 j 部门单位进口所引起的本部门的直接投入和其他部门的间接投入，向量 r 中各元素为各部门单位投入增加值，行向量 $R(I - D^T)^{-1} E^T$ 的第 j 个元素为 j 部门单位进口产生的本部门增加值和由其引起的其他部门间接投入产生的增加值，由此，定义 $R(I - D^T)^{-1} E^T$ 为部门进口贡献系数矩阵。

6.2.2 数据处理

1. 部门进口贡献系数测算

根据《2012 年中国投入产出表》，计算煤炭采选产品，石油和天然气开采产品，石油、炼焦产品和核燃料加工品，电力、热力的生产和供应，燃气生产和供应等各部门进口贡献系数。

2. 能源进口额

根据《BP 世界能源统计年鉴》中统计的 2017 年我国石油及天然气能源进口情况计算当年的能源进口额。

6.2.3 实证分析结论

1. 进口贡献系数

根据《2012 年中国投入产出表》，按照拆分后的投入产出表计算煤炭采选产品及石油和天然气开采产品部门进口贡献系数，结果如表 6-7 所示。

表 6-7　　　　　　　　能源行业进口贡献系数

行业	进口贡献系数
煤炭采选产品	0.96
石油和天然气开采产品	0.94

2. 能源进口额

在计算能源进口额中，本部分只计算 2017 年我国从"一带一路"沿线国家进口的煤炭、原油和天然气三种能源形式的进口金额（见表 6-8）。

表 6-8　　　　2017 年我国从"一带一路"沿线国家进口煤炭情况

国家	煤炭（万吨）	动力煤	褐煤	炼焦煤
印度尼西亚	10 901	3 463	7 362	
俄罗斯	2 807	2 807		
蒙古国	3 399			2 627
总计	17 107			

根据海关总署的统计，2017 年 1~12 月，全国共进口煤炭 27 090 万吨，累计进口金额 2 263 670.7 万美元。[①] 根据对我国进口煤炭来源国的统计，来自"一带一路"沿线国家的煤炭主要来自印度尼西亚、俄罗斯和蒙古国，三大国的煤炭进口量超过了煤炭进口总量的 60%，根据测算，来自"一带一路"三大国的煤炭进口金额为 1 429 480.1 万美元。

原油价格按照 2017 年布伦特原油价格 54.19（美元/桶）进行计算。我国从"一带一路"沿线国家进口的原油金额为 107 565.2 百万美元（见表 6-9）。

①　师成. 新形势下的中俄煤炭能源合作：现状、问题与建议［J］. 商业经济，2018（05）：80-82.

表6-9　　　2017年我国从"一带一路"沿线国家进口原油情况

国家	原油（百万吨）
欧洲	9.9
俄罗斯	59.8
其他独联体国家	3.8
伊拉克	36.9
科威特	18.2
沙特阿拉伯	52.2
阿联酋	10.2
其他中东国家	66.5
其他亚太地区国家	13.3
总计	270.8

液化天然气按照普氏日韩基准价格7.13（美元/百万英热单位）计算，10十亿立方米＝34.121万亿英热单位。经计算管道天然气进口金额为5 425 204 879美元。天然气价格按照荷兰天然气交易中心价格5.72（美元/百万英热单位）计算。液化天然气进口金额为7 709 298 740美元。天然气进口总额为13 134 503 619美元（见表6-10）。

表6-10　　　2017年我国从"一带一路"沿线国家进口天然气情况

国家	管道天然气（十亿立方米）	液化天然气（十亿立方米）
哈萨克斯坦	1.1	
土库曼斯坦	31.7	
乌兹别克斯坦	3.4	
缅甸	3.3	
其他欧洲国家		0.5
俄罗斯		0.6
阿曼		0.3
卡塔尔		10.3
也门		

续表

国家	管道天然气（十亿立方米）	液化天然气（十亿立方米）
埃及		0.1
文莱		0.2
印度尼西亚		4.2
马来西亚		5.8
韩国		0.3
总计	39.5	22.3

根据投入产出模型的测算，我国 2017 年从"一带一路"沿线国家进口的煤炭、原油、天然气等能源资源在投入国内生产后能够产生 12 853 068 万美元的贡献值，我国进口"一带一路"沿线国家的能源资源在保障我国能源安全的同时对我国经济增长具有较大的贡献作用（见表 6 – 11）。考虑到进口的能源资源投入社会生产生活之中相当于能源投资的增加会产生较大的乘数效应，鉴于本书统计范围的限制，所以从"一带一路"沿线国家进口能源资源对我国经济增长的贡献作用将远大于本模型中的计算值。除此之外，除了能源进口为我国经济增长带来的带动作用外，能源产能合作过程中，我国能源相关设备的出口、能源生产服务的输出和能源技术的转让等合作内容将通过出口的形式来对我国的经济增长起到积极的促进作用。

表 6 – 11　　　　2017 年我国从"一带一路"沿线国家能源进口额

能源类型	2017 年进口额（万美元）	进口贡献系数	贡献值（万美元）
煤炭	1 429 480.1	0.97	1 386 596
石油	10 756 520	0.95	10 218 694
天然气	1 313 450.3619	0.95	1 247 778
总计			12 853 068

因此，从我国的角度来看，推动我国与"一带一路"沿线国家的能源产能合作，扩大我国能源来源地、提高能源来源量以及建立更加安全高效的能源运输途径，既能够保障我国的能源安全，也能够为我国的经济增长贡献更多的力量。

6.3 我国与"一带一路"沿线国家能源产能合作的价值

6.3.1 树立多边共赢的能源合作新理念

"一带一路"作为沿线国家共享的区域发展平台,一直践行"开放包容""共商共建共享"的合作理念,在国际能源产能合作领域尤其如此,这就要求在能源产能合作领域树立我国能源合作的新理念,构建互利共享的区域能源合作体系。在能源产能合作方式上,"一带一路"所倡议的区域经济合作架构属性决定了多边合作与双边合作并举将成为区域内主要的能源合作新模式。相对于双边合作更加追求短期目标和不确定性较高的特点,多边合作更加专注合作的长期性和稳定性,通过多边合作谈判降低合作中存在的不确定性风险,提高合作的安全性,通过多边谈判明确各方利益的集中点,确定收益分配机制,减少违约行为的发生。

"一带一路"倡议坚持开放、包容的合作理念,强调"一带一路"的合作基于但不限于"一带一路"的空间范围内,对于不同的文明、文化、政治制度和经济发展水平兼容并蓄,力求在更广泛的区域内实现共同的发展。能源产能合作贯彻开放包容的理念,通过与沿线国家的合作建立多元能源供应体系,着力形成石油、天然气、煤炭和新能源等多元推动的能源消费和供给体系;以绿色低碳为发展方向,通过推动能源领域技术和商业模式的创新来助推能源技术革命的实现;通过构建区域市场结构和市场体系来不断还原能源的商品属性,推动能源体制改革;通过主动影响区域能源市场价格来保持能源的稳定供应,并进一步加强与"一带一路"沿线国家能源全方位的合作。

"共商共建共享"的合作理念在能源产能合作中能够最大限度地照顾到区域内各方的利益关切,通过寻求各方利益的契合点来制定区域内能源产能合作的规划和措施,最大程度地激发各方的积极性。随着我国成为世界上最大的能源消费市场,我国对外部能源依赖越来越高,同时我国不断增长的外部能源需求也为能源供应国的能源供给提供了稳定的消化途径,国家间的能源安全从单一国家的内部事宜转变为国家之间共同的利益追求。在具体的合作过程中，中国先后同石油供应国开展了贷款换石油的互利合作模式，这种模式有利于增强合作的机制化和长期化，在此基础上"共商共建共享"的模式有望得到进一步的推广。

6.3.2 丰富我国优质能源供给渠道

2022 年上半年中国原油进口来源国（地区）有 43 个，进口量排名前十的国家和地区分别是沙特阿拉伯、俄罗斯、伊拉克、阿曼、阿联酋、安哥拉、科威特、巴西、马来西亚和哥伦比亚，合计进口量占比进口总量的85.2%。其中马来西亚、阿联酋、科威特原油增加幅度较大，分别达到51.5%、36.1% 和 20.8%，安哥拉原油下降幅度最大，达到 13.8%。

中东地区仍是我国最主要的原油进口来源地，2022 年上半年该地区进口原油数量占进口总量的 52.3%，较去年增加 4.3 个百分点。从非洲地区进口的原油数量占进口总量的 10% 左右，与去年基本持平；来自俄罗斯的原油占比为 16.4%，同比提高 1.1 个百分点；从美国进口的原油占比为1.8%，同比下滑 1.4 个百分点。而去年进口增速较快的巴西原油和挪威原油均出现下滑，分别下降了 22.5% 和 44%。

2022 年上半年，中国从沙特阿拉伯和俄罗斯进口原油合计占比进口总量的 33.4%。沙特阿拉伯、俄罗斯仍是中国最大的原油供应国，对保障中国进口原油稳定起到了非常关键的作用，进口比重也呈逐年提升（见图 6 - 1、表 6 - 12）。

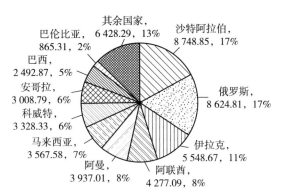

图 6 - 1　2022 年我国进口原油来源地情况

资料来源：2022 年《BP 世界能源统计年鉴》。

表 6 – 12   2022 年上半年中国原油进口来源国情况

2022 年上半年排名	进口国	进口量（万吨）	同比变化（%）
1	沙特阿拉伯	4 327	– 1.1
2	俄罗斯联邦	4 131	3.9
3	伊拉克	2 674	2.5
4	阿曼	2 103	– 8.5
5	阿联酋	1 943	36.1
6	安哥拉	1 719	– 13.8
7	科威特	1 713	20.8
8	巴西	1 300	– 22.5
9	马来西亚	1 108	51.5
10	哥伦比亚	489	0.0
11	挪威	484	– 44.0
12	卡塔尔	452	15.2
13	美国	446	– 45.7
14	刚果（布）	401	– 20.6
15	哈萨克斯坦	359	0.0
16	利比亚	206	– 40.6
17	加拿大	189	0.0
总进口量		25 252	– 3.1

资料来源：根据中华人民共和国海关总署海关统计数据在线查询平台（http：//stats. customs. gov. cn/）整理所得。

6.3.3　保障我国能源运输通道安全

在我国的油气资源进口总量中，80% 左右是通过海上运输方式实现的。我国与"一带一路"沿线国家在推进能源产能合作的过程中将进一步推动西南太平洋—印度洋方向、东北太平洋—北极方向和东南太平洋方向三大方向的运输通道建设，保障我国油气资源海上运输的通达。

西南太平洋—印度洋航道是目前我国海上油气运输的主要通道，位于该航道上的伊朗恰巴哈尔港、巴基斯坦瓜达尔港和坦桑尼亚巴加莫约港距离中东和非洲的能源资源供给地较近,交通便捷,是该方向上的最重要能源节点,对我国海外能源供给地的能源输出和向我国的能源输入具有重要的意义。在三大港口中伊朗的恰巴哈尔港位于霍尔木兹海峡以东,相距巴基斯坦瓜达尔港 72 千米①,不经过霍尔姆斯海峡直通印度洋,在能源运输通道上和中国与中东地区的能源合作中有望发挥更加重要的作用。

东北太平洋—北极航道是我国与"一带一路"沿线国家能源产能合作远期合作建设重点。该航道目前船只较少,运输量低,航道上可供进行油气运输的主要港口包括俄罗斯的迪克森港、摩尔曼斯克港、瓦兰杰伊港和挪威的纳尔维克港。虽然目前该航线尚未形成运输规模,但随着"一带一路"能源产能合作的进一步推进,特别是液化天然气等油气运输的需求将支撑起该航线。当前我国可以通过能源产能合作的形式参与该航线老旧港口基础设施的改造,增加油气加工厂和油气运输通道等基础设施建设投资,为在附近海域进行的油气资源开发合作奠定基础。

东南太平洋方向从我国出发经太平洋,穿过马六甲海峡,过东盟诸国,向南一直到达澳大利亚和新西兰,向东则达到南美洲,在目前的油气运输中发挥着重要的作用。沿线的支点港口主要包括越南的胡志明港、泰国的曼谷港、柬埔寨的西哈努克港、马来西亚的巴生港、印度尼西亚的丹戎不碌港、新加坡的新加坡港、菲律宾的马尼拉港、文莱的摩拉深水港、澳大利亚的墨尔本港和新西兰的奥克兰港等。东南太平洋方向的缅甸、印度尼西亚、马来西亚和澳大利亚等国家具有丰富的油气资源,目前该航线主要负责运输澳大利亚、印度尼西亚和马来西亚等地区的液化天然气和石油。

我国油气资源进口中的其他 20% 是通过陆上管道运输实现的。油气资源运输的管道线路主要位于"一带一路"沿线的中蒙俄经济走廊、新欧亚大陆桥、孟中印缅经济走廊、中国—中亚—西亚经济走廊、中国—中南半岛经济走廊和中巴经济走廊六大经济走廊。"一带一路"能源产能合作将提高能源陆上运输的便利性、降低运输成本、提高运输效率,带动沿线地

---

① 中国与印度竞标伊朗恰巴哈尔港 构建印度洋珍珠链 [EB/OL]. 观察者,https://www.guancha.cn/Neighbors/2013_07_04_155914.shtml, 2013 – 07 – 04.

区能源基础设施建设的互联互通。

中蒙俄经济走廊分为从华北地区出发和从东北地区出发两条线路，华北地区线路从京津冀到呼和浩特，通过蒙古国到达俄罗斯。东北地区线路从大连、沈阳、长春、哈尔滨到达满洲里和俄罗斯赤塔。中蒙俄经济走廊中贯穿中国、蒙古国和俄罗斯的管道将有利于中国从俄罗斯进口石油和天然气。

中国—中亚—西亚经济走廊从中国新疆出发，目的地为波斯湾、地中海沿岸和阿拉伯半岛。① 沿线经过中亚五国、伊朗和土耳其等国家。其中中国—中亚天然气管线 C 线已经通气投产，D 线已开工建设。中国—中亚天然气管线将为我国进口中亚地区的天然气进一步提供便利，同时也将为中亚国家开辟天然气市场，促进相关领域的发展贡献力量。

中巴经济走廊连接我国新疆喀什和巴基斯坦的瓜达尔港；孟中印缅经济走廊连接云南瑞丽和缅甸皎漂。两大经济走廊油气管线的建设连接了我国传统海上进口通道和陆上管线，减少了我国油气进口运输中对于马六甲海峡的依赖，提高了我国油气进口运输的多元化水平。同时，油气管线的建设对于油气出口国和管线过境国而言，有利于其获得稳定的油气市场和过境费用，能够促进相关国家能源产业和经济的发展。

6.3.4 推动我国能源贸易的自由化

"一带一路"倡议将贸易畅通作为合作的重点内容，在能源合作领域，国内各地区通过建设自由贸易试验区提升国内能源市场的开放程度，国际上加快与相关国家进行自贸区协定谈判，以境外的经贸合作区为试点打造全球能源自由贸易网络。这一实验模式在"一带一路"沿线国家的推广将有利于我国打破能源贸易壁垒，提升我国在能源市场上对油气等能源的定价影响力，降低能源价格波动对能源贸易的影响。

就国内而言，目前国内自由贸易试验区的设立为我国影响油气等能源

---

① 丁存振，肖海峰. 中国与中亚西亚经济走廊国家农产品贸易特征分析——基于"一带一路"倡议背景 [J]. 经济问题探索，2018（06）：112 – 122 + 163.

的定价提供了实验平台。目前上海自贸试验区的上海期货交易所有望加强同其他国际原油交易所的合作,为海外投资者提供服务,将原油交易纳入大宗商品交易中来,建设原油期货市场,使国内外投资者都可以参与到我国的能源市场中。在国内设立透明的原油交易平台,境内原油期货价格以人民币计价结算,增强人民币在全球油气商品中的定价权,形成油气市场的人民币价格,从而减少汇率波动带来的能源贸易风险。

就国外而言,加强与"一带一路"沿线国家共同建设贸易合作区和自由贸易区有利于打破能源贸易壁垒。目前相较于传统能源而言,新能源和可再生能源成本较高,各国普遍存在对新能源和可再生能源的各种补贴,对于具有产能优势的中国能源企业而言,政府补贴形成了市场贸易壁垒。为了打破贸易壁垒,我国与 28 个国家和地区签署 21 个自贸协定;与 135 个国家和地区签订了双边投资协定;与 112 个国家和地区签署了避免双重征税协定(含安排、协议);与 35 个共建国家实现"经认证的经营者"(AEO)互认;与 14 个国家签署第三方市场合作文件。中国与新加坡、巴基斯坦、蒙古国、伊朗等共建国家建立了"单一窗口"合作机制、签署了海关检验检疫合作文件,有效提升了口岸通关效率。[①]

6.3.5 提升我国能源国际产能合作水平

当前能源资源丰富的国家和地区正在改变传统的以能源贸易为主的能源合作方式,转而通过引进资金和技术来实现能源资源的合作开发、就地加工,从而促进本国的能源产业发展。"一带一路"沿线能源产能合作的加强将加快区域内的投资便利化,消除能源产业投资的各种障碍。我国与"一带一路"沿线国家的能源产能合作有望通过参与投资境外油气生产加工的全产业链,实现以油气等能源跨国企业本地化经营和建立境外能源产业合作园区等方式来加强同区域内国家的能源产能合作。

"一带一路"沿线国家具有能源投资的强烈需求。沿线能源资源丰富的国家和地区大多处于工业化初期发展阶段,工业基础较为薄弱,能源生

---

① 详见《共建"一带一路":构建人类命运共同体的重大实践》白皮书。

产加工能力有限。对于通过国际能源产能合作来提高本国能源生产加工能力、完善能源基础设施具有迫切的需求，这也为我国对"一带一路"沿线国家的能源投资和与其的能源产能合作提供了历史机遇。"一带一路"沿线国家中，俄罗斯和中亚国家为我国主要的陆上油气资源来源地。东南亚的印度尼西亚、马来西亚和大洋洲的澳大利亚、文莱等国家油气资源丰富，是我国开展能源产能合作的重点区域。海湾国家油气资源极为丰富，是我国油气资源的主要来源地，具有进一步扩展能源合作范围的需求。从具体国家来看，中东地区的伊朗石油天然气储量极为丰富，与我国进行油气能源合作的空间巨大。北极航线中的俄罗斯和挪威等国家具有丰富的油气资源，我国能源企业已经参与了巴伦支海的油气资源开发，整个"一带一路"沿线能源丰富国家和地区都对能源产能合作具有广泛的需求。

"一带一路"能源产能合作将提升我国能源企业的国际产能合作水平。我国能源企业进入国际市场时间较晚，目前仍处于探索阶段，与发达国家的能源跨国企业相比具有较大的差距。但随着我国对外投资的不断加速，特别是能源领域的不断增长，当前中国已在全球 30 多个国家执行了上百项国际油气合作项目，建成了 5 大国际油气企合作区。[①] 我国的能源企业也在某些领域形成了一定的竞争优势，特别是在大型燃气轮机、特高压输电、光伏发电和风电等领域超过传统优势国家，形成了优势产能。"一带一路"能源产能合作为我国的能源企业参与国际能源产能合作提供了更广阔的平台，在与国际先进能源企业的合作和竞争中我国能源跨国企业的技术水平、管理水平和人才水平将不断得到提升，全面深度地参与到国际能源产能合作将成为提升我国能源企业国际产能合作水平的重要机遇。

6.3.6 促进能源产能金融合作与创新

目前在国际能源市场上美元是几乎唯一的结算和计价货币，美元期汇率的波动对国际能源市场的稳定造成了极大的影响。国际储备货币多元化和能源交易货币的多元化成为趋势。人民币作为继美元、欧元和英镑之后

---

① 中国引导全球能源合作新秩序 [N]. 中国科学报，2013 – 10 – 09（06）.

的全球第四大支付货币和国际货币基金组织"一篮子"储备货币，同时我国作为世界最大的油气能源进口国，有望在"一带一路"的合作特别是能源产能合作的推动下加快人民币国际化进程。

我国作为"一带一路"沿线国家的主要贸易伙伴，在与区域内国家进行能源交易和合作的过程中具有提高双边本币结算、降低使用美元从而规避汇率风险的动力。能源产能合作的实现可以配合人民币离岸市场建设，发行人民币债券，加强区域内国家间能源合作项目投融资合作中更多使用人民币。2009 年至今，中国与外国的货币互换协议规模已从 6 500 亿元增长至约 4.16 万亿元人民币。① 随着"一带一路"合作的推动，我国将同沿线主要能源资源供应国家共同建设更多的人民币清算行和人民币"一对多"的互换清算系统，初步形成区域内油气交易的人民币计价结算机制，提升各国储备货币中的人民币比例和人民币在国际市场的流动性，提升人民币的国际储备货币地位，同时提高我国在国际能源市场的影响力。

---

① 陆前进：稳步推进人民币国际化的五大措施［EB/OL］. 中国社会科学网，https：// cssn. cn/zkzg/202408/t20240809_5770013. shtml，2024 – 08 – 09.

第 7 章
能源产能合作国际经验分析

本章回顾国际能源产能合作的发展历程和合作的主要模式，并对欧洲、美国和日本等国家能源行业产能合作的经验进行比较分析。通过纵向发展历程和模式的梳理以及横向不同国家合作经验的总结来为我国推动与"一带一路"沿线国家的能源产能合作提供经验支持。

7.1 国际能源产能合作现状

7.1.1 国际能源产能合作的发展历程[*]

国际能源产业合作可追溯至20世纪70年代，期间历经两次石油危机、海湾战争以及伊拉克战争。与其他领域的国际合作相比，能源产业具有一定特殊性，目前已形成较为成熟的合作框架与国际制度。梳理并总结这一能源产能合作的发展历程，对于"一带一路"倡议中的能源产业产能合作的推进和深化具有重要的借鉴意义。

1. 第一次石油危机与 IEA 的成立

1973 年 10 月 6 日，埃及、叙利亚分别进军被以色列占领的西奈半岛和戈兰高地，第四次中东战争爆发。而在此之前，石油输出国组织（OPEC）已经准备提高原油价格，冲突发生为其提供了绝佳的理由。欧佩克成员认

---

［*］ 笔者根据相关资料整理。

为，当前无须与跨国能源企业及其母国政府就油价进行旷日持久的谈判，直接宣布提高油价——10 月 16 日，欧佩克的六个海湾成员国决定单方面提价 70%，沙特基准原油标价从 3.01 美元/桶迅速飙升至 5.12 美元/桶，这意味着欧佩克成员国单方面收回了原油定价权。

此外，阿拉伯石油输出国组织（OAPEC）也视石油减产为武器，以支持埃及、叙利亚两国对以色列的战争。为此，该组织宣布每月减产 5%，直到以色列方面撤出所占据的别国领土，并给予巴勒斯坦人正当权益为止。为了实现对能源消费国的拉拢，分化西方世界，欧佩克还将原油消费国分为三类，对诸如美国、荷兰、葡萄牙以及加拿大实施全面的原油禁运，以惩罚其对以色列秉持的支持态度，对"友好"国家出口不作限制（法国及英国等暂停支持以色列并与阿拉伯国家保持合作的国家）以及对奉行中立的国家每月削减 5%（如日本及欧共体其他成员国）。1973 年，OAPEC 国家原油日产量由 9 月的 1 980 万桶下降至年末的 1 550 万桶，而原油市场其他供应方即使增产，也依旧使得世界日均原油产量减少了 350 万桶。随后，石油价格进一步飙升。海湾地区的产油国在当年 12 月还在伊朗首都德黑兰再次举行会议，并制订了进一步提价的计划，油价由 5.12 美元应声上涨至 11.65 美元。

在此轮石油危机当中，产油国所实施的三项限制措施里，禁运多旨在突出象征意义——非禁运国对禁运国输送原油不受约束，禁运国可通过未受约束的第三方获得原油供应，所以禁运并未对即时的能源供应产生较为明显的干扰，更对长期的能源产能合作毫无影响。然而，减产和提价则诱发了全球经济的剧烈波动，能源市场的供需失衡，使大多数国家都出现了能源供应不足、原油开支攀升等问题。

1973 年底，由于战况严峻，埃及、叙利亚两国被迫与以色列停火，第一次石油危机也由此宣告结束。1974 年 3 月，阿拉伯国家宣布取消对美国的石油禁运，减产措施也随之终止，国际油价步入稳定期。此次能源危机的爆发有相较于战争爆发更为深层次的原因：在本轮危机之前的 20 年，世界能源市场格局出现变化，西方国家对石油的需求猛增，经济结构与能源供需需要达成长期配合，而能源供应与新能源技术的发展是中长期要素，短时间内难以改变。1973 年，原油产量上升空间有限，供应格局已出现紧张，运输能力同样已发挥至极，这一状况为欧佩克提高原油价格提供了市场基础。

第一次石油危机前后，西方各国之间采取了一定幅度的能源合作，主要平台基于经济合作与发展组织（OECD），即 ECD 设立的石油与能源委员会。而对于市场参与主体的各跨国能源企业而言，综合运用资源和信息，灵活分配能源供应。OECD 所设立的石油与能源委员会最初仅提供各国能源政策的共享服务，并不包含政府间政策协调的职能。而石油危机的紧迫性使得欧共体国家在该委员会的组织下对紧急石油共享协议达成了共识，只因具体实施需要全体成员国一致同意而未能启动。但是，欧共体国家仍然单独形成了一个合作框架并以实现相当于 90 天进口量的紧急石油储备为协议实现基础。虽然直至危机发生，这一协议框架下的石油储备仅实现 70 天供应量，但对欧共体国家应对危机提供了必要的缓冲。OECD 的石油与能源委员会还于 1973 年的 10 月、11 月、12 月和翌年 3 月分别举行了高级别磋商会议，各国政府与会以交换彼此原油供应状况、国内能源管控措施等信息。但是，四次会议仅限于信息共享，而并未要求与会各方协调统一的能源政策。信息共享，从官方层面更倾向于姿态表达，其所蕴含的合作效用较为有限；在石油消费国政府之间缺乏有效合作的前提下，另一个重要的市场主体——跨国能源企业迅速行动了起来。它们按各国原油需求比例分配供应，以平抑各国市场损失，并采取灵活的运输策略规避石油禁运。而跨国能源企业则完全受制于资本逐利，在石油危机中不会对母国进行特别优待。第一次石油危机当中，消费国之间的协调仅停留于信息共享层面，未能就合作达成必要共识，也缺乏先期成功的合作案例。因此，深谙区域国家合作要义的欧共体便单独行动了起来，率先建立起服务于成员国的石油储备，并构建信息交换平台。虽然其合作缺乏一定深度，却无疑为未来的国家间能源产能合作提供了重要的先行经验。而跨国能源企业的原油调配，则预示着全球化经济运行当中，跨国资本的话语权及协调能力的显著增长。

在历经危机所制造的一定混乱局面之后，美国逐步开始制定能源产业的远期应对机制，并谋求能源消费国实现合作，以对欧佩克与日俱增的影响力实现对冲。时任美国国务卿的基辛格提出，应当以分化欧佩克、协调共同能源政策为方针，让跨国能源企业重拾原油定价权。他认为，应当以市场的应对策略反制欧佩克的行政式涨价，提出消费国节能降耗、扩大非欧佩克国家替代性石油产量以及发展替代能源等具体措施，以应对欧佩克在石油价格上表现出的姿态。在欧佩克内部，基辛格同样秉持分化瓦解的应对思路：将伊朗、阿尔及利亚、伊拉克等人均石油储量低且严重依赖石油财政以发展本国经济、巩固军事实力的国家视为"欧佩克鹰派"。这些国家的石油财政往往难以长久，有限的石油储备不具备长期开发的条件，因而低油价不利于其扩大收入，故对油价上升的企图更为迫切，在欧佩克当中更加强硬；而沙特、科威特、阿联酋等国，石油储量丰富，收入较多，但国内消纳资金的能力有限，大量盈余资本在西方国家进行投资。此类国家一方面没有迫切的资金需求，另一方面担心油价过高会影响其在西方国家投资的收益，并促使石油消费国在替代能源领域增加投资，因而认为油价适中更利于本国利益，即"欧佩克鸽派"。基辛格应对石油危机的思路是：一方面减少长期原油需求，另一方面增加长期原油供应，改变世界原油市场的供需格局，迫使油价下跌。只要部分产油国为提振收入增加石油出口，欧佩克则为维持油价，必须调整整体产能。而产能压缩空间在各个成员国当中是不一致的，部分国家存在财政支出刚性，欧佩克内部则将陷入鹰派与鸽派相互攻讦的局面，组织权威将受到削弱，石油危机的局面也将随之瓦解。

为了实现基辛格所设计的市场应对战略，美国需要将能源消费国组织起来，而国家利益的不一致，使得西方国家内部也存在着严重的分歧。对于合作模式，当时主要有两种路径：一是美国式的高对抗性战略，即建立工业化国家的国际能源组织，协调消费国以抗衡欧佩克。该路径主张"横向合作"，认为消费国的松散合作与生产方的步调一致，使得两方力量对比失衡。只有加强消费方协调，以强硬对强硬，才能够彻底改善能源供应局面。二是法国和日本秉持的安抚政策。它们认为过于对抗会刺激阿拉伯国家采取更加激进的能源政策，因而在外交政策上采取灵活的姿态，避免美国的政治捆绑，以解除阿拉伯国家对其采取的负面政策，甚至于在中东地缘政治当中施加影响，削弱美国对沙特和伊朗（当时的伊朗尚未爆发伊斯兰革命）的控制能力。此外，对于石油危机的耐受性，各国不尽相同，立场上强行要求统一无异于受制于美国。基于此，法国在国际舞台上主张消费国与产油国间进行对话，并建立"纵向合作"，即以多边主义保障能源安全，而非形成两个尖锐对立的阵营。

1974 年 2 月，石油消费国在华盛顿举行了能源会议。美国在会议上提出了行动计划，以增加各国能源储备、加大投入寻求替代能源、在特定状态下协调能源让渡、加强国与国之间能源合作等为会议议题。然而，法国力促欧共体不参与组建石油消费国联盟，并以欧洲利益为最优级制定独立的能源政策。在此情况下，美国将国家安全与能源合作进行了捆绑基辛格则强调欧洲安全依赖于美国驻军及北约组织的现实，使得欧洲各国在合作议题上态度趋于弱化。此外，基辛格还坚决反对欧洲和日本展开任何形式的双边合作，认为此举将动摇与会各方的团结和互信。2 月 13 日，除法国外，与会的其余 12 个欧洲国家表示支持美国提出的"行动计划"，并成立由各国高级官员组成的能源协调组，为最终成立统一的国际能源机构做准备。

华盛顿能源会议结束的当年 11 月，OECD 下设的国际能源机构（International Energy Agency，IEA）成立，并拟定了国际能源计划协议。当中的主要内容有：

11 月 15 日，16 个 OECD 成员国在国际能源计划协议上签字，标志着国际能源产能产业合作的初创完成。而法国和挪威则表示拒绝签字：法国出于欧洲独立性考量，认为 IEA 会形成美国的"能源北约"，钳制欧洲的能源政策自主性。法国认为欧共体应当独立制定对欧佩克成员国的能源政策，不应对阿拉伯世界过于强硬；而挪威指责 IEA 内美国一家独大，内部治理缺乏公平性，即使参与也只在 136 票中拥有 4 票权利。此外，坐拥北海油田，挪威担心 IEA 会掌控本国能源开发节奏，迫使其提高原油产能。在 IEA 的实际运行当中，美国也采取了灵活的策略：基辛格介于欧共体与欧佩克已经展开了对话合作，因而不急于利用 IEA 对欧佩克采取过于强硬的对抗立场，对话合作的声音成为了主流。

IEA 的成立，为国际能源产业产能合作贡献了两大成果：其一，建立了紧急石油共享机制，并设置了多条能源红线；其二，搭建起国际能源对话的权威平台。虽然法国在 IEA 成立问题上表现出与生俱来的"特立独行",但其仍通过欧共体整体,与之形成了紧密的合作。而美国在达成协议前的诸多承诺,却出现了一定的"履约危机"。为达成协议,美国承诺在能源技术合作方面对成员国(主要是欧共体和日本)进行共享,但哪些技术可以算作能源技术、哪些技术又可以共享以及产生的收益如何分配方面,美国均占据解释权。IEA 在督促成员国削减石油消费方面,也仅有道义约束,缺乏行之有效的监督。

2. 第二次石油危机与国际能源合作

1973 年第一次石油危机之后,国际油价表现趋于平稳,欧佩克甚至一度将基准油价冻结至每桶 12.70 美元水平。而国际能源市场当中的现货交易逐步让位,供求双方签订远期或短期合同成为主流。

1978 年 11 月,伊朗爆发伊斯兰革命,巴列维王国垮台,宗教领袖霍梅尼随后建立反美政权。由于巴列维赴美就医,以及伊朗学生占领美国大使馆,使得中东局势骤然紧张。此时,OECD 各国石油库存处于历史新低,仅相当于拥有 71 天进口量。而伊朗当时为全球第二大石油出口国,日产 450 万桶石油,革命爆发使得日产石油跌至 200 万桶,到 1979 年 1 月和 2 月,伊朗石油工人大罢工,石油产量直至清零。1979 年 3 月 5 日,伊朗恢复石油生产,但产量相比于革命前减少 1/3。在世界石油供应方面,伊朗所占比例仅为 4%,且沙特决定迅速增产以弥补短缺,实际上对国际原油供需格局的影响尚处于可控范围。

然而,第一次石油危机时的市场恐慌情绪依然存在,公众对伊朗局势反应过度,市场恐慌持续蔓延。现货油价本身仅是容量较小的市场,价格波动过度放大,并很快突破 40 美元大关,这又进一步刺激其他涉石油领域消费品价格的上涨。1979 年 2 月 8 日,美国能源部部长施莱辛格发表谈话,谈及对伊朗石油停产的担忧,这一错误言论使市场舆论的恐慌情绪进一步激化蔓延。这一表态使得市场焦虑被再度放大,美国政府被迫宣布给予石油补贴,但效果不佳。是时,各类国际资本联合政府操控油价的阴谋论此起彼伏,使得经济波动演变成政治互信的缺失,卡特政府受其影响连任失败。第二次石油危机期间,国际原油价格在 18 个月内上涨了 170%,而 1979 年 OECD 国家石油净进口额比上一年攀升 45.16%,达 1 800 亿美元,1981 年更是突破 2 540 亿美元,这使得 OECD 国家总体国际收支下降达 830 亿美元。可以说，该时期的国际能源产能合作未能达到预期水平，各国之间的协调暴露出诸多问题，政府间合作一度沦为"互发声明"。

1980 年 9 月，刚经历第二次石油危机后的世界原油市场，又因两伊战争的爆发而波澜起伏。而在这一阶段，OECD 国家终于通过 IEA 实现了有效的合作：两伊战争爆发后，IEA 理事会便迅速动员各国，协调释放石油库存，以弥补伊朗、伊拉克两国由战争所导致的石油供应缺口。此外，在应对前期发生的第二次石油危机的过程中，各国石油储备都有所增长，共计 37.3 亿桶，比第二次石油危机爆发时多近 10 亿桶，使得各国在制定能源政策时更有底气。而欧共体 9 国能源部长则在当年 11 月通过了石油库存动用计划，以进一步干预原油现货市场，平抑市场投机及恐慌情绪。会议还发表了一篇声明，阐述了当前能源市场的供需状况，重申了共同体国家紧密协作的精神。一个月后，巴黎又召开了 IEA 部长级会议。IEA 再次强调了先前的能源政策，并且说服受减产冲击最小的国家向市场投放自身石油库存，以帮助其余受影响的国家。不论从具体举措抑或声明姿态上，IEA 的诸多努力都对市场形成了显著的安抚，油价未出现两年前的大幅上涨。1981 年 1 月，由于战争开支巨大，交战双方都急于恢复石油出口，市场供应得以逐步恢复。与第一次石油危机相比，第二次石油危机及其后的两伊战争期间，石油供应的大规模短缺并未出现，各国间合作与协调水平得到了进一步加深与提升，相互之间的协调使市场大幅波动的情况未再次出现。

3. 海湾战争时期

1990 年，伊拉克萨达姆政权发动入侵科威特的军事行动，联合国随即对其实施石油禁运。而作为产油国，伊拉克和科威特的禁运将产生 470 万桶的原油供应缺口，这将影响全球 7% 的石油供应安全。由此，世界能源市场再次掀起剧烈波动，3 个月的原油期货价格由 14 美元跃升至 40 美元。但是，供应短缺的局面很快被沙特、委内瑞拉等国的产量所扭转，油价波动更多源于市场担忧情绪的蔓延。1991 年 1 月 17 日，海湾战争正式爆发。而与此同时，油价却出现跳水——开战当天，美国西得克萨斯中质油 2 月交割的收盘价下跌 10.56 美元。因此，虽然海湾战争导致石油价格出现一定幅度波动，但最终得益于国际能源产能合作的程度加深，高油价持续时间有限，对世界经济影响较小。

从国际能源产能合作的角度，在应对海湾战争所导致的油价飙升时，国际社会各方实现了自1973年以来最为全面且最成功的合作——过去的产能合作往往是消费方被迫应战，而此次却成功达成石油出口国与消费国之间的配合。欧佩克国家希望保持世界能源市场的供应稳定，这也有益于其保持长期稳定的石油收入。为此，欧佩克组织对自身供应潜力进行了预估，并判断当前供求关系并未发生根本性改变。然而，在沙特、阿联酋、委内瑞拉等国决定增产后，原本持反对意见的伊朗同样跟进。而在"冷战"末期，苏联与美国也达成了多项谅解，对美国的军事行动采取了默认的态度。

总结起来，此次供需两方全面合作局面能够顺利实现，三个高效的国际合作机制功不可没：一是联合国，为国家间配合做了顶层设计，权威地发布了相关能源决议，为各国实现全面合作奠定了统一的政治基础；二是IEA组织，在市场层面进行政府间协调，起到了信息共享、政策配合、稳定市场预期的作用；三是北约，从军事层面上保证了波斯湾能源通道的畅通，而这也是外国军事力量在波斯湾地区为数不多的稳定性表现。

7.1.2 国际能源产能合作的主要模式

1. 共同目标模式

共同目标旨在仅针对所需实现的目标达成共识，而对具体成员所选取的实现模式不做要求。这一模式在国际社会被广泛采纳：七国集团（G7）首脑在1985年制定了成员国石油进口量集体目标，而IEA则提出成员国的12条指导原则以及替代能源发展目标等。这一模式仅设立共同目标，旨在统一各国预期，并对产业发展方向做一定幅度的规定，以期为各国制定政策设定统一方向。并且，不对具体政策做硬性规定，使各国能够充分根据自身条件进行安排。

但是，这一模式也存在一定缺陷：首先，共同目标模式会缺乏约束性，各国会出现消极履约的现象，成员内部约束较为松散。其次，共同目标由于缺乏约束，往往只能制定长期性目标，短期目标缺乏可操作性。因为长期目标能够更显著地体现出合作效果，而短期获利往往难以被具体化，设置短期目标将使该模式参与方缺乏合作积极性与合作信心。最后，共同目标模式存在结果的不确定性，当目标实现时，收益往往难以估计，即使达到一定要求，也存在利益分享问题。

因此，共同目标模式更适合于单方面的能源消费主体进行合作，以应对长期供应不足或需求过高等有赖于长期调整的方面。IEA 早期即以这类合作模式为主。

2. 信息共享模式

信息共享模式旨在要求参与各方及时且完备地提供必要信息，以避免各方对彼此行为的误判，从而帮助制定正确的政策，同时也便于各方行为的相互监督。信息共享模式，其本身就脱胎于国际合作的常见模式。

由于第二次石油危机的影响，各经济体间愈发认识到市场信息及时、准确披露的重要性。而就 IEA 成立之初的愿景而言，信息共享本身就是其宗旨之一。第二次石油危机爆发之后，IEA 强化了成员国间信息共享平台的建设，并以国际组织的身份，扩大和提高信息披露的范围和时效性，对能源市场波动、能源存量信息、全球炼油产业体系、新能源的勘探进展进行全面监控，并组建专业团队对能源生产、消费、进口和价格波动等信息进行权威分析，进而尽最大可能避免市场参与主体做出不理智决策行为。

信息共享合作模式具有以下优点：向其他市场参与者共享信息，可以通过信息的公开形成规模效益，而交易总成本不会随之增加，可带来可观的远期总体获益。然而，实现这种合作模式，抑或将这种合作模式发挥至最大功用，需要克服以下挑战：能源信息相较于其他信息而言更为敏感，参与各方会担心信息的泄露，使得信息披露存在人为干扰；己方信息披露得愈发完整，会为竞争方产生优势，信息披露则会因此步入柠檬市场的处境当中。

总体上说，IEA 对信息提供方都会存在一定的监督和检查手段，以确保能源产业这类敏感信息的真实性。此外，为了消弭各国提供关键信息的疑虑，IEA 还对信息的保密问题有十分严格的规定，由这些信息所获得的相关结果也有严格的应用范围限制。IEA 在整理信息数据的过程中，还需要考虑信息标准化等诸多问题。

3. 行动约束模式

行动约束有两层含义——一是指要求参与方按照特定的规则、顺序，采取特定的措施、政策，以达成一致的行动目标。二是强调一定约束以维护行为参与各方的利益，规范国家及组织的政策制定依据。在行动约束中，合作者可以在任务流程上保留一定的自主灵活性，选择一次性地完成其所有义务，或按自身节奏制定路线图，或遵循类似合作博弈的视角，依据其他合作方的进展决定下一步举措。行动约束要求以明确且可达到的行动目标为前提，辅之以及时、准确的信息反馈与监察。各参与方可在分步骤完成义务的情况下，对其他参与者的履约情况进行监督。

行动约束模式相较于共同目标模式，更加突出强制性，不同参与方所需承担的义务也日趋多元，行动成本也相应较高，还存在惩罚性背离成本。因此，这种模式的成功，有赖于对各行动方进行有效监督，对成本和收益的分配要更加合理、均衡。

在应对海湾战争时，美国、欧共体及 IEA 等参与方各司其职，如日本、韩国等甚至被摊派了部分军费。而 IEA 在战争爆发时做出的提供战略石油储备、"最低保护价"等决定，都属于行动约束的表现形式。

4. 双边互信模式

双边互信模式是难度最大的合作模式，旨在通过能源供应与需求双方之间形成广泛的利益捆绑，加强政治、经济、文化、军事等多方交流，加深了解，建立互信，以此扩大共同利益，保障能源供应的稳定。作为能源消费方，应当解决长期供应与即期短缺两方面问题。日本受制于战败国地位，多运用此类模式，与海湾国家建立了较为良好的互动关系。

但对于双边互信模式，操作上存在一定的难度：

首先，政府间合同的签订对长期供应与即期产量的影响极为有限，这一合同的签订从实质上仅能形成长期能源贸易的一定保障，而总产量规模未能发生实质改变。其次，类似于期货交割将有可能出现高估未来市场价格的情况，政府间远期合同也会出现高估交易价格的情形，而这将使得国家能源财政出现一定的损失，消费国能否履约属于不确定事件。最后，由于国与国之间能源贸易较为灵活，低价竞买国与其他能源消费国之间将有可能形成套利空间，油价差异将受其影响迅速过渡到世界能源市场水平。

7.2　能源产能合作国际经验分析

7.2.1　欧洲能源产能合作经验

欧洲是第一次工业革命和能源革命最早的发源地,因而在传统能源及新能源领域都聚集着一批实力雄厚、底蕴悠久的跨国公司。2022 年,欧洲共有三家油气企业进入福布斯全球最大上市公司 2 000 强(荷兰皇家壳牌集团第 16 位,英国石油公司(BP)第 50 位,道达尔公司第 29 位),均属于能源领域的巨型龙头企业,分支机构及业务范围遍及全球,在行业内属于典型的标杆。此外,在新能源领域,欧洲也同样表现抢眼,拥有 ABB、西门子、阿尔斯通、施耐德等代表企业,并在全球变配电市场享有 50% 以上的份额,而法国电力集团则通过整合阿海珐公司的相关业务,跻身核电领域的行业龙头(见表 7-1、表 7-2)。

表 7-1　　　　欧洲主要石油与天然气企业经营状况(2022 年)

公司	国家	创设时间	销售额(亿美元)	利润(亿美元)	资产(亿美元)	市值(亿美元)
荷兰皇家壳牌	荷兰	1907 年	$3 826	$233	$3 992	$2 649
英国石油 BP 公司	英国	1909 年	$2 991	$93	$2 822	$1 495
道达尔公司	法国	1924 年	$1 842	$114	$2 568	$1 495

资料来源:2022 年福布斯上市公司 2000 强。

表 7-2　　　　　　欧洲主要新能源企业经营状况

公司	国家	创设时间	销售额(亿美元)	主营业务	排名
西门子	德国	1847 年	$98.3B	电子、电气	226
ABB	瑞士	1988 年	$34.3B	电力、自动化技术	282

续表

公司	国家	创设时间	销售额 （亿美元）	主营业务	排名
阿尔斯通	法国	1928 年	$9.8B	发电、输电和铁路基础设施	963
施耐德	法国	1846 年	$30.3B	配电、工业工程设备	255
法国电力公司	法国	1946 年	$81.4B	发电、输电和配电	269

资料来源：2022 年福布斯上市公司 2000 强。

1. 能源企业全球化合作战略①

（1）荷兰皇家壳牌集团。

荷兰皇家壳牌集团（以下简称"壳牌集团"）由英国壳牌与荷兰欢加石油合并而成，占股比例为 2∶3。壳牌集团业务广泛，遍及全球 140 个国家和地区，是全球著名的油气及化工产品生产商，而旗下的汽车燃油与机械润滑油也在全球市场份额最大。壳牌集团的全球化战略由三部分组成，分别为绿地投资、危机预案及多元化经营。首先，壳牌集团在能源开发和生产领域的国际合作主要采用绿地投资的方式，通过与当地实体建立合资公司的模式实现合作经营，以获取当地能源的开采、运输权力。壳牌集团通过此类投资已实现在 20 多个国家拥有天然气权益，并在文莱、马来西亚和澳大利亚的世界级液化天然气工厂拥有股权份额，入股世界主要天然气管道运输公司。在能源零售领域，壳牌集团也擅于通过成立合资或独资公司的方式，开拓域外市场，例如 2008 年通过与延长石油合作成立延长壳牌石油有限公司，顺利将燃油零售业务拓展至中国。其次，危机预案也是保障壳牌集团石油海外合作的重要组成。在壳牌集团的全球化布局当中，应变能力被提上了重要地位。该公司每年都要举行 4 次石油供应突然中断的演习，以模拟石油危机等极端情况。海湾战争及伊拉克战争当中，世界石油市场出现了一定幅度的紊乱，但壳牌集团则依赖自身危机预案的完备，有一套收放自如的应对策略，未受到明显波及。最后，多元经营是壳牌集团拓宽海外市场合作的重要原则。坚持经营业务多元化与合作对象的多样

---

① 笔者根据相关资料整理。

化，能够充分抵御全球市场潜在风险的影响。在 20 世纪下半叶发生的几次能源危机当中，壳牌集团都实践了大规模的经营业务多元化计划，在金融、冶炼等其他领域崭露头角。在平稳发展阶段，壳牌集团也注重与非石油输出国建立合作关系，已将自有炼油企业布局于 34 个国家当中，并在美洲、欧洲及亚洲拥有完备的化学品制造业务，在非洲和大洋洲拥有煤炭业务，而在南美坐拥金属矿业。

（2）道达尔公司。

道达尔公司总部位于法国巴黎，是全球第四大油气供应商，业务遍及全球 120 余个国家和地区。道达尔的全球合作战略主要以商业模式灵活多样、技术领域实力雄厚以及新能源业务占比突出著称：首先，道达尔公司采取灵活多变的商业合作模式。由于不同资源国政体的不同，其对境内资源的管制也不尽相同。为此，道达尔公司除与资源国政府及企业建立合作体外，还与其他跨国能源企业建立了广阔的业务合作网络。在 20 世纪 80 年代末油价暴跌及 90 年代需求不振时期，道达尔公司完成了对大量经营不善能源企业的兼并重组，在局部业务领域也灵活运用联合、收购、股权置换和剥离策略。例如，该公司在能源产业上游选取俄罗斯的诺瓦泰克进行注资，加快了自身在东欧的产业布局。在下游零售端，则与德国、意大利的本土公司进行合作，提高市场占有率。此外，道达尔公司为了满足自身能源技术的需要，还斥资收购了美国阿米瑞斯生物技术公司 17% 的股份，进而通过该公司将巴西的工业合成生物技术项目建成投产，形成了完备的生物能源合作平台。其次，在技术领域，道达尔公司注意培养并巩固专项优势。该公司在常规油气勘探开发、非常规天然气压裂等领域握有世界最尖端技术储备。此外，道达尔公司还在页岩油领域成功发力，是世界上为数不多的几家掌握稠油和油砂开采全产业链技术的公司。最后，道达尔公司更加注重产品前瞻性，在新能源业务当中投入巨大。新能源被视作道达尔公司未来发展的主要方向，重点在光伏发电及生物质燃料方面。2011 年，道达尔公司买入美国太阳能企业 Sunpower 66% 的股份，实现对其控股，并借其获得了光伏发电领域的长足发展。2013 年，道达尔公司还在智利启动了太阳能发电项目 Salvador，并积极竞标南非的同类工程。

（3）法国电力公司。

法国电力公司（Électricité de France，EDF）成立于 1946 年，是全球最大的核电运营企业，业务主要集中在电力领域，并形成了覆盖上下游的全电力产业链体系。法国电力公司在国际合作当中突出两方面优势：一是利用自身核电技术优势，以敏锐洞察力配合合作标的国的能源产业调整。在中国大气污染治理压力较大，电力能源结构亟待调整之时，法国电力集团积极抓住商机，在 2015 年先后与中国大唐集团有限公司、三门峡市政府等实体签署热电联产项目协议，与南方电网高度合作，并得到了广东省政府的大力支持。自 20 世纪 90 年代以来，中国的核电实践无一例外都有法国电力公司的身影，并与中广核集团合作密切。中广核集团也利用自身资金优势，与法国电力公司一道，共同开发了英国核电等海外能源项目。二是积极备战可再生能源领域。在把握核电之外，法国电力公司还深耕可再生能源领域的发展机会。2014 年，法国电力公司与中广核集团合作，共同签署了英国 Clover 风电项目 80% 的股权收购协议。2015 年底，该企业又与缅甸电力部门合作，以 PPP 模式合作开发瑞丽水电项目。

（4）西门子公司。

西门子公司历史悠久，距今已有超过 170 年历史，并在成长过程中经历各种收购兼并及重组整合，公司韧性及适应性极强，在电子与电气领域独树一帜。西门子公司当前实现的高速成长，与其背后的国际合作战略密不可分：首先，西门子公司重视追求高速增长，往往选择新兴市场国家作为业务突破口。该公司在巩固欧洲基本市场以外，还善于打开金砖国家市场，在中国、印度、巴西、俄罗斯及南非等市场的营收占整体的 23%。其次，西门子公司擅于构建高效灵活的组织管理体系，并与自身业务发展紧密整合。在布局全球的过程当中，西门子公司所面临的产业门类急速增加，组织架构也从直线型转变为扁平模式，管理实现了从集权到分权再到混合式集中控制的机制创新。2007 年，西门子公司再次进行大规模的业务重组，将旗下产业集中分布为工业、能源、医疗三大领域，并设立了拥有足够权限的首席执行官，收回地区子公司部分权限，将各大行业领域的公司行为进行整合；最为重要的是西门子公司的海外本土化战略。以西门子中国子公司为例。该公司建立了本土采购委员会，将自动化及输配电领域的采购单元下放，选取符合资质的本土企业进行合作。但合作不仅仅局限于合同订货关系，西门子中国分步骤有针对性地对下游本土企业进行收购，形成战略合作联盟，并遴选本土人才，建立着眼于当地市场的研发机构。

2. 政府支持政策梳理

（1）成立国际可再生能源机构（International Renewable Energy Agency）。

2009 年，欧洲诸国与德国波恩共同发起成立了国际可再生能源机构，该机构旨在为世界各国提供清洁能源领域的国际援助、技术扶持与政策咨询。该机构在欧洲建立了可再生能源技术知识库，鼓励国际区域合作，并为可再生企业构建了官方支持的合作平台，鼓励全球各地的可再生能源投资。2015 年，阿联酋通过该机构为发展中国家的可再生能源项目提供了 3.5 亿美元优惠贷款[1]，诸如毛里塔尼亚风能、太阳能和水电混合项目，厄瓜多尔在建水电站都受到了扶持。而诸多欧洲能源企业也通过这一平台为发展中国家的清洁能源项目提供技术支持。

（2）金融及财税支持。

在能源领域享有出口市场份额的企业，德国政府为鼓励其出口，会对出口企业及外国进口商提供双向信贷支持。出口企业除可获得出口退税外，购买德国产品及服务的外国企业还能得到德国政府补贴利息的担保贷款。2012 年，德国政府为支持西门子、莱茵等德国电力企业开拓非洲市场，示意德国发展银行、德国复兴信贷银行等金融机构为摩洛哥的太阳能开发机构提供了 1 亿欧元的低息贷款[2]，以帮助后者采购德国能源企业设备，在其国内建设太阳能发电项目。此外，德国还在 2004 年修订《可再生能源法》，对光伏产业的补贴政策进行了完善，以对冲来自竞争对手的政府补贴压力。2009 年，德国政府再次修法，直接对陆上和海上风电场实施税收补贴，并大力拓展境外电力输出，提振本国新能源企业的市场销量。

---

① 阿联酋为伊朗等国提供 3.5 亿可再生能源贷款 [EB/OL]. 北极星风力发电网，https://news. bjx. com. cn/html/20150119/583050. shtml，2015 – 01 – 19.

② 多家银行机构拟向摩洛哥 800MW Noor – Midelt 太阳能发电项目提供融资 [EB/OL]. 国家太阳能光热产业技术创新战略联盟，http://www.cnste.org/html/xiangmu/2018/0212/2623.html，2018 – 02 – 12.

（3）开展能源外交。

荷兰政府为配合壳牌集团的海外扩张，积极开展能源外交。2015 年 4 月，壳牌集团完成了对英国天然气集团的并购协议，为争取最大市场中国的反垄断机构的并购许可，荷兰首相和国王于 2015 年先后访华，且均有壳牌集团高层随扈。这一外交举动为壳牌集团业务的顺利拓展奠定了坚实的基础。此外，2006 年 10 月，正当中国准备建设台山核电项目之时，时任法国总统希拉克也多次到访中国，积极推销法国电力公司的第三代核电机组 EPR。而 2010 年，时任法国总统萨科齐还出访印度，积极争取阿海珐参与印度杰塔普的核电建设项目。

3. 能源管理部门

（1）德国能源署（Deutsche Energie – Agentur，Dena）。

德国能源署是由德国联邦政府与德国复兴信贷银行联合出资成立的非官方市场管理机构。该机构通过应用市场经济工具，为德国联邦提供创新能源政策，并支持德国能源企业的海外拓展。德国能源署在节能用电推广、能源系统及服务、可再生能源、节能建筑、节能交通系统、大气保护等领域表现积极，并擅于制订社会宣传及行动计划，发布权威的研究报告，并通过学术支持等方式，积极为能源产业理论创新提供支持。

（2）已撤销的英国能源与气候变化部（Department of Energy and Climate Change，DECC）与新组建的商务、能源与工业战略部（Department for Business，Energy and Industrial Strategy）。

英国于 2008 年组建了能源和气候变化部，以促进国内可再生能源工业的发展，应对气候变化所带来的挑战。DECC 分为管理委员会和审计委员会——管理委员会旨在为政府决策提供战略性指导，其职能包括企业战略设置、资源分配、市场经营计划的审核与监管以及部门执行能力考核；审计委员会则通过协助管理委员会，以确保机构内部资金透明与行政高效，定期审查部门内部管理框架的有效性并做出及时的风险评估，属于内部治理部门。英国能源与气候变化部在英国的对外能源合作中扮演着重要角色——2015 年 10 月，在习近平主席访英期间，中国国家能源局与 DECC 在伦敦签署合作协议，旨在加强两国民用核能领域的合作，增强中英企业间的伙伴关系，共同开发中英及第三国核电项目。

2016 年，随着脱欧公投的结束，卡梅伦宣布辞职，新上任的首相特蕾莎·梅决定改组内阁，将 DECC 主要职能移交给新成立的商务、能源与工业战略部。这一部门将原有的应对气候变化职能进行调整，强化了负责拟定全面工业战略、强化政府与企业关系、促进先进科学技术、提供负担得起的清洁能源的政府使命，使经济增长与应对气候变化能够相辅相成。新部门成立后仅几个月，英国最大的风能合作项目霍恩锡（Hornsea）二期便获得批准，而原有与中法两国合作的欣克利角 C 核电项目则陷入停滞，这说明英国在未来能源的选择方向上出现了一定的争议。

（3）法国原子能与可替代能源委员会（Commissariat à l'énergie atomique et aux énergies alternatives，CEA）。

法国原子能与可替代能源委员会由法国原子能委员会重组而来。该机构在原有专攻原子能领域的基础上，增加了对其他可替代能源的合作职能。该机构享有代表法国政府的权限，积极参与国际原子能机构的相关事务，并在能源市场一侧积极支持法国核电企业的海外扩张。该委员会积极开展高水平的国际科学合作，并吸引业内一流研究人员前往法国进行学术交流。该机构还代表法国积极参与欧盟第七个研究框架计划，并优化核能利用研究成果，帮助欧盟委员会制定统一的能源共同战略，确保法国在欧盟科研机制内的创新地位。该委员会还开放一部分欧盟基础研究设施，进一步提高利用和共享率，并与世界主要国家能源机构建立了稳定的双边合作关系。

7.2.2　美国能源产能合作经验

美国作为世界第一大经济体，在能源领域首屈一指，坐拥众多世界知名的跨国企业。根据 2022 年福布斯上市公司 2 000 强的数据，美国的埃克森美孚公司（15 位）、雪佛龙股份有限公司（26 位）以及康菲（128 位）公司为其国内传统能源巨头，而通用电气公司（224 位）则在收购阿尔斯通后，在新能源领域独树一帜（见表 7 - 3）。

表 7 – 3　　　　　　　　　　　美国主要能源企业经营状况

公司	销售额 （亿美元）	利润 （亿美元）	资产 （亿美元）	市值 （亿美元）	主营业务
埃克森美孚公司	\$2 792	\$202	\$3 462	\$3 434	油气勘探开发与生产、 运输、销售
雪佛龙股份 有限公司	\$1 587	\$148	\$2 539	\$2 283	油气勘探与化工冶炼运输等
康菲	\$364	\$63	\$700	\$746	油气勘探与化工冶炼

资料来源：2022 年福布斯上市公司 2 000 强。

1. 重点能源企业全球化合作经验

（1）埃克森美孚公司。

埃克森美孚公司总部位于美国得克萨斯州，是美国最大的全产业链油气公司，其历史可追溯至洛克菲勒于 1882 年创立的标准石油公司。在该公司的全球化战略当中，有三大最为显著的特征——首先，对公司投资及成本控制进行严格把控。得益于其对收益和成本的控制，埃克森美孚的投资回报率在业界是最高的。埃克森美孚擅于利用市场波动，及时把握机遇壮大自身实力，两大发源企业埃克森与美孚的合并即把握住了 1998 年油价下跌的窗口期。而该企业常常未雨绸缪，在 2014 年油价高企之时便提出了成本控制目标。其次，坚持全产业链一体化发展模式。埃克森美孚公司在决策执行过程中保持了稳定和一致性，坚持上下游一体化发展思路，通过灵活的资本运作使自身业务覆盖了油气勘探、化工制造及零售领域，使公司财务结构趋于均衡，对能源价格波动、行业周期及特殊"黑天鹅"事件的适应能力显著提高，公司总体业绩难以出现大面积滑坡。在 2014 年国际油价下行背景下，埃克森美孚依然能够通过炼油及销售部门的业绩增长，带动公司整体利润高达 3% 的提升。最后，作为技术要求较高的行业之一，油气企业的技术储备也异常重要。埃克森美孚不仅拥有丰富的自有技术，能够在产业链上游攫取竞争优势。更重要的是，在下游及化工领域，埃克森美孚擅于利用良好的商业关系，为自身企业储备世界其他优质企业的技术专利，形成技术联盟——在润滑油及燃料油研发当中，埃克森美孚就与通用、丰田及戴姆勒等汽车企业建立了深入的合作关系。

（2）雪佛龙股份有限公司。

雪佛龙股份有限公司（以下简称"雪佛龙公司"）创始于 1879 年，总部位于加州旧金山，是美国第二大石油公司，当前业务已扩展至全球 180 个国家与地区。雪佛龙公司国际化战略的重点在于擅于利用资源整合能力，并对全球合作具有敏锐洞察力。首先，该公司擅于通过重组与兼并，以实现自身资产结构的优化。为了提高资产管理效率，雪佛龙公司通过扩大企业规模、调整资产结构等方式，优化自身生产要素的配置。例如 1996 年雪佛龙公司通过单独剥离自身北美天然气业务，并与 NGC 合作，成为了北美地区最大的天然气和电力销售实体。其次，雪佛龙公司还果断剥离难以形成盈利能力的项目，将资金实力用在有利可图的方面。例如，1987 ~ 1992 年，雪佛龙公司出售了其在美国的 2 300 多处油田，却在 1997 年以旗下北海苏格兰 Alba 油田的 12% 的股份换取挪威国家石油公司 Draugen 油田 7.56% 的股份及海上勘探权，使其掌握的油田质量得到了大幅提升。最后，作为一个擅于进行海外投资的公司，雪佛龙公司擅于利用合作关系，分担自身投资风险。

2. 政府支持政策梳理

（1）由美国能源部制定统一的能源政策。

美国联邦政府下属的能源部（United States Department of Energy），旨在制定全美能源政策，并促进联邦机构及科研实体对相关能源技术进行研发。甚至对于能源行业行为规范，该部门也拥有一定执法权，并兼任一定的武器开发职能。美国能源部设于华盛顿特区，并且在马里兰州的马丽兰德设有分支办公机构。能源部还下设能源情报署，是专业化的统计数据发布机构。它为美国能源管理部门对相关能源政策的制定提供有力的数据支持。EIA 对信息进行独立的报道，不受政府影响。该机构有权向能源公司收集信息，下设 24 个国家实验室和技术中心，积极开展国际能源科研合作，并为提供数据的企业做技术咨询。

（2）减税。

美国政府鼓励对外投资的减税策略分为所得税减免与关税减免两类。所得税方面，美国政府允许纳税人用已向外国政府交纳的税款来冲抵其在本国的部分纳税义务。同时，为了鼓励海外长期投资，促进利润再投资化，美国修订了国外利润法，跨国公司在海外的利润在汇回国内前是免税的。以通用电气公司为例，2004 年其全球化营收减免达 12.4%，联邦所得税当中的一半得到了减免，这使得美国公司有足够的内生动力，积极拓展海外市场。

（3）强势美元的货币政策。

美元是世界主流的结算货币，也是国际投资的主要资金形式。20 世纪 80 年代初期，联邦储备局实施了较高的利率，使得国内投资趋冷。而与此同时，美元走强，刺激了美国公司海外投资的积极性。90 年代以来，美国对外能源投资增长迅猛，这与当期美国保持的相对稳定的强势美元政策有紧密关系。

（4）外交及军事支持。

"9·11"事件后，美国借反恐的名义在中亚部署了多处军事基地，为其对当地经济进行渗透埋下了伏笔。早在反恐战争之前，美国就鼓励本国企业投资中亚，以对当地与俄罗斯的能源合作形成掣肘。为与俄罗斯的石油运输管线进行竞争，美国主张修建了"巴库—第比利斯—杰伊汉"输油管道。"9·11"事件后，美国更是加强了其在中亚—里海地区的政治影响力，并培植了如格鲁吉亚等亲美政权，这使得当地政府在能源项目合作方的选取上，往往需在俄美之间进行权衡。此外，美国频繁对伊朗、高加索非亲美政权进行外交及政治打压，不断要求相应地区开放能源投资准入，并以自身的军事存在作为能源合作的担保项。

7.2.3　日本能源产能合作经验

日本能源禀赋较为贫瘠，因此对能源效率合作、新能源产业领域十分重视。日本是世界上电力工业高度发达的国家之一，2022 年发电总量排名全球第五（中国第一）。[①] 除日本十大传统电力公司[②]以外，还形成了以三

[①]　详见 2023 年《BP 世界能源统计年鉴》。

[②]　十大传统电力公司指北海道电力、东北电力、东京电力、北陆电力、中部电力、关西电力、中国电力、四国电力、九州电力、冲绳电力。其中，所谓中国电力是指日本的中国地区。

菱集团为代表的新兴势力，在新能源领域不断发力，并在国际能源舞台上开展了广泛的合作。

1. 三菱集团的全球化经验总结

三菱集团的海外合作有三大路径：首先，擅于采用全球兼并收购策略，以实现能源领域相关技术的快速更新。三菱集团以扩大经营规模、延长产业链、开拓新兴市场、提高成本竞争力、提升关键领域研发实力以及差异化产品与服务战略为主，通过收购西班牙马德里的一家新能源企业，获取了大量光伏电专利，并在 2013 年与日立制作所合并火力发电相关业务，于翌年成立新公司。此外，三菱集团还十分重视市场份额的占领，并愿意以技术储备作为交换，以实现经营规模的扩大。2002 年，三菱重工与东方汽轮机厂合资组建三菱重工东方燃气轮机广州有限公司，该公司使三菱获得了中国广阔的燃气发电机市场，而中方企业则获得了 33% 的燃机热部件制造等相关专利技术。最后，三菱集团紧跟能源发展的时代趋势，是日本最早进入新能源汽车开发的公司之一。2015 年 9 月，三菱欧蓝德 PHEV 的销量稳居全球新能源乘用车第一位。

2. 日本政府的扶持政策梳理

（1）制定国家战略，以法律规范市场行为。

日本自"二战"后便擅于制定国家产业发展战略，而当前新能源产业发展亦是如此。早在 1974 年，日本便着手制定了《新能源开发计划》，将发展太阳能和燃料电池技术作为国家重点能源战略进行推进。1978 年，日本又推出了《节能技术开发计划》，两个计划随后合并成《能源和环境领域综合技术开发推进计划》，其主旨在于促进日本国内新能源的开发和商业化。

（2）加大财政补贴力度，扩大政策保护范围。

2009 年 2 月，日本经济产业省宣布对安装太阳能发电设备的用户提供政府补贴，使其能在小于 10 年的时间内收回成本。除了资助法人和个人用户安装新能源发电设备以外，日本还大力扶持太阳能发电技术的研发与应用，在制造、输送与贮藏氢系统方面提供资金支持。此外，日本政府还通过了《可再生能源配额标准》（RPS），规定电力供应商必须在供应当中增加可再生能源比重。对新能源供应商，日本政府规定电力企业在 20 年内对其支付费用，以弥补前者巨大的前期投入，该费用是德国的 2 倍。而日本新能源发电企业的入网收购电价也是全球最高水平，以此鼓励社会资本进一步投入。

（3）成立新能源产业技术综合开发机构。

新能源产业技术综合开发机构（New Energy and Industrial Technology Development Organization，NEDO）总部位于神奈川县川崎市，是日本最大的公立能源研究及开发机构。其成立于 1980 年，创办初衷旨在应对石油危机影响，大力开发可替代石油的新能源技术，并于 1998 年将研究范围拓展至产业技术领域。NEDO 并不雇用专职研究人员，其实质为政府与民间实体之间搭建的中介机构。民间实体以企业及科研人员为主，通过 NEDO 接受政府资金支持以对新能源领域进行前瞻性研究。除了担负起中介平台职能以外，NEDO 还负责对财政资金的使用情况进行审核、审查民间项目的研究进展，并代表日本政府与其他国家进行能源科技交流合作。

第 **8** 章
我国与"一带一路"沿线国家能源产能合作的政策建议

在对我国与"一带一路"沿线国家进行能源产能合作进行理论分析和实证分析的基础上,本章根据前述章节的研究结论和发达国家和地区能源产能合作的成功经验,有针对性地提出促进我国与沿线国家能源产能合作的政策建议。

8.1　实施能源进口多元化战略,提升能源贸易合作水平

增加能源进口来源国数量,提升中国与"一带一路"倡议沿线资源国能源贸易水平,是确保中国未来能源安全的重要组成部分。由于能源禀赋分布具有随机性,部分国家油气供应缺乏长期稳定性,能源进口贸易合作潜力国别差异巨大,并与中国的地缘战略关系重要性有强弱之分。因此,中国在制定能源贸易合作战略时,切勿"一视同仁",而应当以多元化为基础,有的放矢,有所侧重,根据不同国家的能源出口前景,有针对性地提升合作水平。

8.1.1　深化与优势国家的合作

应当重视与中国保持传统政治互信且当前有一定外部压力的国家,这

是中国能源合作的深化对象国。这一类国家地理位置与中国较为接近,并且在能源生产方面有一定基础,内部社会结构较为稳固,治理能力较强,与中国有良好的经贸合作基础,外交层面也趋于稳定。根据前文对于合作国家国别选择与合作潜力的分析测算,印度尼西亚、俄罗斯、伊朗、伊拉克、沙特阿拉伯、印度、阿联酋、土库曼斯坦、哈萨克斯坦为我国在与"一带一路"沿线国家进行能源产能合作过程中的 9 个重点合作国家,科威特、乌克兰、波兰、卡塔尔、土耳其、缅甸、阿曼、马来西亚、泰国、蒙古国、巴基斯坦、越南、塞尔维亚、埃及、乌兹别克斯坦和新加坡 16 个国家为在能源产能国际合作中的比较重要合作国家。在这一基础上进一步细分,俄罗斯、哈萨克斯坦、土库曼斯坦、印度尼西亚和缅甸应作为重点国家进行合作。以上国家或与中国存在传统合作基础,或与中国毗邻,或面临较为恶劣的外部政治及军事环境。尤其是俄罗斯,自乌东巨变后受到美欧持续数年的经济制裁,国内经济压力陡增。因此,对以上国家深化双方的政治互信,提升能源贸易合作水平,正当其时。

8.1.2　巩固与传统合作国家之间的关系

巩固传统能源贸易国。传统能源生产大国政局更为稳定,外部环境更趋缓和,且在国际能源市场中有一定地位。此外,此类国家油气资源禀赋较好,能源出口能力较强。此类国家与中国有一定油气贸易合作基础,多建立了较为良好的关系,但同时也与其他国际势力保持良好甚至准盟友关系。这一类国家包括沙特、科威特、阿曼、安哥拉、尼日利亚、卡塔尔、阿联酋、阿尔及利亚等国。这些国家能够对全球能源市场起到至关重要的稳定器作用,是当前中国实现能源安全的重要保障。因此,应当充分发挥"一带一路"倡议平台协调合作效用,提升合作水平。

8.1.3　提高与潜力国家的合作水平

开发能源市场的潜力生产国家。对于中国现有的能源产能合作而言,应当立足长远、未雨绸缪,提升与具有较大能源贸易增长潜力的能源贮藏国的合作水平。此类国家包括伊朗、伊拉克和莫桑比克等国。此类国家在相当长一段时期存在过局势动荡或被国际制裁，或毗邻国际热点地区，能源产能不能稳定保障，但又极具能源资源禀赋。应当积极配合这些地区维护社会稳定，并积极引导中资实体企业参与重建能源等基础设施，以期在未来的中国能源保障方面提升互信，奠定合作基础。

8.2 拓宽能源投资目的地，提升前端产业合作水平

能源的前端产业主要以勘探开发领域为主。与单纯提升进口规模及增加能源来源国不同，该合作旨在对目的地国的前端产业进行投资，提升合作水平，加大能源勘探和开采项目的海外投资力度，保障能源进口的便捷与稳定。

8.2.1 深化与前端产业开放程度较高国家的合作

"一带一路"倡议框架下的能源出口国多数在前端领域开放程度较高，部分则具备较大投资潜力，并与中国保持了一定的合作。"一带一路"倡议的合作推进，使得过去易被忽视的哈萨克斯坦、伊拉克、莫桑比克及缅甸等国的重要性显著加强。其中，位于中亚的哈萨克斯坦能源贮藏当中，油气资源极其丰富，且国内政局十分稳定，在前任总统纳扎尔巴耶夫的治理下成为中亚地区人均 GDP 最高的国家。哈萨克斯坦的油气产业基础扎实，行业发展持续向好，并与我国能源企业建立起了广泛且深入的合作关系。我国的上游能源领域海外投资也在该国有所倾斜，并具有独特的地缘合作优势。伊拉克本是传统能源出口大国，但由于数年来受到国际制裁，并几经战乱，使得该国局势不平稳，海外投资有所顾虑。伊拉克战争结束后，该国能源行业投资进入活跃期，国内多处油气资源进行了国际招标，国内优秀的能源企业都积极参与其中，并竞拍下部分油气田开采权益。从伊拉克已勘探油气及投入建设的能源基础设施方面来看，该国能源产能还有进一步提升的空间，但其国内安全因素值得注意。莫桑比克是极其容易

被忽视的东非能源出口大国，该国油气资源的开发前景广阔，并以天然气领域见长，且该国海上油气资源尚处于待勘探阶段，发展潜力不容小觑。缅甸能源合作的重点应当一分为二——首先是该国发现的油气储藏量虽然有限但生产预期呈增长态势。其次是途经该国的中缅油气管道，对于中国能源通道在一定程度上脱离对马六甲海峡及南海的依赖至关重要，这也是中国能源生命线规避外部军事存在的必要选择。缅甸能源产业上游领域的开发进展较为滞后，且中国企业参与度有限，其境内投资方多来自泰国、马来西亚等东盟国家，未来可加大对该国的能源勘探及开采项目的投入力度。

8.2.2 抓住与部分开放程度不确定国家的合作机遇

一些国家受制于本国现有政策限制，能源产业前端开放程度不确定，需要配合其国内特定阶段或抓住特定时机。对于此类国家，我国应当着力发挥当前的资源优势，利用复杂多变的国际环境，积极寻求产业合作突破。应当充分利用信息资源，促成合作项目落地，如俄罗斯、尼日利亚和土库曼斯坦等国。俄罗斯拥有丰富的能源储备，油气工业成熟，门类齐全，出口及炼化能力极强。但苏联解体后，俄罗斯能源业先是被寡头企业所垄断，而后逐渐收归国家控制。因此，俄罗斯政府长期掌控自身油气行业，官营色彩极其浓厚，对外开放的项目极其有限。然而，由于当前乌克兰局势持续紧张，俄罗斯战略生存空间逐渐受到压缩，经济制裁压力与日俱增。在这一背景下，俄罗斯政府对外能源开放的态度有所松动，使其不得不开放部分能源上游领域以吸纳外部投资。2014 年 11 月，中石油获得了俄罗斯万科尔油田 10% 股份权益①，这标志着中资能源企业实现了对俄罗斯前端油气项目投资的突破。虽然当前俄罗斯上游领域的合作敞口是暂时性的，属于应对西方经济制裁特殊时期的权宜之计，未来合作前景存在较大的不确定性，但正是由于这种不确定性，使得中俄能源合作进入一种

---

① 中石油全球生意版图再落一子 [EB/OL]. 第一财经新闻，https：//www.yicai.com/news/4041347.html，2014-11-17.

十分微妙的阶段：一方面中国应抓住当前开发的有利时机，加大我国资本在俄能源勘探开发领域的参与程度，提升双方合作水平；另一方面，又不能过度对俄投资，需综合考虑政治违约风险。作为中亚的重要国家，土库曼斯坦同样拥有丰富的天然气储量，而我国天然气消费水平不断提高，两国能源产能合作具备互补性。但该国政府对其天然气前端勘探开采领域的控制非常严格，外国资本参与的勘探及开发项目屈指可数，因此能源上游领域的合作项目相对较少，中资企业在该国开展业务较为陌生，难度较大。但是，土库曼斯坦的天然气工程技术服务行业存在明显短板，该领域保障能力相对薄弱，而这正是中国能源企业见长优势，在该产业领域具有明显的技术领先。由此，我国能源企业应当充分利用这一技术优势敞口，有针对性地加大与土库曼斯坦在能源产业上游工程技术服务领域的合作力度，并以之为突破口，积极谋求更宽领域的合作开放。尼日利亚坐拥非洲庞大的油气资源储量，同时也是非洲开采及出口潜力最大的国家之一，油气行业出口前景广阔。然而，由于该国能源禀赋当中，大多属于开采成本较高的深海资源，而我国深海勘探及开采技术在很长时间内都不存在竞争优势，与尼日利亚的合作受到技术掣肘。当前，随着我国深海勘探技术储备的日益丰富，从"跟跑"变为与全球先进实体交替"领跑"，业已具备4 000米以上的深海勘探能力。因此，应当鼓励及引导我国具备深海勘探技术储备的实体参与到尼日利亚能源合作当中，利用技术优势主攻深海油气勘探开发项目，提升两国能源合作水平，加深中资企业投资参与度。

8.2.3 尝试突破部分国家前端产业的合作壁垒

沙特、科威特、卡塔尔、伊朗及阿联酋等中东国家，在前端能源产业领域的合作一直保持着十分谨慎的态度，合作意愿极低。此类国家坐拥丰富的油气资源与产业资本，外国资本仅能够在产业链末端进行有限参与。这些国家是全球油气贮藏最为丰富的国家，其供应对世界能源市场的稳定至关重要，并以利益为纽带，形成了较为稳固的利益集团，能够对世界能源市场施加较大影响。这些国家还由于历史文化等原因，思想较为保守，社会结构僵化，各方面主观开放意愿较低。甚至对外来资本一律采取较为警觉的怀疑态度。不仅我国能源公司较难进入其上游能源领域,与其他国家实体联合开发的机会也极其有限。如伊朗采用"回购合同模式",外国能源企业可获许参与前端产业开发,并不会受到明显的限制,但需要履行支付较大的勘探投资成本,如设备器材、技术支持及生产性服务等。而这一合作一般存在时间限制,建成投产后需在一定年限内进行移交。此外,投资方只能以一定能源价格进行产品回购,开发的油气资源并不属于公司所有,油田等基础能源设施收归国有。外国能源企业无法参与油田的生产经营,仅充当技术提供方和免费的设备投资方,可见这类模式非常苛刻。为此,在"一带一路"倡议框架下的能源合作,应当抓住必要的时间敞口,合理利用伊核协议遭撕毁、也门局势等时机,变被动为主动,破除中东国家人为制造的能源领域投资壁垒,实现我国在中东国家能源投资的发展。

8.3　培育炼化及运输产业,提升末端产业合作水平

培育炼化及运输产业,提升能源产业末端合作水平,是"一带一路"能源合作的重要方面,对于保障能源安全具有重要意义。

8.3.1　加大对合作国家的炼化工业扶持力度

"一带一路"沿线多数是能源资源丰富的国家,虽然其资源禀赋十分可观,现有油气供应能力也较为突出,但末端工业炼化产业能力较差,能源产品往往只进行粗加工,部分如液化天然气、燃料油还依赖进口。根据2018 年发布的《BP 世界能源统计年鉴》,全球石化工业炼化能力主要集中于亚太、北美及欧洲三地,前端产量较为丰富的中东及非洲反而仅占全球炼化份额的 10%。能源产业链存在明显短板,产业链存在脱钩风险,结构比例严重失调。为此,在推进"一带一路"倡议框架下能源合作中,我国应当视投资目的地具体需求为依托,充分考虑一体化产业链投资合作模式,对上述前端实力雄厚、末端短板明显的国家进行有针对性的扶持与投

资，在加强上游领域必要的油气田勘探开发投资的基础上，加大末端炼化领域的合作深度，共同兴建精炼化工厂、天然气液化设施、油气管道及仓储设备等，帮助部分资源国形成一定的能源工业能力，完善上下游产业链，推进油气资源就地加工的业态合作，切实提升当地产业实力，培育产业工人，创造更多就业机会。而通过与资源出口国共建一体化产业链体系，中国也能获得较大的合作利益，并有利于形成合力，打破外部势力产业围堵。更能使参与国与中国工业体系做深度捆绑，显著增进双方友谊，加强互信，使对方能够为我国提供稳定的油气能源供应，实现双赢的局面。

8.3.2　提升合作国家的能源运输能力

在"一带一路"能源合作中，我国油气资源需经过海洋运输、海陆联运、油气管道接入等途径，沿线国家是我国能源安全的利益攸关方。确保此类国家对华友好、社会稳定，对于保障我国能源安全意义重大。过去，我国能源合作仅限于生产、进口层面，运输层面的重要性有所忽视。而随着外部环境日趋复杂，通道安全也应当置于十分重要的位置。对于资源相对贫瘠的通道途经国家，应提高重视程度，深入开展合作，有针对性地加大与这些国家在运输及仓储产业的合作力度，确保其发挥在能源安全领域对中国的地缘功能。通过一定的能源产能合作项目，能使通道途经国家形成一定的物流实力，获得较为稳定的能源供应，提升整体经济实力，以实现中国与此类国家政治、经济、文化的全方位合作，将"一带一路"倡议红利惠及当地民众，使与中国合作的主观能动性深入人心。

8.4　依托"一带一路"倡议，促进国际能源产能合作机制创新

现行的国际能源产能合作机制可追溯至第一次石油危机，而现有的世界能源供需格局乃至全球经济格局业已发生深刻变化，一味沿用过去几十

年的合作模式,既低效,又难以突出中国话语权,使国家利益有受损之虞。国际能源产能合作的制度化和机制化是现代能源合作的基本趋势,同时也需要制度框架进行规范,并构建高效平等的组织机构,以期发挥协调统筹作用。

8.4.1 丰富能源产能合作内涵

长期以来,中国一直奉行独立自主的和平外交政策,所创设的和平共处五项原则一直被国际社会作为建立平等外交关系的基础之一。而"一带一路"沿线国家当中,发展中国家居多,近代以来屡屡受到外部势力霸权干涉,民族和国家意识较为敏感。对中国而言,在外部环境方面,当下国际社会已出现诸多深刻变化,能源、气候、贫富差距及三股势力等全球性问题不断恶化蔓延,并交替影响,成为阻碍部分国家发展的限制性因素。而随着国内经济实力、国际影响力的与日俱增,国家身份及利益已发生深刻转变,沿用"韬光养晦"并不能避免被守成大国全方位遏制的趋势,因此需要调整自身的外交政策,有限度地有所作为。当前,中国的国家利益遍布海外,作为国际社会重要的利益攸关方,所承担的责任和义务也与日俱增,需要构建外交层面的全局意识,与不同区域、不同友好关系的国家在不同领域建立起多样化的战略合作关系。美国的全球领导力,不单单停留在"一家独大"的层面上,盟友的经营是极其重要的一步,而中国目前需在贸易战、科技战乃至地缘政治僵局下实现突破,需进一步加强与其他国家的合作。应突破原本单方面的经济关系,需要从政治、文化乃至军事等诸多领域进行发力,并吸取之前海外的外交经验,注重与当地民间的交往。将诸如能源、政治、军事等合作逐步细化,树立外交部门的责任意识与担当,为中国积极参与全球治理、合理承担应尽的大国责任、在维护现有国际秩序的基础上为扩大话语权创造条件。外交执行部门应当从"就经济论经济、就官方论官方"的桎梏中解放出来。

8.4.2 建立能源合作新机制

在"一带一路"倡议框架下的能源合作,其推进过程中应当充分发挥协调机构的作用，以机制建设服务项目合作，又以项目合作在实践中暴露的问题反过来优化制度建设。因此，机制的系统性构建刻不容缓。在前期，中国应当担负起"一带一路"倡议国的责任，形成合作设计的主导优势，发出中国声音，构建能源合作的远期图景。而后期，则应当以各个国家的具体诉求为基础，统筹兼顾各方利益。"一带一路"倡议各国横跨欧亚大陆且分布广泛，国情千差万别，文化背景多种多样。因此，在当前复杂的国际能源贸易形势下，应采取渐进式发展的策略，杜绝"一刀切"。与此同时，应当组建专业、权威的能源合作协调机构，擅于利用现有国际能源产能合作平台，搭建起机构间信息沟通、资源共享的绿色通道，充分吸纳借鉴成熟的国际机构先进管理经验，条件成熟可派人员长期驻点进行沟通。在机构设立之初，中国应当率先提出方案框架，并充分吸取各方关于机构改革的意见。

8.4.3 充分运用现有的合作平台及机构

在新设立的能源协调机构以外，现有的部分"一带一路"倡议机构也可发挥一定的合作效用：以亚投行和丝路基金为例，过去传统的全球能源治理体系中，能源合作机制基本都存在，但议题较为局限，往往就事论事，未能对配套支持做进一步讨论，并且没有具体的金融机构作为支撑。因此，合作机制更多体现于形式上的规则制度，约束力低下，缺乏吸引力、保障力和执行力。而中国在"一带一路"倡议的能源合作建立过程中，应将金融等辅助机构的建设摆在与构建合作系统同等重要的地位，使得合作体系的效能得以提升。作为亚投行和丝路基金投资的重点领域，能源基础设施建设、能源的勘探与开发以及能源产业投资十分重要，这为我们推进"一带一路"能源合作提供了必要的金融实体支持。因此，在构建丝路能源合作机制的过程中，应借助亚投行和丝路基金两大国际性金融平台，将两者的多边金融框架与能源合作投资实现深度融合，为"一带一路"沿线国家能源产能合作项目提供有力的融资保障，实现能源与金融机制的相互支撑、共同发展。

8.4.4 借助以中国为主导的多边合作平台

一些成型的国际舞台同样能够为"一带一路"倡议下的能源合作提供支持。我国作为上合组织及金砖国家组织重要发起国,能够在能源合作、金融支持之外,为各沿线国家提供必要的安全保障。而能源合作的复杂性与长期性,又使得机制建设需要长期的等待时间。为此,在上合组织及金砖国家合作机制框架内的合作能够作为整体合作框架成型前的先声,其成熟的运行经验及可靠的合作规则,能够帮助我国构建更为全面的能源合作体系。

8.4.5 稳步推进人民币国际化战略

当前,世界能源及贸易体系仍以美元作为结算核心,这也是美国施加国家影响力的重要手段,同时也是其国家利益当中最为核心的组成部分。自 20 世纪 40 年代构建起以美元为中心的布雷顿森林体系以来,美国不断利用该优势输出自身货币体系对世界能源(尤其是石油领域)的影响力,直至 70 年代美国与沙特王室签订了仅用美元与石油进行贸易结算的协议,这一布局自此完成。美元随之也成为现行国际货币体系当中的垄断势力,在国际金融体系和能源体系当中为美国不断地攫取利益和国家影响力。在美国主导的"石油美元"体系下,国际社会难以对美国联邦储备委员会(以下简称"美联储")发行美元进行有效的制衡和监督,反制措施多停留于道义督促与有限的国债交易,而美国国内经济政策的调整以"美国优先"为方针,这一趋势在特朗普执政时期得到了强化和凸显。因此,美元波动和全球流动性过剩,对世界经济在后危机时代的复苏产生了极其负面的影响。"一带一路"倡议所涉及的产业门类众多,囊括了基础设施投资、能源产业投资、制造业布局等多个领域,这有赖于持续且稳定的金融支持。而人民币作为国际结算体系当中的新成员,可以借助"一带一路"倡议所构建的平台施加更多影响,结合各国所共有的结算需求,能够帮助人民币在海外进行可控的流通,加速实现人民币的国际化。但这一过程需要戒急用忍，不可冒进，不能贸然与美国的核心利益产生冲突，应当采取分化合作的策略。能源产能合作是"一带一路"倡议下的合作重点，能源基础设施的建设及能源勘探与开发都将使得人民币国际化大有可为。而随着美国政府单方面撕毁伊核协议，霍尔木兹海峡的通航能力将大受影响。作为"一带一路"倡议当中极具实力的伙伴国，伊朗早在 2016 年就表达过在石油领域摒弃美元、采用欧元或人民币的其他强势货币进行结算的意向。而随着人民币国际化水平的提高，中国经济的全球影响力又会逐步扩大，这又会反过来为"一带一路"沿线国家的能源产能合作提供有力的支持与保障，使能源合作与货币流通组成经济发展的重要支撑。

8.5　提高安全力量投送能力，保障国家海外能源利益

当前，中国所面临的外部安全环境极其严峻，域外国家为影响中国能源安全，在重要的能源运输通道周围不断提升军事存在，并运用各种手段破坏能源运输通道的正常运行。此外，中国长期以来在领土、领海问题上，与周边某些国家存在分歧，这将影响一部分油气资源归属权。而中国国力的提升使得对方容易采取过激策略，以在实力天平完全无法逆转之前尽可能地攫取能源利益。作为能源生产、消费和进口大国，中国的能源国家利益在海外投送规模愈发扩大，而保障力量投送却存在严重短板。安全保障力量应当从两个层面上进行提升，即海外国防实力与日常的海事合作。

8.5.1　提升海外国防投送能力

中国的国防安全建设要着眼于更长远的国家利益需要，不仅要确保国内能源的生产、储存安全，同时也要形成一定的安全力量海外投送能力，以确保国外能源投资项目、供给设施和重要运输节点的安全。中国历来奉行和平发展的外交政策，并秉持积极防御的国防政策。进入新世纪，中国的国防安全保障实力与日俱增，但仍处在弥补过去短板的时期。自党的十

八大以来,在习近平强军思想的指引下,中国国防改革稳步推进,军事力量调动和军队指挥体系也进行较大幅度改革,对重要能源通道的管控能力也逐步增强,并在吉布提建立了首个海外后勤保障基地。然而,与某些域外国家现有的全球打击、全球投送的能力相比,中国保障自身能源安全的实力还存在不小差距,在航母编队作战、海外远距离兵力投送方面存在明显短板,缺乏与之配套的海外后勤保障能力,远程运输能力亟待建设。目前,中国能源安全海外布局仍受能力掣肘,表现出点状分布的特征,未能形成线性支撑。海外能源安全战略支撑点缺失,使中国的海外能源安全保障实力基本不具备长时间、远距离海外作战条件。这一系列问题在中国海军赴亚丁湾护航时就有所体现,并在多次撤侨任务中不断凸显,以至中国在当前积极建设吉布提基地以实现一定程度的缓解。随着中国海外利益的不断扩展以及能源海外需求的日益增长,国防保障力量要着眼于国家安全与发展利益的现实性紧迫需求,有针对性地发展海空力量和投送能力,使绿水海军走向深蓝,使隐忍有度的国防战略在一定幅度上增加外向性。当前,中国应当本着维护"一带一路"沿线国家和平稳定的目的,在斯里兰卡、巴基斯坦、坦桑尼亚等传统友好且存在深厚互信基础的国家设立一些军民融合使用的保障基地,提升维护地区和平、保障重要能源航线运输安全的能力。

8.5.2 加强国际海事合作

海事合作相较于直接的军事存在,更突出日常化与低烈度化特征,而我国的能源输送通道同样面临非传统安全问题的困扰。"一带一路"沿线的印度、马来西亚、菲律宾、越南、新加坡、印度尼西亚、泰国、缅甸、斯里兰卡、孟加拉国、巴基斯坦等国家对于保障中国能源海上运输安全具有十分重要的作用,而以上国家本身也有主观意愿改善海事通航环境,但贸然投送军事实力会引起沿线国家的普遍警觉。因此,在"一带一路"能源合作中应加大与以上国家在海事领域的合作,以低烈度的海警联合巡逻执法保障航道的日常安全。应在"一带一路"倡议的合作平台之上,设立海事安全合作平台,规范航道安全、海事保障等制度性设置,形成打击海上跨国犯罪的执法合力。加强与东盟国家的海事合作：中国与东盟国家在跨流域巡航方面积累了丰富的经验，当前应将合作领域做适当延伸，以渔业共管、海洋经济开发、海上非传统安全防范等领域为合作重点，合理规划跨国海域生态环境联合治理方案，并在争议地区不打破双边协商原则的基础上，尝试有限的联合开发。

参 考 文 献

［1］白永秀，王泽润，王颂吉．丝绸之路经济带工业产能合作研究［J］．经济纵横，2015（11）．

［2］斑博，任惠光．中国企业对外直接投资的绩效评价体系研究［J］．山东大学学报（哲学社会科学版），2008（02）．

［3］程慧芳，阮翔．用引力模型分析中国对外直接投资的区位选择［J］．世界经济，2004（11）．

［4］方慧，赵甜．中国企业对"一带一路"沿线国家国际化经营方式研究——基于国家距离视角的考察［J］．管理世界，2017（07）．

［5］高志刚，江丽．"丝绸之路经济带"背景下中哈油气资源合作深化研究［J］．经济问题，2015（04）．

［6］顾露露，Robert Reed．中国企业海外并购失败了吗？［J］．经济研究，2011（07）．

［7］郭朝先、刘芳、皮思明．"一带一路"倡议与中国国际产能合作［J］．国际展望，2016（03）．

［8］郭菊娥，王树斌，夏兵．"丝绸之路经济带"能源合作现状及路径研究［J］．经济纵横，2015（03）．

［9］黄莉娜．中国与东盟能源安全合作的障碍与前景［J］．北方法学，2011（04）．

［10］蒋冠宏，蒋殿春．中国对外投资的区位选择：基于投资引力模型的面板数据检验［J］．世界经济，2012，35（09）．

［11］李钢，董敏杰．中国与印度国际竞争力的比较与解释［J］．当代亚太，2009（05）．

［12］李计广，李彦莉．中国对欧盟直接投资潜力及其影响因素——

基于随机前沿模型的估计 [J]. 国际商务(对外经济贸易大学学报),2015 (05).

[13] 李建民. 欧亚经济联盟:理想与现实 [J]. 欧亚经济,2015 (03).

[14] 李涛、刘稚. 浅析中国与东盟的能源合作 [J]. 东南亚研究,2006 (03).

[15] 李享章. 国有企业 OFDI 的业绩、地位与政策启示——从中国 OFDI 动因的角度考察 [J]. 江汉论坛,2011 (11).

[16] 李雪东. 结合"一带一路"倡议,开展国际产能合作 [J]. 中国经贸导刊,2015 (30).

[17] 刘海平,宋一弘,魏玮. 要素禀赋、制度特征与 FDI 流动——基于投资引力模型的实证分析 [J]. 国际商务(对外经济贸易大学学报),2014 (04).

[18] 刘起运. 关于投入产出系数结构分析方法的研究 [J]. 统计研究,2002 (02).

[19] 刘旭. 普京时代的油气政策走向与中俄能源合作前景 [J]. 国际石油经济,2012 (07).

[20] 骆祚炎,乔艳. 私募股权投资效率的随机前沿 SFA 模型检验与影响因素分析——兼论中国股权众筹的开展 [J]. 金融经济学研究,2015 (06).

[21] 梅建平. "一带一路"建设中国际产能合作的国别风险与金融选择 [J]. 江西社会科学,2018,38 (06).

[22] 慕怀琴,王俊. "一带一路"倡议框架下国际产能合作路径探析 [J]. 人民论坛,2016 (08):87–89.

[23] 庞昌伟. 能源合作:"丝绸之路经济带"战略的突破口 [J]. 新疆师范大学学报,2014 (02).

[24] 乔晓楠,张晓宁. 国际产能合作、金融支持与共赢的经济逻辑 [J]. 产业经济评论,2017 (02).

[25] 邱斌,周勤,刘修岩,陈健. "'一带一路'背景下的国际产能合作:理论创新与政策研究"学术研讨会综述 [J]. 经济研究,2016,51 (05).

［26］桑百川、杨立卓.拓展我国与"一带一路"沿线国家的贸易关系——基于竞争性与互补性研究［J］.经济问题，2015（08）.

［27］沈利生，吴振宇.外贸对经济增长贡献的定量分析［J］.吉林大学社会科学学报，2004（04）.

［28］谭秀杰、周茂荣，21世纪"海上丝绸之路"贸易潜力及其影响因素——基于随机前沿引力模型的实证研究［J］.国际贸易问题，2015（02）.

［29］万丽娟，彭小兵，李敬.中国对外直接投资宏观绩效的实证［J］.重庆大学学报（自然科学版），2007（05）.

［30］王海运.中俄能源合作的有利因素与制约因素［J］.俄罗斯学刊，2011（03）.

［31］王晓芳，谢贤君，赵秋运."一带一路"倡议下基础设施建设推动国际产能合作的思考——基于新结构经济学视角［J］.国际贸易，2018（08）.

［32］王志民."一带一路"背景下中哈产能合作及其溢出效应［J］.东北亚论坛，2017，26（01）.

［33］王志民."一带一路"倡议推进中的多重互动关系分析［J］.中国高校社会科学，2015（06）.

［34］闻武刚.中国—印度尼西亚油气资源合作研巧［J］.东南亚纵横，2011（07）.

［35］邬红华，中国对外直接投资宏观绩效的实证研究——以外汇储备为例［J］.科技进步与对策，2008（12）.

［36］吴福象，段巍.国际产能合作与重塑中国经济地理［J］.中国社会科学，2017（02）.

［37］吴振宇，沈利生.中国对外贸易对GDP贡献的经验分析［J］.世界经济，2004（02）.

［38］夏先良.构筑"一带一路"国际产能合作体制机制与政策体系［J］.国际贸易，2015（11）.

［39］杨雷.美国"新丝绸之路"计划的实施目标及其国际影响［J］.新疆社会科学（汉文版），2012（05）.

［40］杨挺，李志中，张媛.中国经济新常态下对外投资的特征与前

景 [J]. 国际经济合作, 2016 (01).

[41] 杨忠, 张骁. 企业国际化程度与绩效关系研究 [J]. 经济研究, 2009 (02).

[42] "一带一路"与国际产能合作行业布局研究 [M]. 北京: 机械工业出版社, 2017.

[43] 余晓钟, 焦健, 高庆欣. "一带一路"倡议下国际能源合作模式创新研究 [J]. 科学管理研究, 2018, 36 (04).

[44] 袁培. "丝绸之路经济带"框架下中亚国家能源合作深化发展问题研究 [J]. 开发研究, 2014 (01).

[45] 张磊. "丝绸之路经济带"框架下的能源合作 [J]. 经济问题, 2015 (05).

[46] 张其仔. 中国产业竞争力报告 (2015) No. 5: "一带一路"战略与国际产能合作 [M]. 社会科学文献出版社, 2015.

[47] 张亚斌, 马莉莉. 丝绸之路经济带: 贸易关系、影响因素与发展潜力——基于 CMS 模型与拓展引力模型的实证分析 [J]. 国际经贸探索, 2015 (12).

[48] 张迎红. 欧盟对中亚战略浅析 [J]. 东南亚纵横, 2010 (12).

[49] 赵东麒, 桑百川. "一带一路"倡议下的国际产能合作——基于产业国际竞争力的实证分析 [J]. 国际贸易问题, 2016 (10).

[50] 郑炜. 我国与"一带一盟"国家传统产能比较与合作研究 [J]. 经济体制改革, 2017 (03).

[51] 周长山. 日本学界的南方海上丝绸之路研究 [J]. 海交史研究, 2012 (02).

[52] 周民良. "一带一路"跨国产能合作既要注重又要慎重 [J]. 中国发展观察, 2015 (12).

[53] 朱雄关. "一带一路"背景下中国与沿线国家能源合作问题研究 [D]. 昆明: 云南大学, 2016.

[54] 卓丽洪, 贺俊, 黄阳华. "一带一路"倡议下中外产能合作新格局研究 [J]. 东岳论丛, 2015 (10).

[55] Aigner D., Lovell C. A. K., Schmidt P. Formulation and estimation

of stochastic frontier production functionmodels〔J〕. *Journal of Econometrics*, 1977, 6 (01): 21 – 37.

〔56〕 Anderson J. E. A Theoretical Foundation for the Gravity Equation〔J〕. *American Economic Review*, 1979, 69 (01): 106 – 116.

〔57〕 Antràs P. , Yeaple S. R. *Multinational Firms and the Structure of International Trade.* NBER Working Paper, 2013, No. 1875.

〔58〕 Armstrong S. *Measuring Trade and Trade Potential: A Survey*〔Z〕. Asia Pacific Economic Paper, 2007, No. 368.

〔59〕 Armstrong S. P. Measuring Trade and Trade Potential: A Survey〔J〕. *Ssrn Electronic Journal*, 2007 (368): 1 – 15.

〔60〕 Baldwin R. 1994. *Towards an Integrated Europe*〔Z〕. Centre for Economic Policy Research, London.

〔61〕 Battese G. E. , Coelli T. J. A model for technical inefficiency effects in a stochastic frontier production functionfor panel data〔J〕. *Empirical Economics*, 1995, 20 (02): 325 – 332.

〔62〕 Bergsten. C. F. , Thomas Horst and Theodore. H. M. *American Multinationals and American Intersets*〔M〕. Washington D. C Brookings Institute, 1978.

〔63〕 Bergstrand J. H. The Gravity Equation in International Trade: Some Microeconomic Foundations and EmpiricalEvidence〔J〕. *Review of Economics and Statistics*, 1985, 67 (03): 474 – 481.

〔64〕 Blonigen Bruce A. *In Search of Substitution between Foreign Production and Exports*〔R〕. NBER Working Paper, 1999, No. 7154.

〔65〕 Brainard, S. Lael. *A Simple Theory of Multinational Corporations and Trade with A Trade-off between Proximity and Concentration*〔R〕. NBER Working Paper, No. 4269, 1993.

〔66〕 Buckley, Peter J. Casson, M. *The Future of the Multinational Enterprise*〔M〕. London: MacMillan, 1976.

〔67〕 Daniel Yergin. *The Quest: Energy Security and The Remaking of The Modem World*〔M〕. NewYork: The Penguin Press, 2011.

［68］Deardoff A. V. Determinants of Bilateral Trade: Does Gravity Work in a Neoclassical World? ［A］. Frankel J. A. *The Regionalization of the World Economy* ［C］. University of Chicago Press, Chicago, 1998.

［69］Drysdale P. , Xu X. Taiwan's Role in the Economic Architecture of East Asia and the Pacific ［J］. *Asia Pacific Economic Papers*, 2004: 149 – 185.

［70］Dunning, J. H. *Economic Analysis and the Multinational Enterprise* ［M］. New York: Praeger, 1975.

［71］E Siggel. International Competitiveness and Comparative Advantage: A Survey and a Proposal for Measurement ［J］. *Journal of Industry Competition & Trade*, 2006 (06): 137 – 159.

［72］Feenstra R. C. *Advanced International Trade: Theory and Evidence* ［M］. Princeton University Press, Princeton, 2004.

［73］Francoise Nicolas, Francois Godement, Taizo Yakushiji, Asia – Europe Cooperation on Energy Security: An Overview of Options and Challenges ［A］. in Francoise Nicolas, TaizoYakushiji (eds.), *Asia and Europe: Cooperating for Energy Security: A CAEC Task Force Report* ［C］. Tokyo, Japan Center for International Exchange, 2004.

［74］Goodchildm. *Spatial Autocorrelation M* ［M］. Norwich: Geo – Books, 1986: 54 – 88.

［75］Head Keith and John Ries. Overseas Investment and firm Exports ［J］. *Review of Internation Economics*, 2001, 9 (01): 108 – 122.

［76］Helpman E. Imperfect Competition and International Trade: Evidence from Fourteen Industrial Countries ［J］. *Journal of the Japanese and International Economies*, 1987 (01): 62 – 81.

［77］Helpman Elhanan. A Simple Theory of International Trade with Multinational Corporations ［J］. *Journal of Political Economy*, 1984, 92 (03): 452 – 471.

［78］Helpman E. , Melitz M. J. , and Rubinstein Y. Estimating Trade Flows: Trading Partners and Trading Volumes ［J］. *Quarterly Journal of Economics*, 2008, 123 (02): 441 – 487.

［79］ Helpman E. , Melitz M. J. , Yeaple S. R. *Export Versus FDI* ［R］. NBER Working Paper, No. 9439, 2003.

［80］ Hymer Stephen H. *The International Operations of National Firms: Astudy of Direct Foreign Investment* ［M］. Cambridge, MA: The MIT Press, 1976.

［81］ Irina Ionela Pop. *China'senergy Strategy in central Asia: interaetions with Russia, India and Japan* ［R］. UNISCI Discussion Papers, 2010 （24）: 197 – 220.

［82］ Julie Jiang and Jonathan Sinton. Overseas Investments by Chinese National Oil Companies: Assessing the Drivers and Implications ［J］. IEA, 2011.

［83］ Kojima Kiyoshi. *Direct Foreign Investment: A Japanese Modelof Multi-national Business Operations* ［M］. London: CroomHelm Ltd, 1978.

［84］ Kolstad I. , Wiig A. What determines Chinese outward FDI? ［J］. *Journal of World Business*, 2012, 47 （01）: 26 – 34.

［85］ Lall Sanjaya. Determinants of R & D in an LDC: The Indian Engineering Industry ［J］. *Economics Letters*, 1983 （13）: 379 – 383.

［86］ Lall, S. The Technological Structure and Performance of Developing Country Manufactured Exports ［J］. *Oxford Development Study*, 2000, 28 （03）: 337 – 369.

［87］ Linnemann H. *An Econometric Study of International Trade Flows* ［M］. North – Holland Publishing Company, Amsterdam, 1963.

［88］ Malavika Jain Bambawale and Benjamin K. Sovacool, China's Energy Security: The Perspective of Energy ［J］. *USERS*, 2011 （88）: 1949 – 1956.

［89］ Markusen James R. , Melvin J. R. Factor Movements and Commodity Trade as Complements ［J］. *Journal of International Economics*, 1983 （13）: 341 – 356.

［90］ Markuson James and Lars Svenson. Trade in goods and Factor with International Differences in Technology ［J］. *International Economic Reviews*, 1985, 26 （01）: 175 – 192.

［91］ Mason Willrich. *Energy and World Politics* ［M］. Free Press January 1, 1978.

［92］ Mason Willrich. *Energy and World Politics* ［M］. NewYork：The Free Press, 1975：13.

［93］ Mayer T. , Zignago S. *Notes on CEPII's Distances Measures：The GeoDist Database* ［R］. CEPII WorkingPaper, 2011（25）：1 – 47.

［94］ Meeusen W. , Broeck J. V. D. Efficiency Estimation from Cobb – Douglas Production Functions with ComposedError ［J］. *International Economic Review*, 1977, 18（02）：435 – 444.

［95］ Melvin A. Conant. Eern Racine Gold. *The Geopolitics of Energy* ［M］. Westview Press. Boulder Colorado, 1978：138.

［96］蒙代尔 R. A. International Trade and Factor Mlbility ［J］. *American Econmic Review*, 1757, 47（03）：321 – 335.

［97］ Nazli Choucri. International Politics of Energy Interdependence ［M］. Lexington Books. Lexington, 1976, preface.

［98］ Persyn D. and J. Westerlund. Error Correction Based cointegration Tests for Panel Data ［J］. *Stata Journal*, 2008, 8（02）：232 – 241.

［99］ PK Schott, C. Fuest, K. O'Rourke. The Relative Sophistication of Chinese Exports ［J］. *Economic Policy*, 2008, 53（23）：5 – 49.

［100］ Poyhonen K. Towards a General Theory of International Trade ［J］. *Ekonomiska Samfundet Tidskrift*, 1963（16）：69 – 78.

［101］ Pramod Kulkarni. *Shale Search Goes Global* ［J］. *World Oil*, 2010：73 – 78.

［102］ Pulliainen K. A World Trade Study. An Econometric Model of the Pattern of Commodity Flows in InternationalTrade in 1948 ~ 1960 ［J］. *Ekonomiska Samfundet Tidskrift*, 1963（02）：78 – 91.

［103］ Ramasamy B. , Yeung M. , Laforet S. China's outward foreign direct investment：Location choice and firmownership ［J］. *Journal of World Business*, 2012, 47（01）：17 – 25.

［104］ Raymond. International Investment and International Trade in the

Product Cycle ［J］. *Quarterly Journal of Economics*, 1966, 80 （02）: 190 –
207.

［105］ Raymond Vernon. International Investment and International Trade
in the Product Cycle ［J］. *The Quarterly Journal of Economics*, 1966, 80 （02）.

［106］ Richard Cooper. *The Economics of Interdependece* ［M］. Mcgraw –
Hill. New York, 1968: 4 – 5.

［107］ Robert O. Keohane. *After Hegemony*: *Cooperation and Discord in the
World Political Economy* ［M］. Princeton University Press, 2005.

［108］ Rugman A. M. *Inside the Multinationals* ［M］. London: CroomHelm
Ltd, 1981.

［109］ ShoichiItoh. Sino – Russian Energy Relations: True Friendship or
Phony Partnership? ［J］. *Russian Analytical Digest*, 2010 （73）: 10.

［110］ Svenson Lars. Foreign Investment and Mediation of Trade Flows ［J］.
Review of International Economics, 2004, 12 （04）: 609 – 629.

［111］ Swedenborg Birgitta. *The Multinational Operations of Swedish Firms*:
An Analysis of Determinants and Effects ［M］. Stockholm: Industriens Utredn-
ingsinstitut, 1979.

［112］ Thomson Elspeth and Nobuhiro Hofii. China's Energy Security:
Challenges and Priorities ［J］. *Eurasian Geography and Economics*, 2009, 50
（06）: 643 – 664.

［113］ Tingergen J. *Shaping the World Economy*, *An Analysis of World
Trade Flows* ［M］. NewYork: Twentieth Century Fund, 1962.

［114］ Wells L. T. *Third World Multinationals*: *the Rise of Foreign Invest-
mentfrom Developing Countries* ［M］. Cambridge, MA: The MIT Press, 1983.

［115］ Wilkins Mira. The Conceptual Domain of International Business. in
Brian Toyne and Douglas Nigh, eds. , *International Business*: *An Emerging
Vision* ［M］. Columbia, SC: Universityof South Carolina Press, 1997.